知音送暖

鐘友聯 著

文學叢刊
文史哲出版社印行

國家圖書館出版品預行編目資料

知音送暖 / 鐘友聯著, -- 初版 -- 臺北市：
文史哲, 民 103.06
頁; 公分（文學叢刊；325）
ISBN 978-986-314-191-4（平裝）

851.486 102023848

文 學 叢 刊 325

知 音 送 暖

著 者：鐘 友 聯
出 版 者：文 史 哲 出 版 社
http://www.lapen.com.tw
e-mail：lapen@ms74.hinet.net
登記證字號：行政院新聞局版臺業字五三三七號
發 行 人：彭 正 雄
發 行 所：文 史 哲 出 版 社
印 刷 者：文 史 哲 出 版 社
臺北市羅斯福路一段七十二巷四號
郵政劃撥帳號：一六一八〇一七五
電話886-2-23511028 · 傳真886-2-23965656

定價新臺幣四〇〇元

中華民國一〇三年（2014）六月初版

ISBN 978-986-314-191-4 09325

自　　序

在文學創作的領域，嚐試過不同的表現方式，運用不同的體裁，寫過形形色色多樣的題材。論文、小說、散文、詩、等不同的體裁都運用過；詩，則是以新詩，現代詩爲主，出版過二本新詩集。寫「打油詩」，則是純屬意外。

最近五年來，我大量創作了這種，以「舊瓶」裝「新酒」的打油詩，已超過萬首。這是一種偶然，沒想到一寫就上手，而且以快速回應，立即分享，贏得廣大讀者的讚歎。

我寫的禪詩，看似古詩，其實我認定是新時代的詩。古詩已經是人人怕，沒什麼讀者了。雖然我寫的是五言七言，有押韻的詩，但是，我突破了古詩的藩籬，我使用的是現代的語彙，當代的意象，我的目的是要讓人讀得懂，如果讀不懂，讀者不喜歡，無法接受，那又何必寫，何必發表呢？

我的詩能吸引廣大的讀者，得到很大的回響，也印證了我的文學理念，文學是要與時俱進的，每個時代都會出現，當代特有的表現形式，例如現代詩就是古代沒有的。我雖然用的是舊瓶，裝的却是新酒，賦與了新的時代精神，請走出古代的藩籬，進入新的視界。

感恩有這麼多的讀者喜歡我的詩，他們也紛紛仿效，寫了很多歌詠讚歎的詩來送我，這些讀友，絕大多數，是素昧平生，從未謀面，很單純的讀者，所以讓我覺得珍貴。同時把這些贈詩，用精湛的書法寫下來的書法家，沒有一位是我認識的。多麼難能可貴，他們在書法界，已經佔有一席之地，仍然願意放下身段，揮毫贊助，將我的禪詩分享出去。這麼多素昧平生的讀友，書法家，都是我的知音，帶給我無比的溫暖，爲了感恩，我將這些贈詩收集成冊，出版留做紀念。這些贈詩，都是他們自動自發寫出來的，可能還有許多我沒看到，沒發現的，那就當成是遺珠之憾了。

鐘友聯　謹識
2014 年 6 月於燕子湖畔不二草堂

知音送暖

目　　次

第一章　贈詩　鐘友聯撰

書法　伊藤牙城大師

贈詩

舞詩共相從　良莠齊包容

喝采若彩虹　贈詩情意濃

情意重

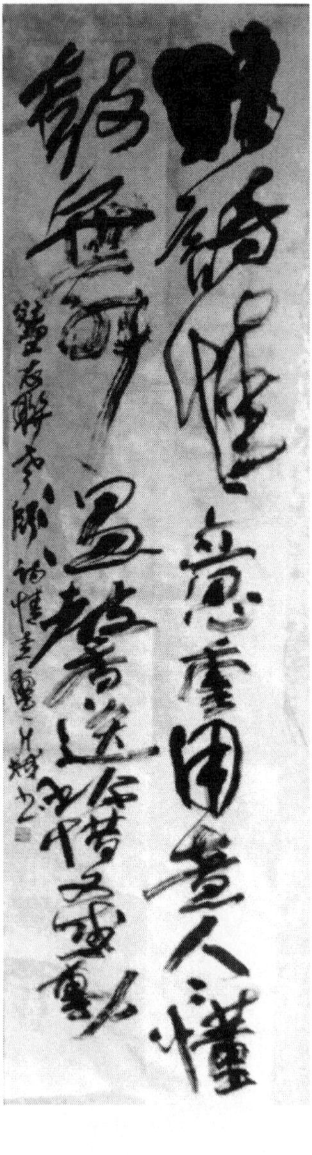

贈詩情意重　用意人人懂

鼓舞溫馨送　珍惜又感動

歌詠

歌詠傳心聲　互吟互唱誦

靈犀一點通　有志求一同

互唱頌

靈機一觸動　吟詩來相送

互歌互唱頌　悠游自在同

傳情義

贈詩傳情義　往來訴心曲

人生相知趣　遠勝彩虹麗

暖心底

千里緣相遇　詩詞有交集

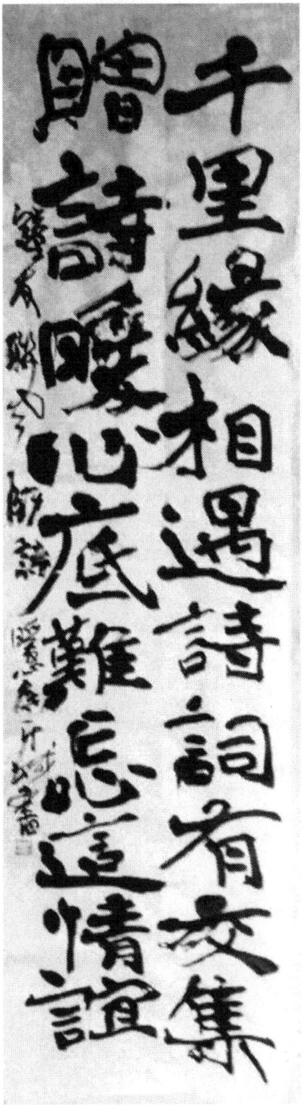

贈詩暖心底　難忘這情誼

難捨

筆鋤同耕樂　歡喜把詩歌

古今出聖哲　天地皆難捨

極樂

以詩互吟誦　又讚又歌詠

雞湯養心靈　極樂這般情

傳心聲

贈詩傳心聲　交流智慧生

砥礪砌磋情　難忘赤心耿

共禱福

千里得贈詩　無樂能勝此

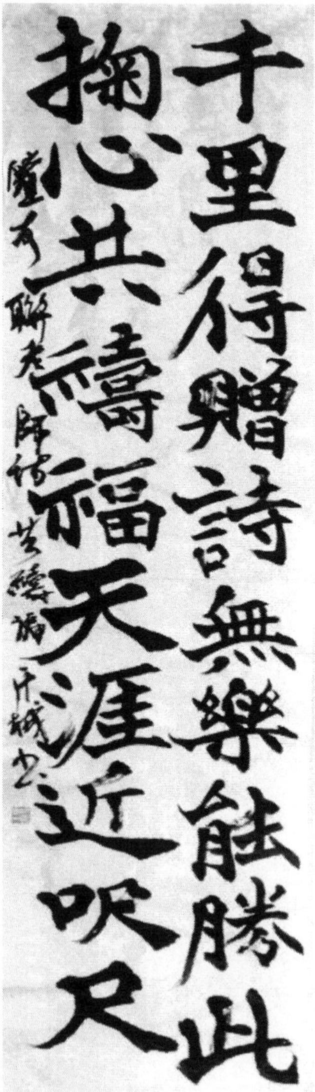
千里得贈詩無樂能勝此
掬心共禱福天涯近呎尺

掬心共禱福　天涯近呎尺

第二章　知音送暖　鐘友聯撰

書法　呂光浯大師

遇詩友

千里之外遇詩友　歡喜讚歎嘉言留

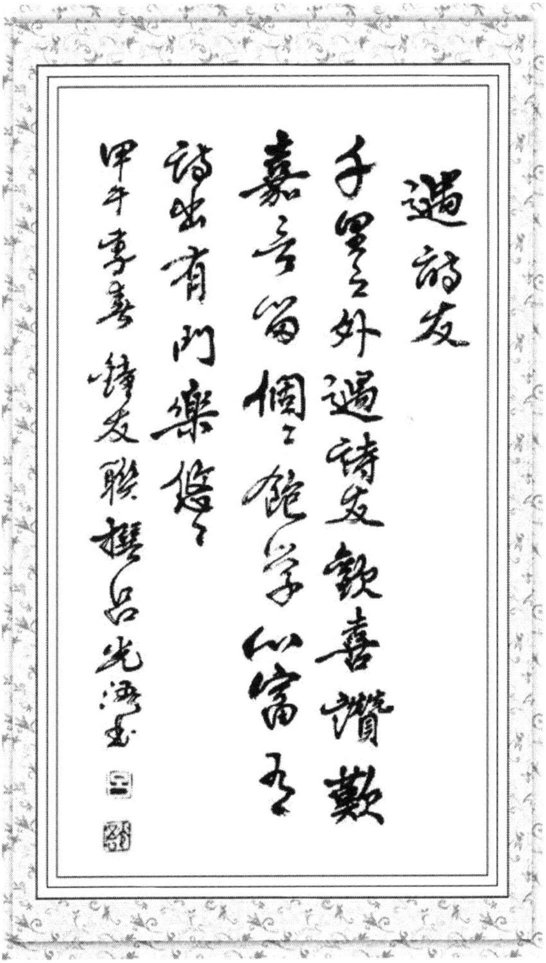

個個飽學心富有　詩出有門樂悠悠

知遇之恩

各路詩友群英會
靈犀一通把調吹
知遇之恩最可貴
贈詩送暖心已醉

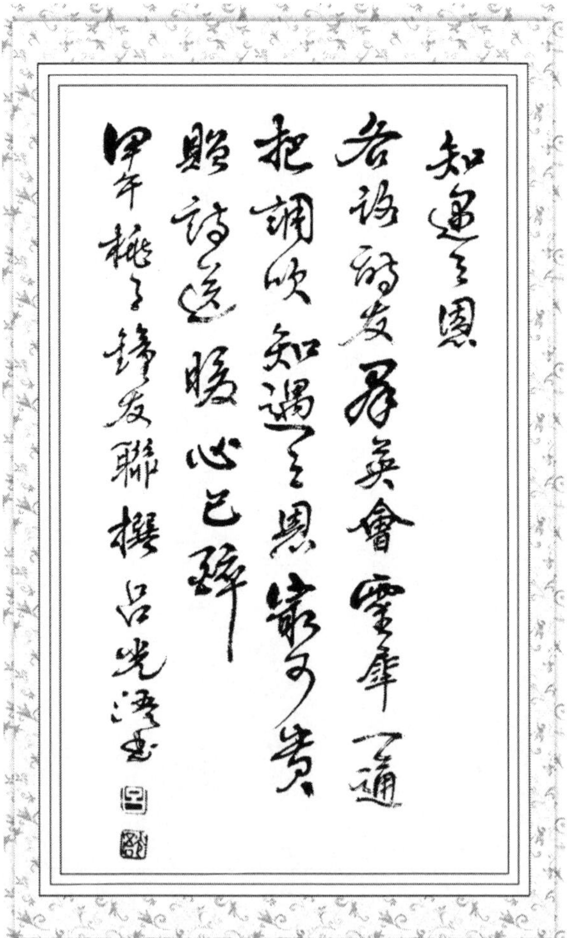

不尋奇

娓娓道來不尋奇
脫口而出創新意
無甚高論衆亦喜
知音相知又相惜

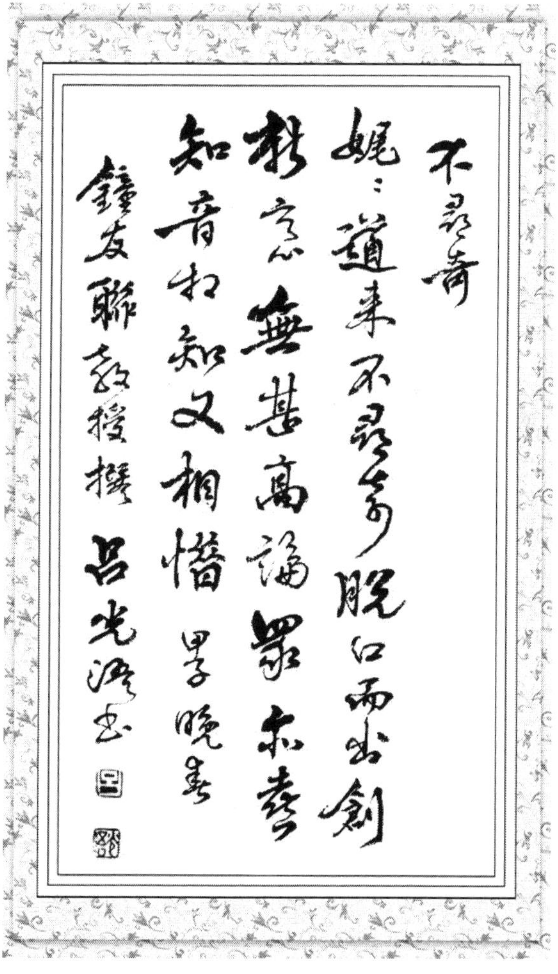

感動

十方雅士詩讚頌
識與不識大方送
覓得知音共吟誦
教我如何不感動

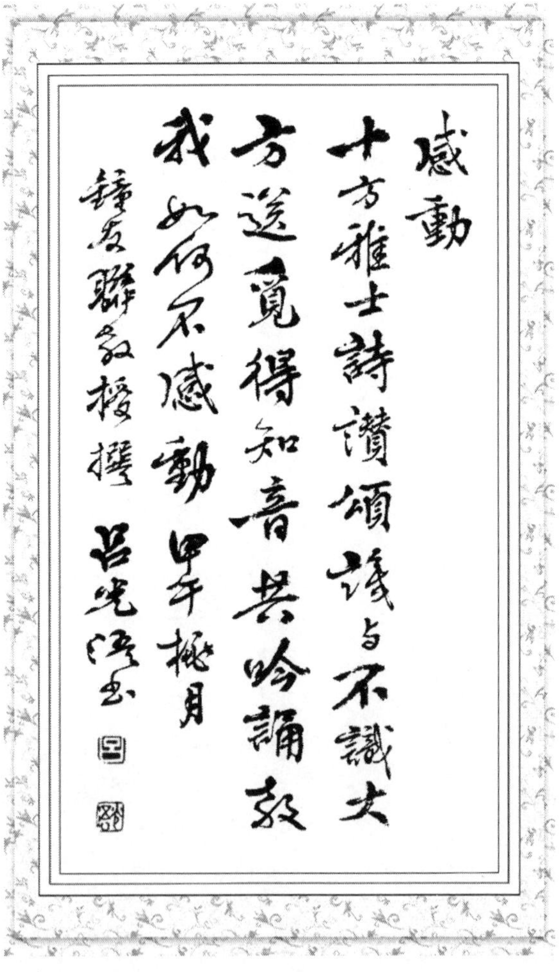

知音難覓

互歌互讚不互批
共學共享共砥礪
詩書為友難為敵
知音難覓今已覓

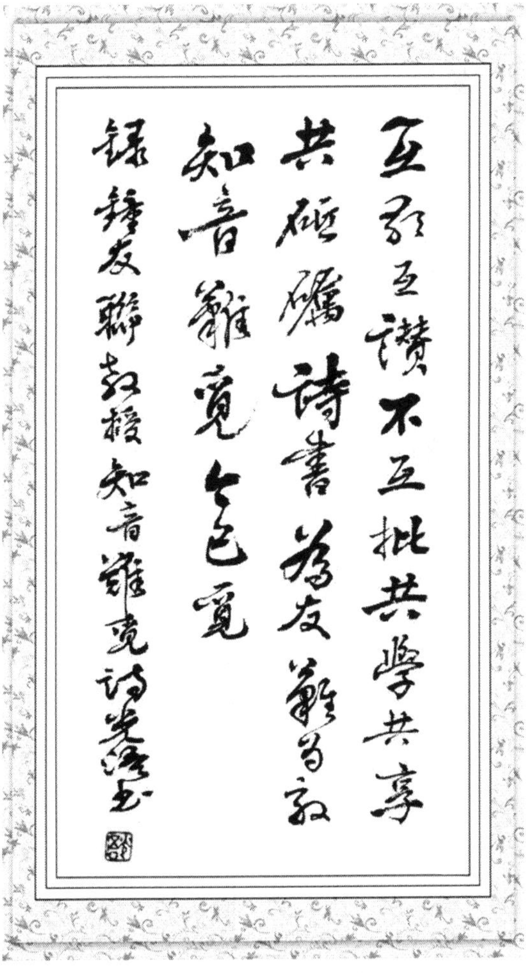

知音難得

詩書無價論幾何
千里吟誦共作樂
理念互通互認可
知音難得今已得

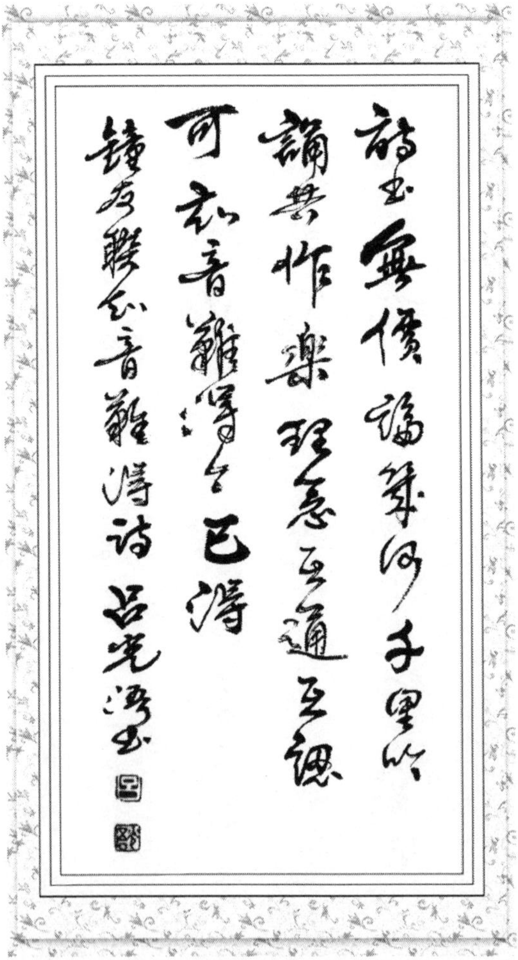

知音送暖

揮毫相助流傳久
以詩相贈情意厚
知音送暖意悠悠
感恩惜情心中留

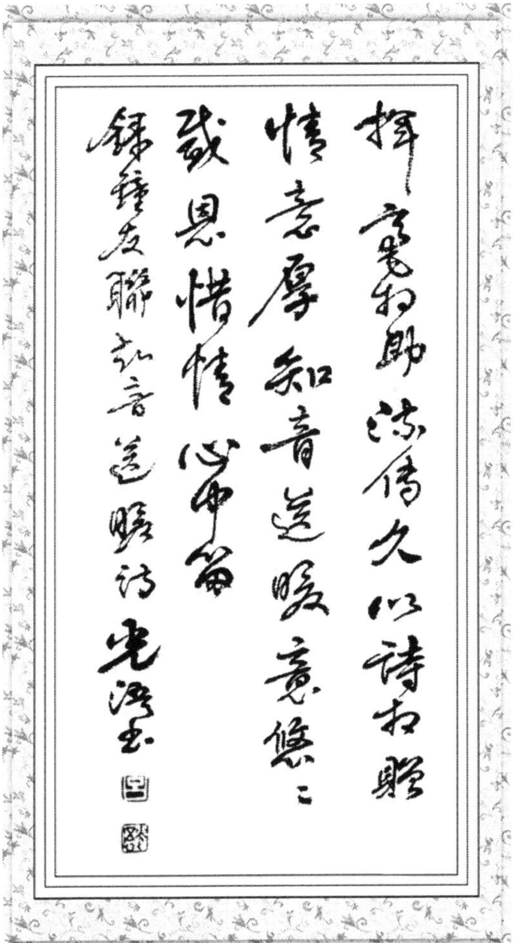

以詩會友

以詩會友添真趣
出凡不俗心飄逸
不分您我無禁忌
互歌互誦樂無比

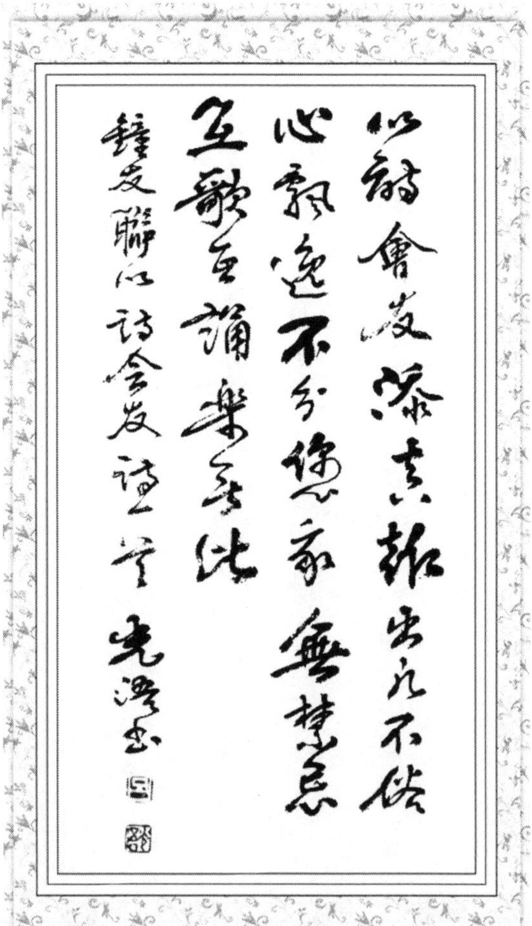

第三章　書法家贈詩

陳秋宗大師　贈詩並書

頭頂忽長幾根毛　原來智慧增不少

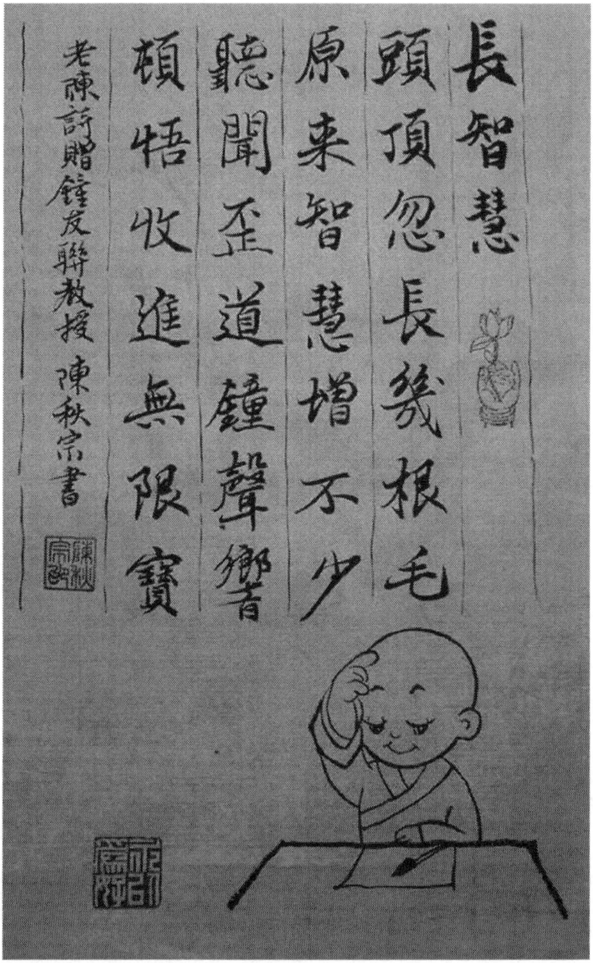

聽聞歪道鐘聲響　頓悟收進無限寶

呂光浯大師 贈詩並書

弘揚書藝鐘友聯
書詩禪偈結墨緣
呼朋引伴喜同樂
結交四海樂無邊.

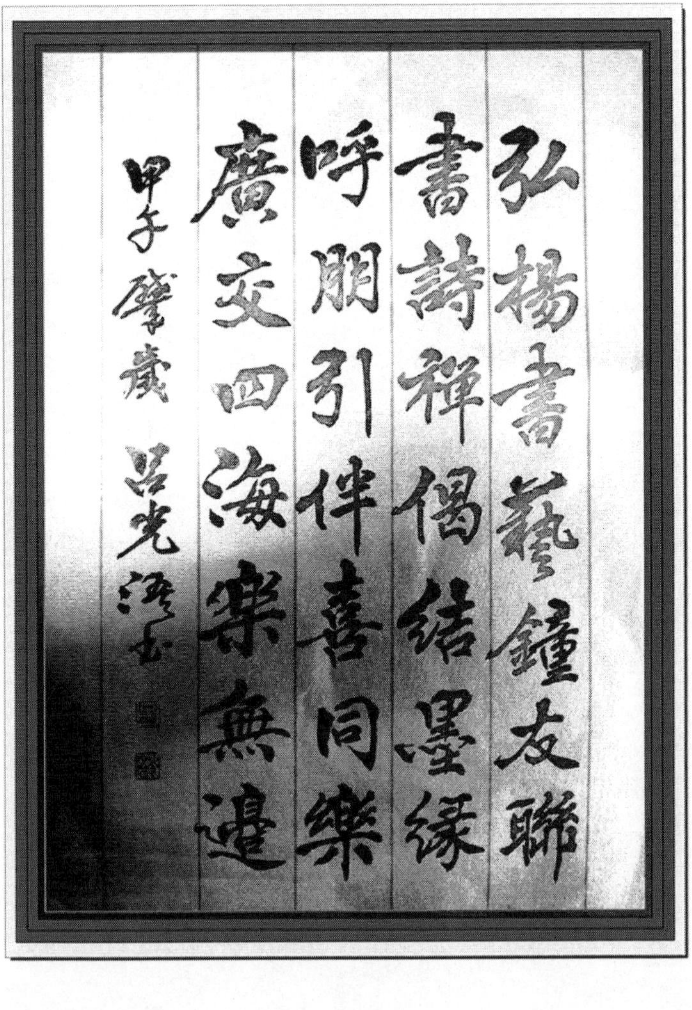

鍾文海大師　贈詩並書

稱臣

曲星下凡塵　教授老酒陳

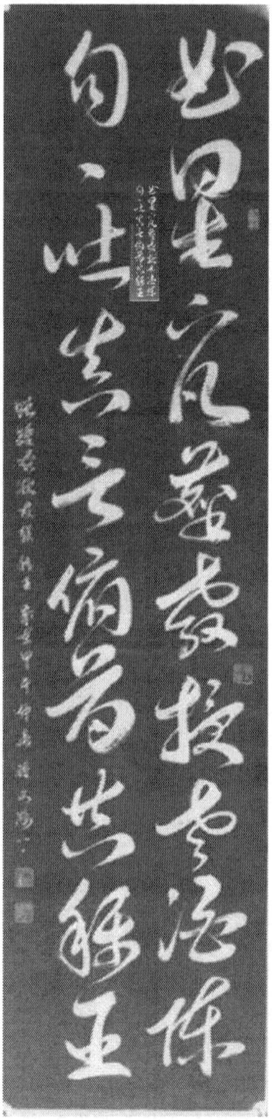

句句吐真言　俯首共稱臣

陳世民大師 贈聯並書

善德善緣詩更好
非佛非仙人出奇

第四章　鐘耀庭中醫師贈詩

書法　陳秋宗大師

氣脈調

歪幫非邪道　歪詩藏正教

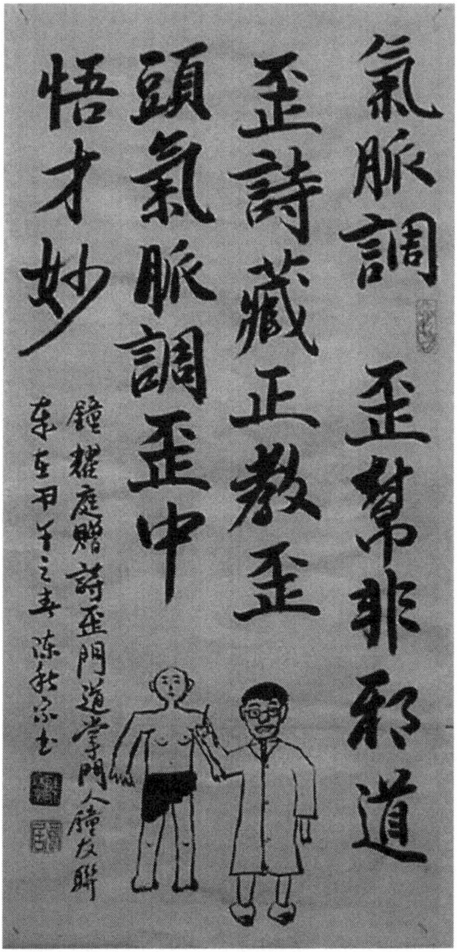
氣脈調
歪幫非邪道
歪詩藏正教
歪頭氣脈調
歪中悟才妙

歪頭氣脈調　歪中悟才妙

心花開

歪頭裝可愛　天天樂開懷
年邁不能礙　十八心花開

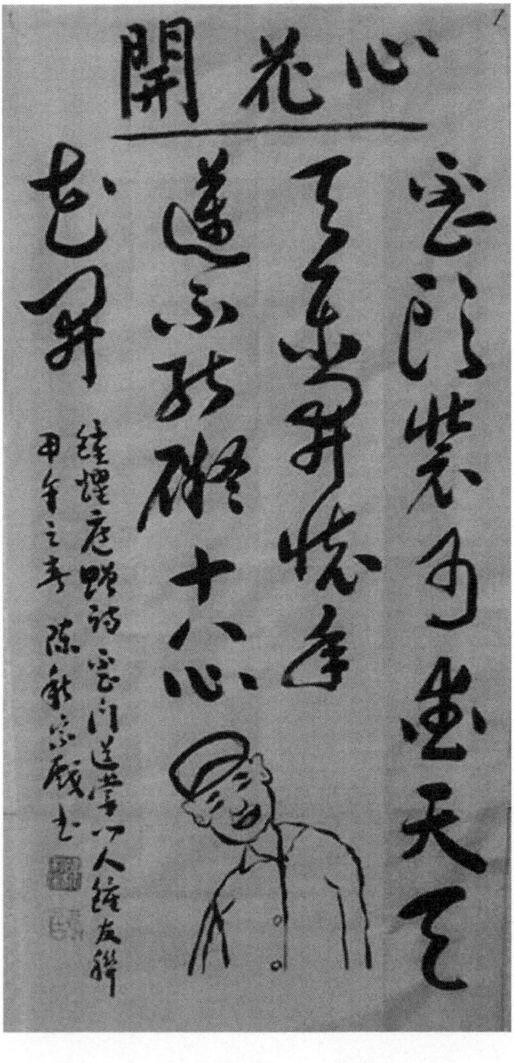

瞎掰

搞怪又耍帥　瞎掰心不歪
老兄真不賴　人間大奇才

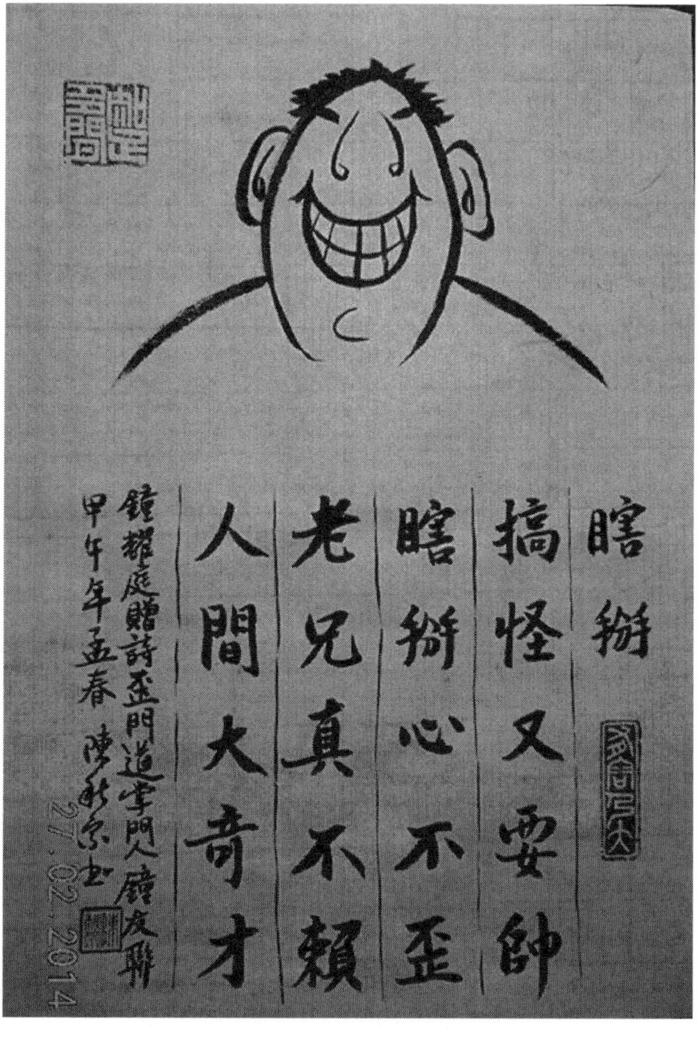
瞎掰
搞怪又耍帥
瞎掰心不歪
老兄真不賴
人間大奇才
鍾耀庭贈詩歪門道掌門人鍾友聯
甲午年孟春
27.02.2014

談禪論道

禪師法相笑安祥　廬主濃眉氣宇亮
談禪論道廣十方　句句佛心才氣揚

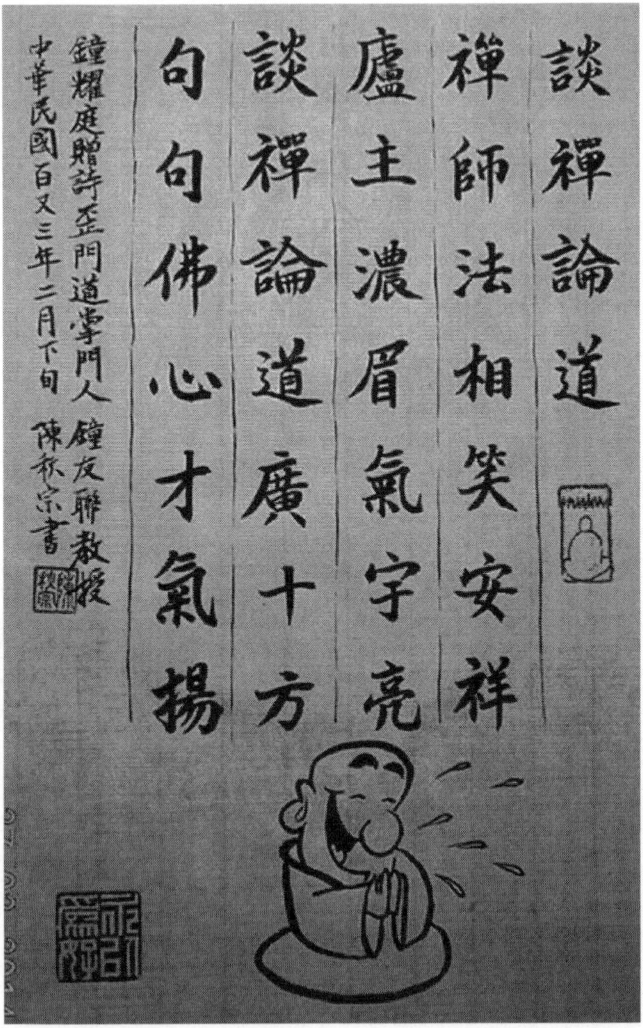
談禪論道
禪師法相笑安祥
廬主濃眉氣宇亮
談禪論道廣十方
句句佛心才氣揚
鍾耀庭贈詩歪門道掌門人 鍾友聯教授
中華民國百又三年二月下旬 陳秋宗書

有夠跩

年雖過半百　處處裝可愛
搞怪又耍帥　實在有夠跩

就是大師

老兄真厲害　智慧深如海
開口隨便掰　句句皆精彩
辯才實無礙　黑的說成白
還說不是蓋　便宜又賣乖

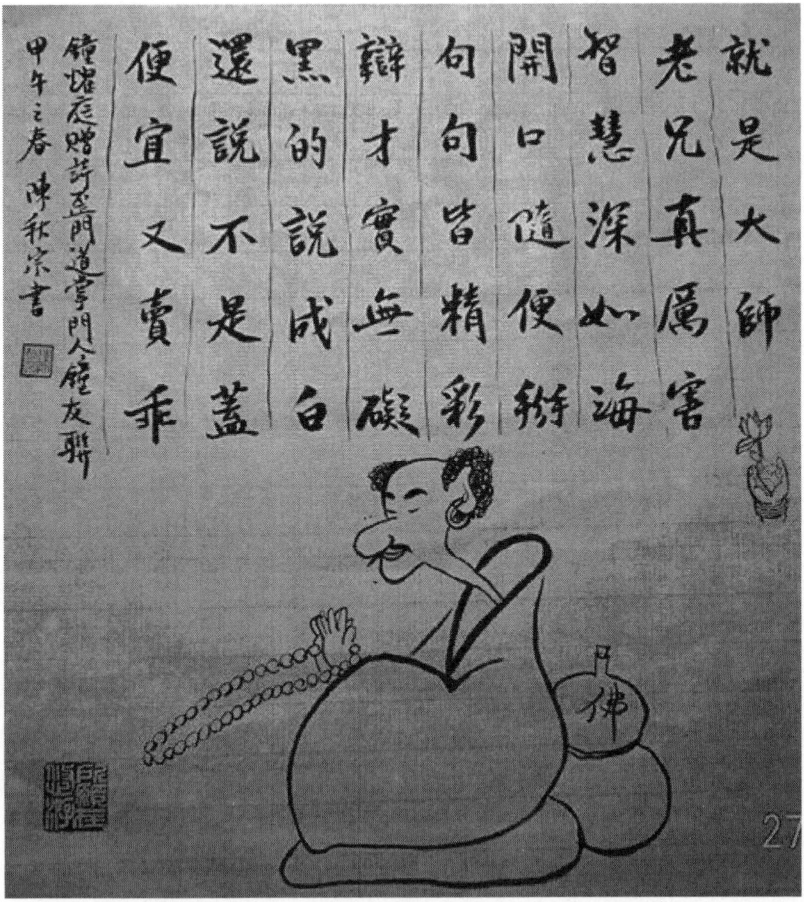

智慧如海

小弟頗感慨　同樣一腦袋
詞窮常語塞　才盡呼哀哉
只好斗室呆　打坐又吃齋

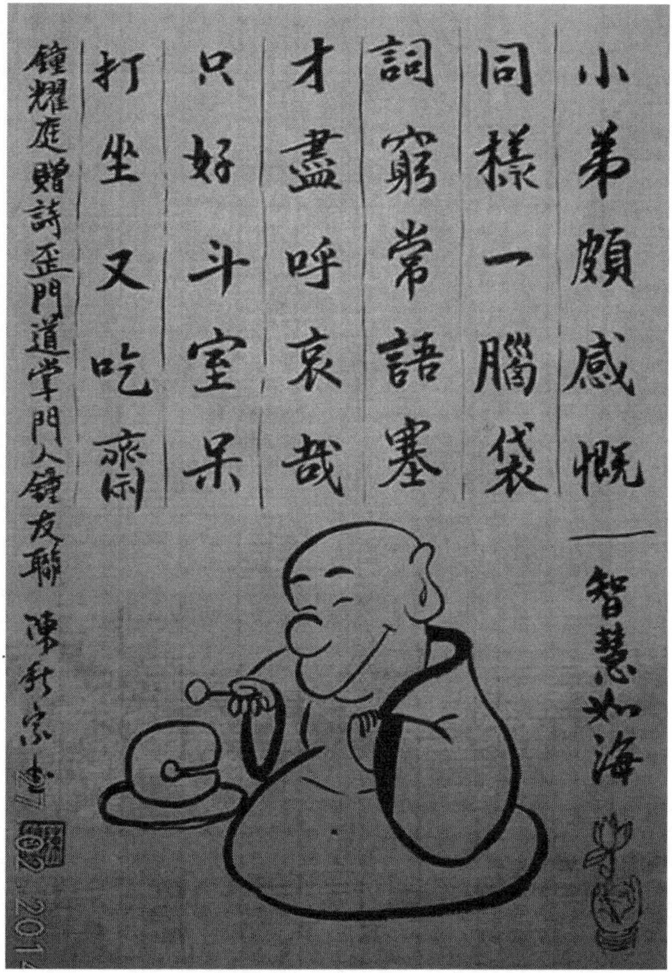
小弟頗感慨
同樣一腦袋
詞窮常語塞
才盡呼哀哉
只好斗室呆
打坐又吃齋
智慧如海
鐘耀庭贈詩歪門道掌門人鐘友聯

請受拜

耕耘勤灌溉　祈願智慧開
學習兄氣慨　他日一起駭
佩服請受拜　曠世大奇才

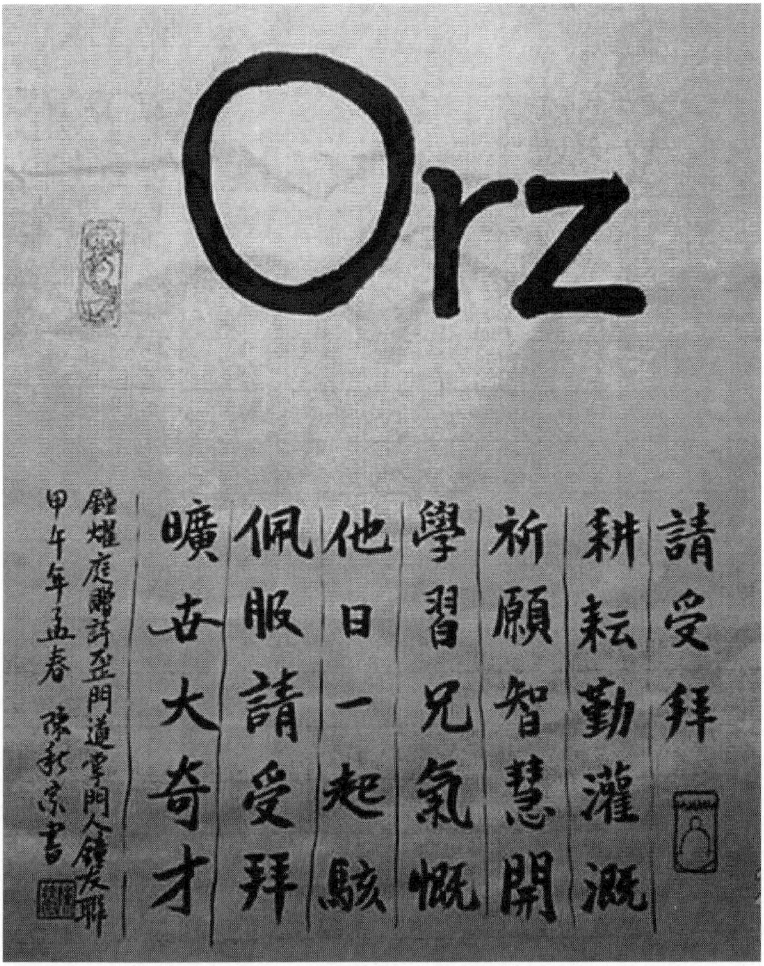

嵌名詩

鐘聲徹雲霄　友朋心驚叫
聯繫問原由　週年慶耍寶

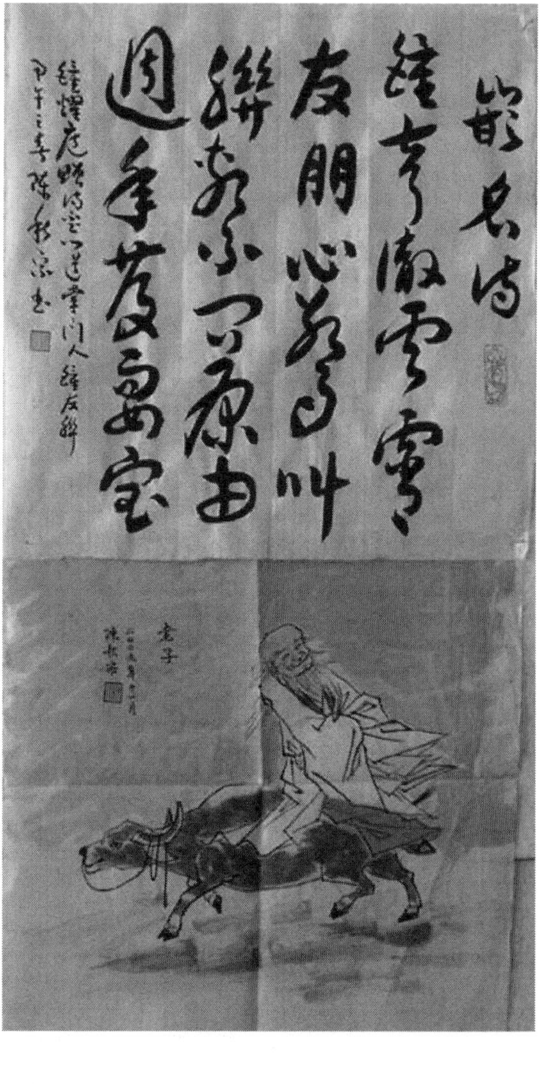

嵌名詩

鐘鼓齊鳴慶週年　友朋聞聲共結伴
聯綿不斷十公里　詩文同吟震文壇

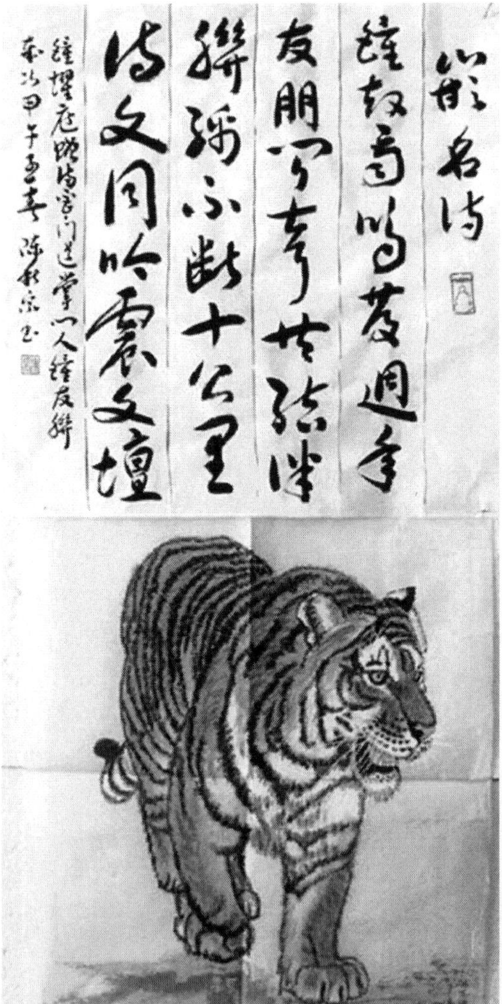

第五章　好友贈詩

書法　林娜大師

許肯賓 贈詩

鐘聲在往昔　友誼師生憶
聯繫在網路　師徒情不離

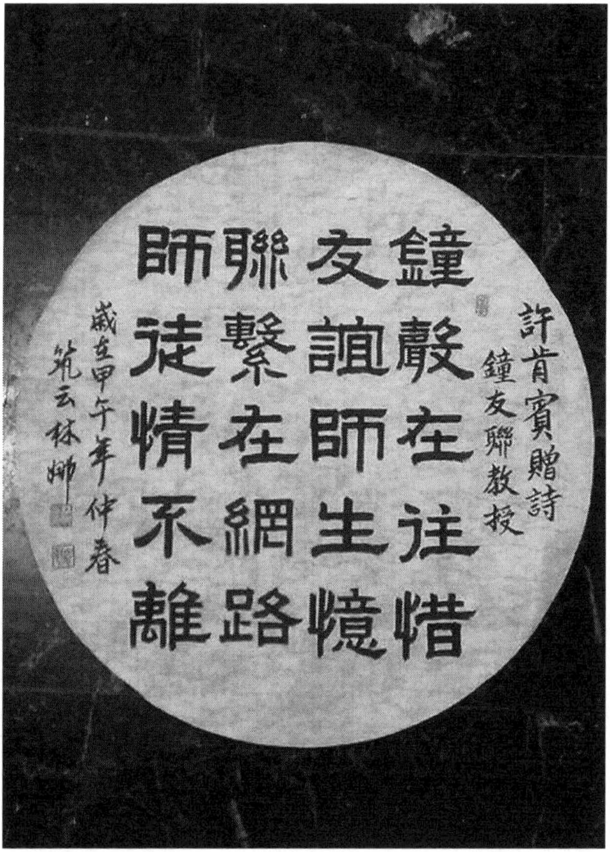

陳思妤 贈詩

念師恩

恩師博學貫古今
才高八斗諸葛欽
堂上妙語生春風
教育學子萬千人

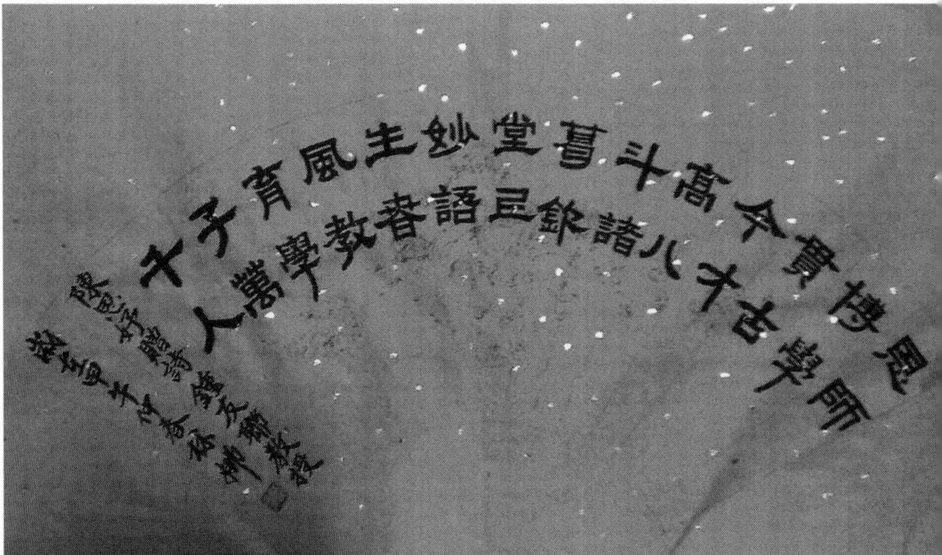

陳思妤 贈詩

高風亮節

一日為師終生父　有教無類釋道儒

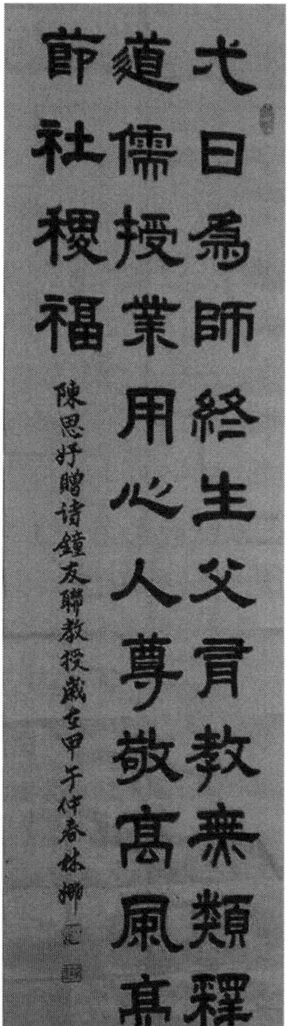
一日為師終生父有教無類釋
道儒授業用心人尊敬高風亮
節社稷福
陳思妤贈詩鍾友聯教授歲在甲午仲春林娜

授業用心人尊敬　高風亮節社稷福

天下人 贈詩

茶禪客主

茶香遠播散芬芳　禪道無聲神透窗
客臨渠成相呼應　主賓有緣展曙光

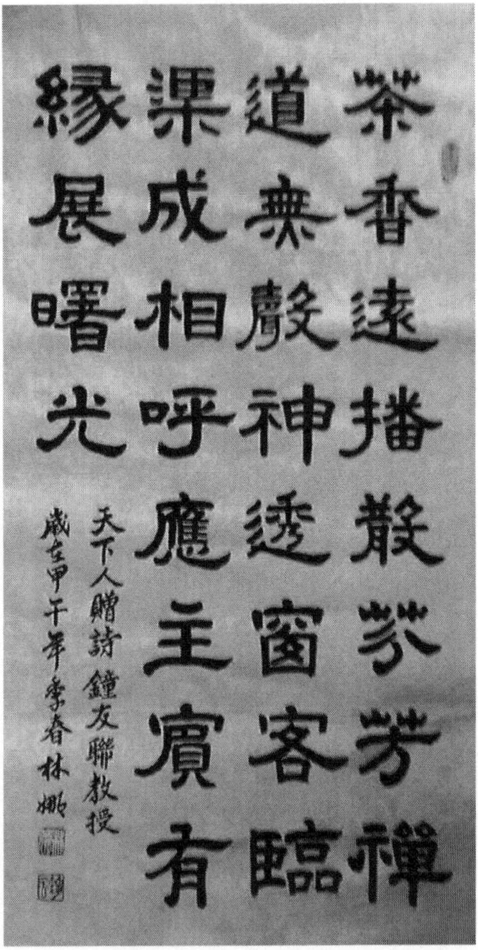

洪清林醫師 贈詩

盧主大肚寬容

四方皆客，坐片刻不分你我。
兩頭是路，喝一杯各自西東。

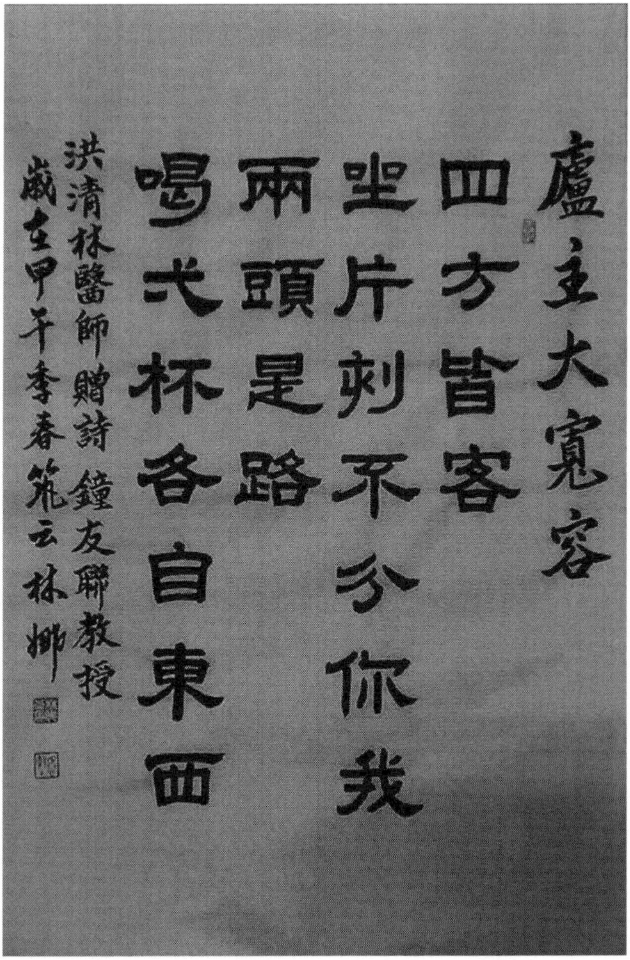
盧主大寬容
四方皆客
坐片刻不分你我
兩頭是路
喝一杯各自西東
洪清林醫師贈詩 鐘友聯教授
歲在甲午季春
林娜

江郎財進 贈詩

江郎財進 贈教授題詠

茶鄉芳華掘技展 禪道佛理千里傳

茶鄉芳華掘技展禪道佛理千里傳客來坪林聞歌詠萬方子弟齊聲讚
江郎財進贈詩
鍾友聯教授
歲在甲午季春

客來坪林聞歌詠 萬方子弟齊聲讚

江郎財進　吟詩敬贈教授

茶園寬闊有晴天
禪師一語醒凡間
客居塵世忘物我
詩韻幽雅繞花前

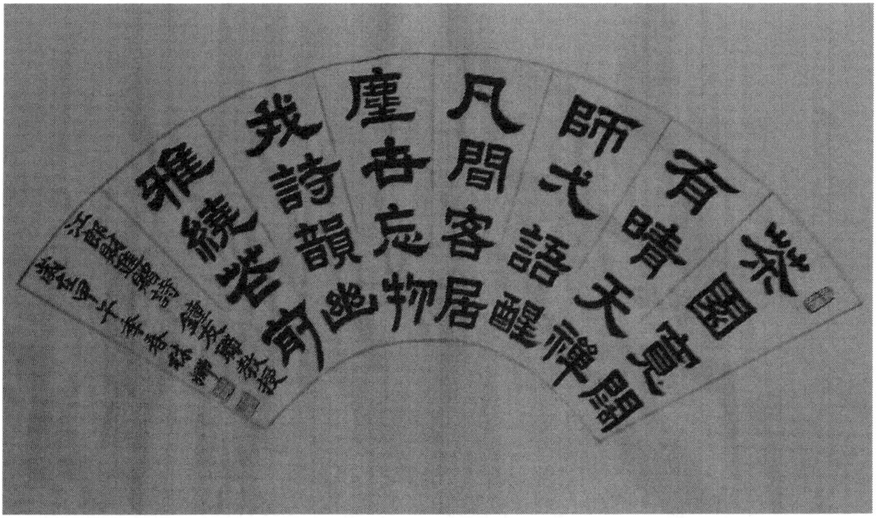

老筆 贈詩

逸士喜愛田園樂
原韻茗茶修禪客
無隱籠絡地名流
珠眸妙透經深澈

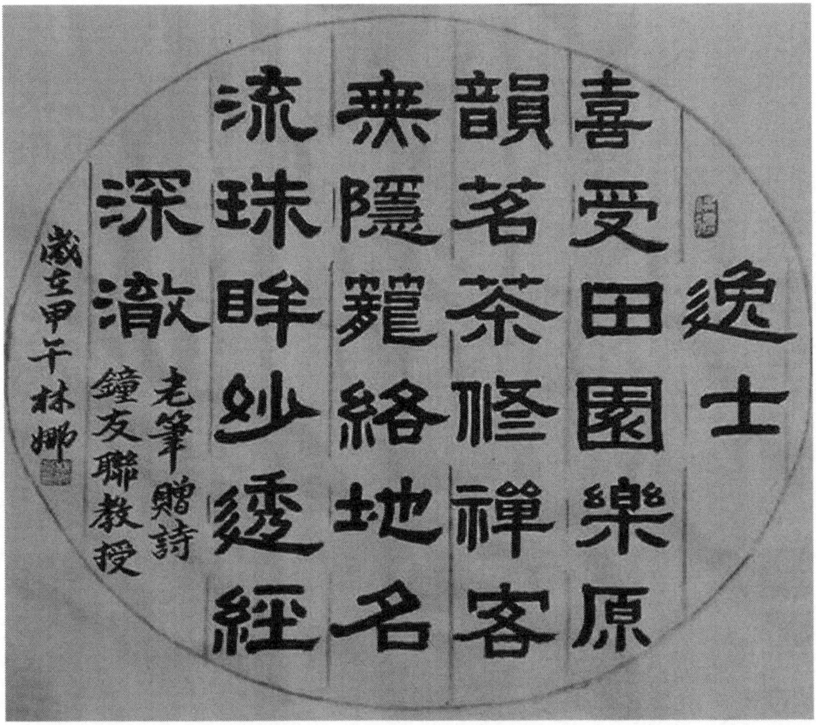

老筆 贈詩

無心雲遊飄茶性
隱匿深山修禪定
逸樓廣漠異客至
士展風範後代興

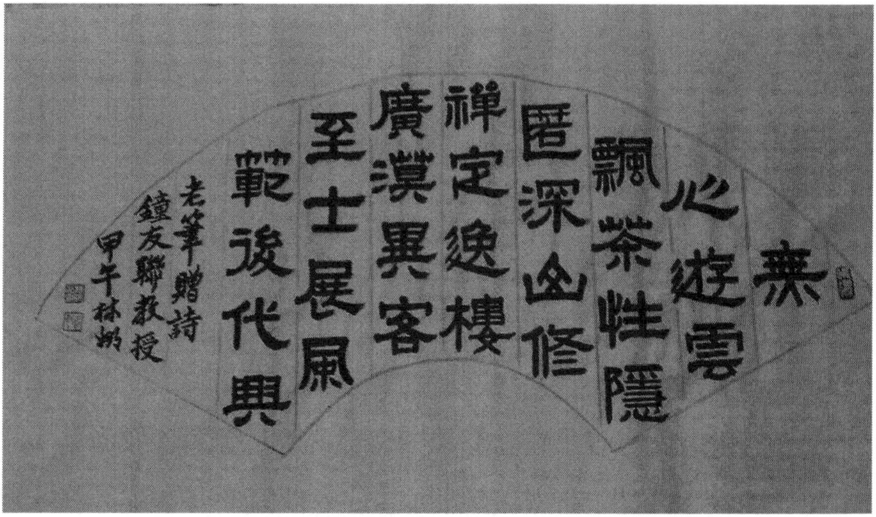

老筆 贈詩

無隱逸士露江湖，酚沐久留茫甦甦，
茶液體健貴仙客，禪通靜坐精楚楚。

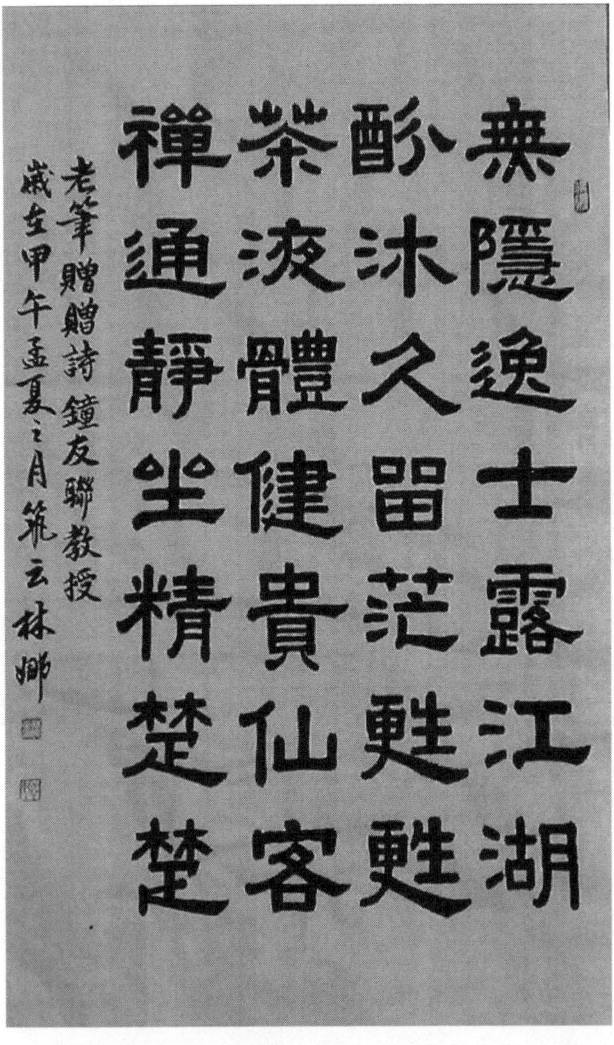

第六章　葉山大師贈詩

書法　簡豐益大師

學養

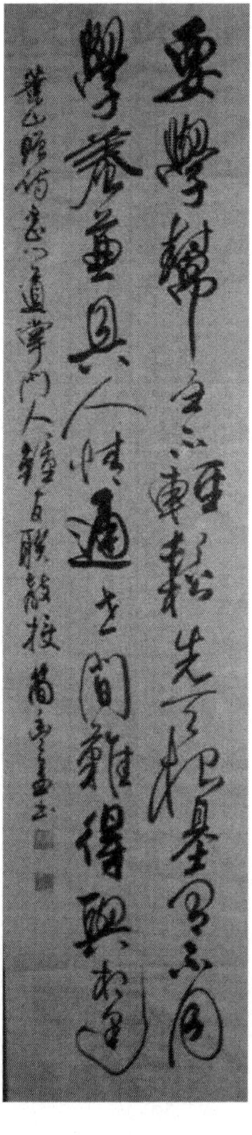

要學幫主不輕鬆　先天根基有不同

學養兼具人情通　世間難得與相逢

世難逢

幫主登壇世難逢 吟詩作對是詞宗

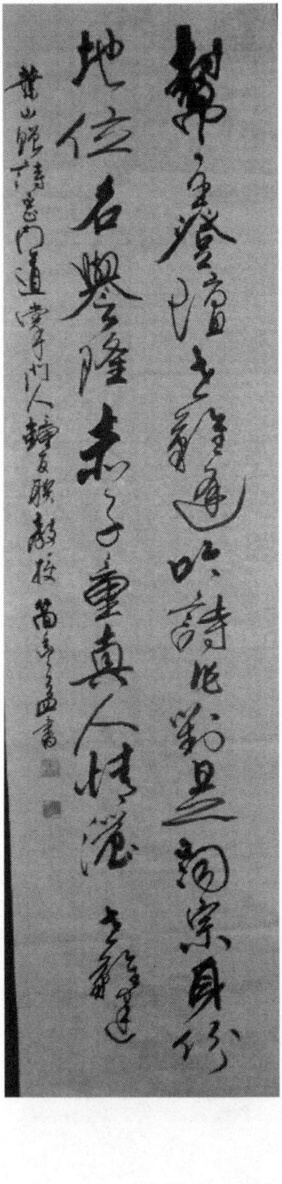

身份地位名譽隆 赤子童真人情濃

千古絕學

幫主登壇世難逢　歪理怪論德相從
孔孟之後今現身　千古絕學在胸中

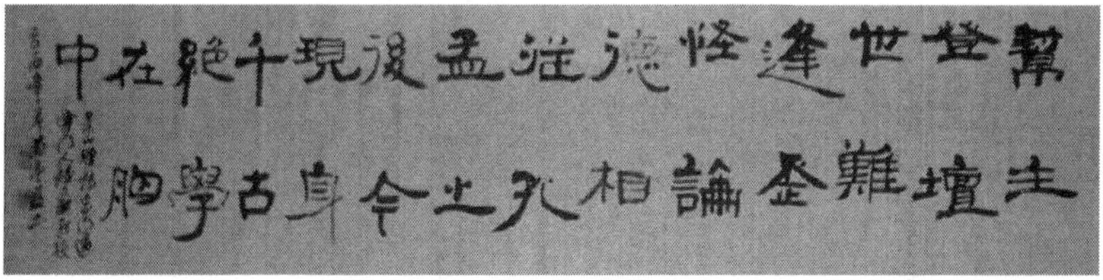

步步成詩

步步成詩如鳳毛　詩書滿腹丹青高

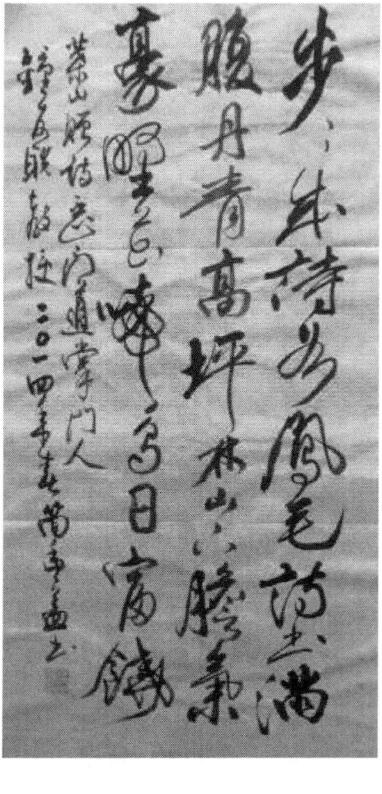

坪林山下膽氣豪　野花啼鳥日富饒

裝瘋癲

原來是仙裝瘋癲
詩文畫思為頂尖
乘願下凡到人間
不老仙度人為先

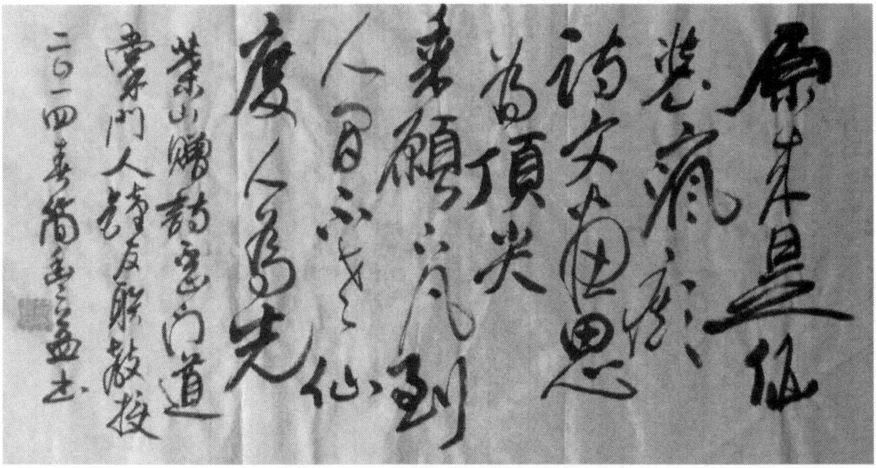

轉世

文曲星轉世　李白嘆不如
江郎亦才盡　牧之都認輸

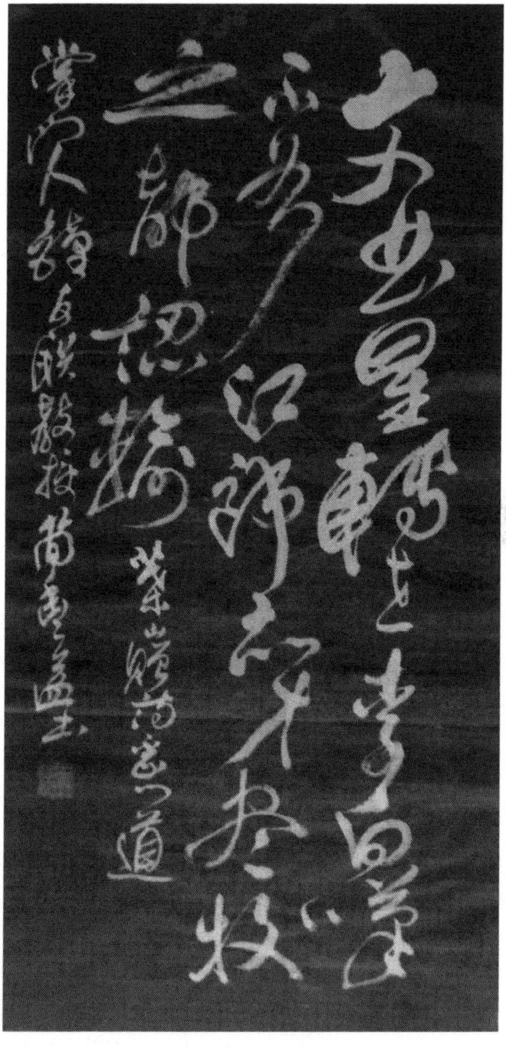

傳天意

一揮而就無人及　談天說地有天機
歪頭幫主傳天意　無詩不樂壽天齊

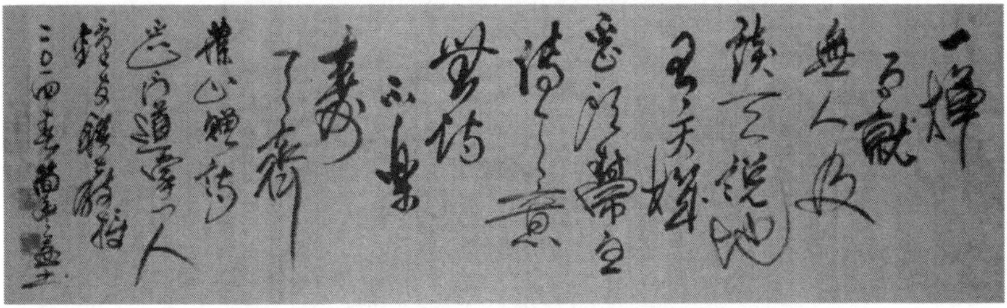

該拜~~

七十剛到當然帥　誰說快樂要錢買
一身功夫非瞎掰　台大教授我崇拜

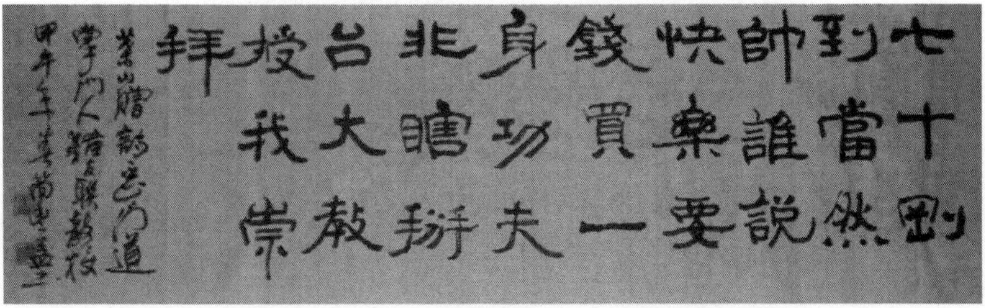

誰敢掰~

幫主歪頭不心歪　出口成章怎能改
曹植至今羞愧在　無出其右誰敢掰

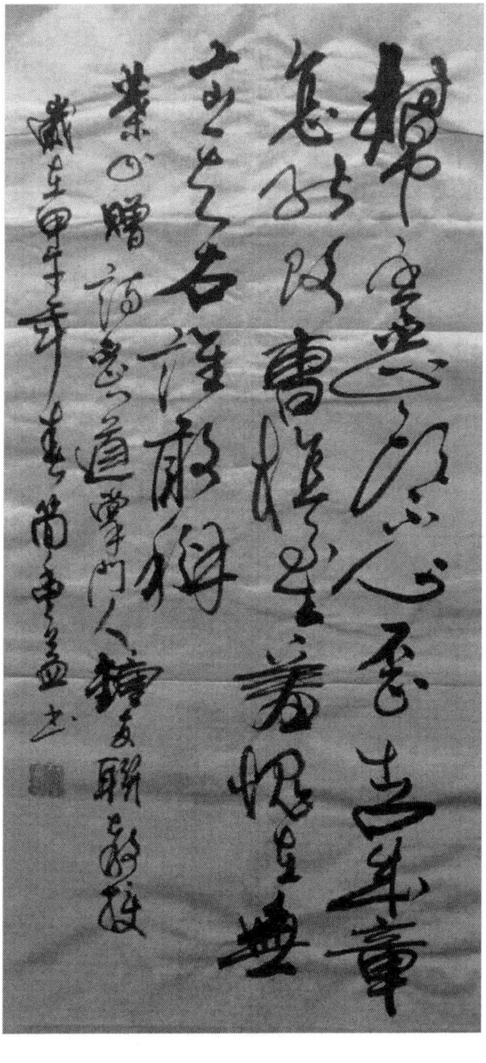

厲害

道玄奧理少人知　三才生化妙又奇
宇宙元真合一處　歪頭幫主隨悟移

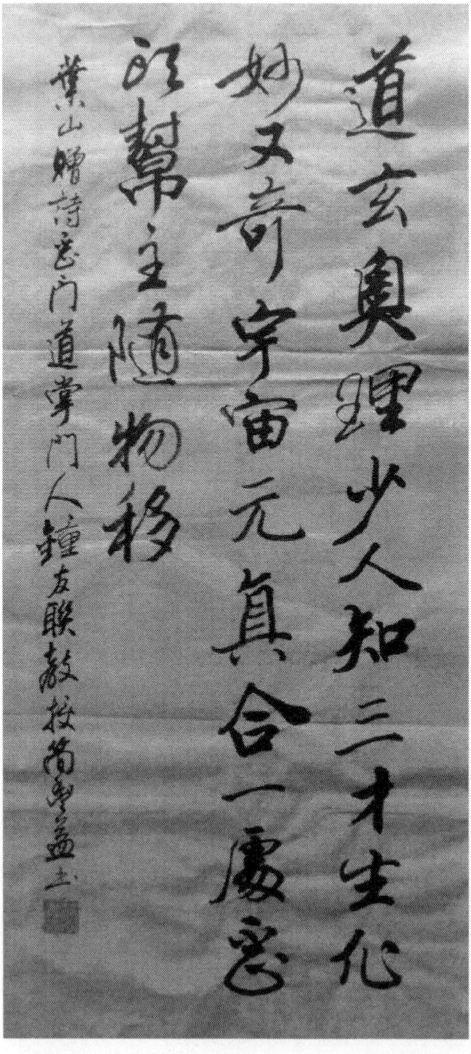

第七章　知音贈詩

書法　陳世傑大師

莊思　贈詩

鐘聲響起震四方　友直友諒聞八方
聯合同好詩芬芳　教爾讀詩寫詞趣
受業傳教與解惑

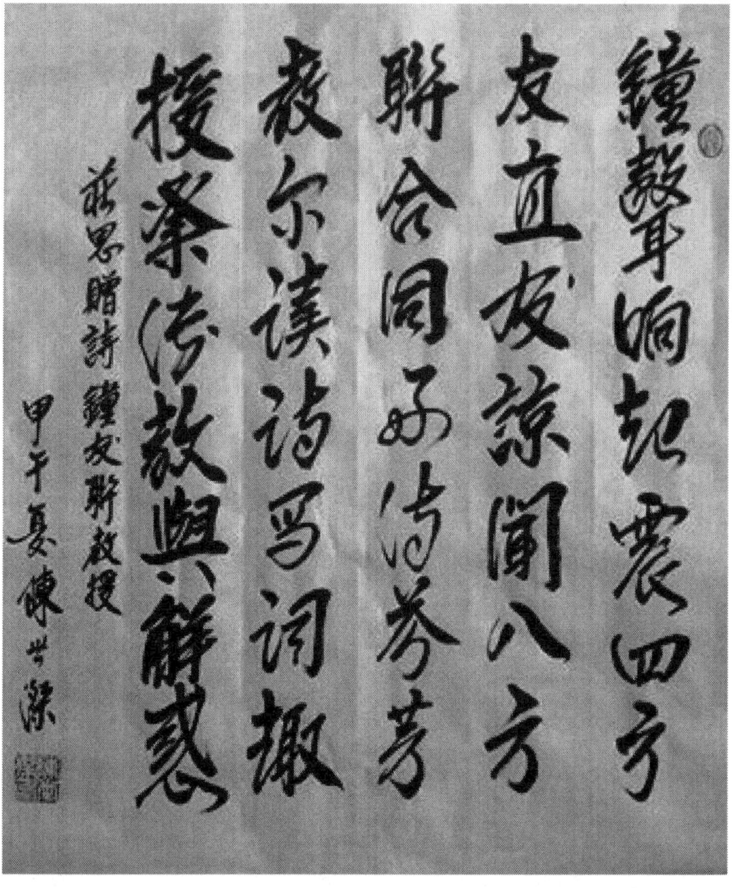

李小芳 贈詩

鐘師天生是奇才　出口成章天天載
撰寫詩詞萬千百　浩瀚天地一書齋
讚!!!無限的讚!!!

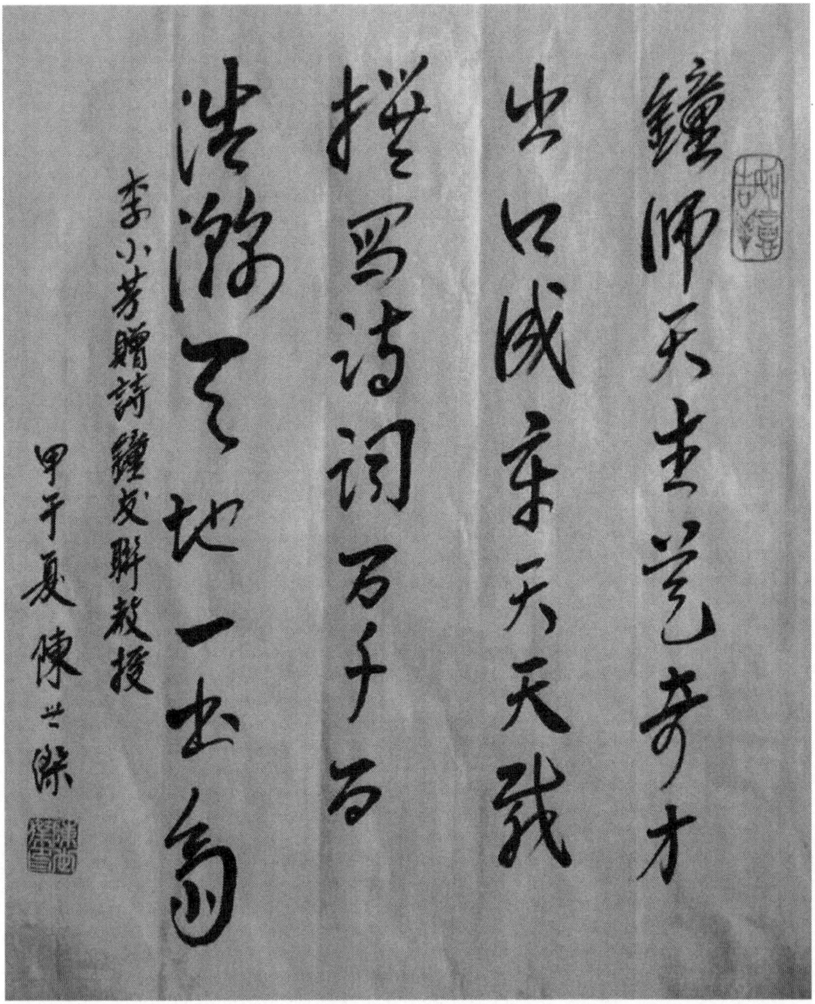

鍾耀庭 贈詩

真才有智慧　實至且名歸
由衷之敬佩　讚頌表心扉

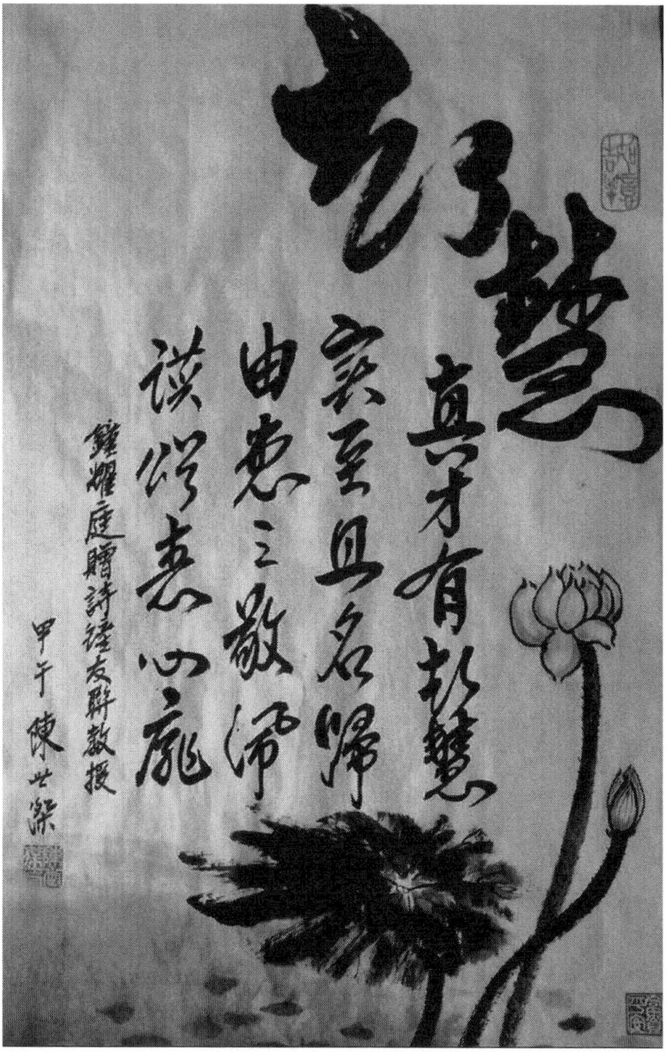

鐘耀庭醫師 贈詩

大師不是蓋　曠世大奇才
張張皆精彩　影音傳萬代

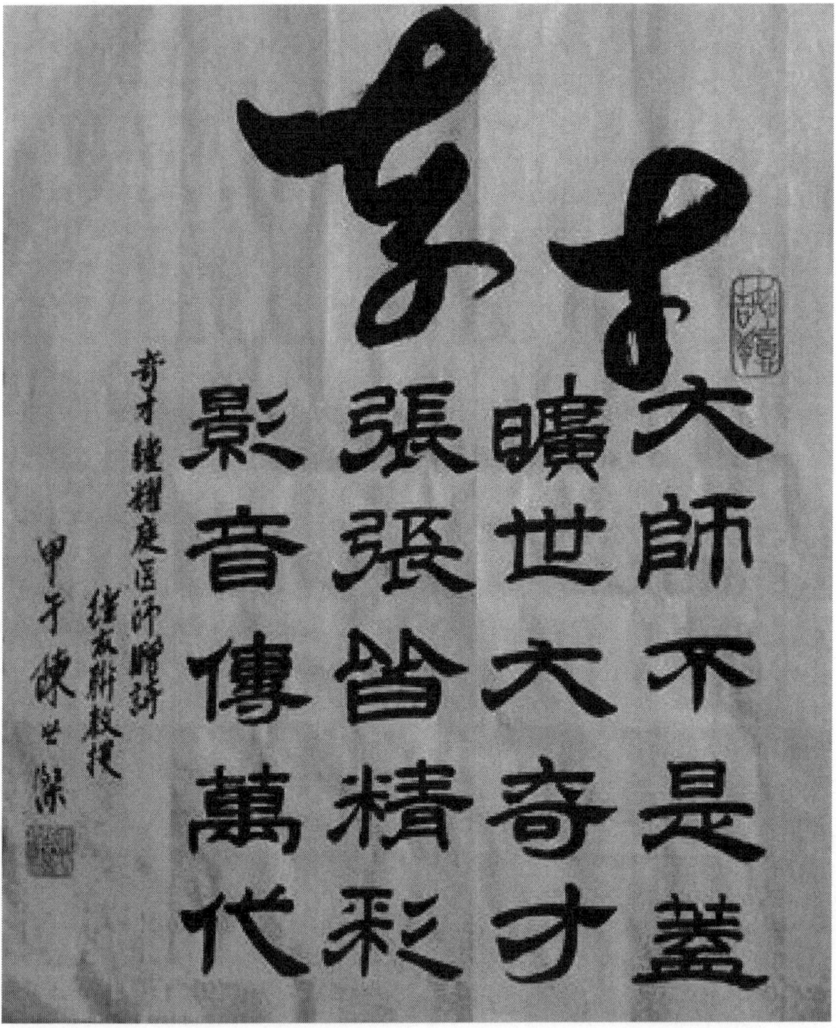

隨風逐水 贈詩

禪境詩意金童鐘　儒學杏壇眾多友
道家如意心串聯　釋佛淨化言贊讚

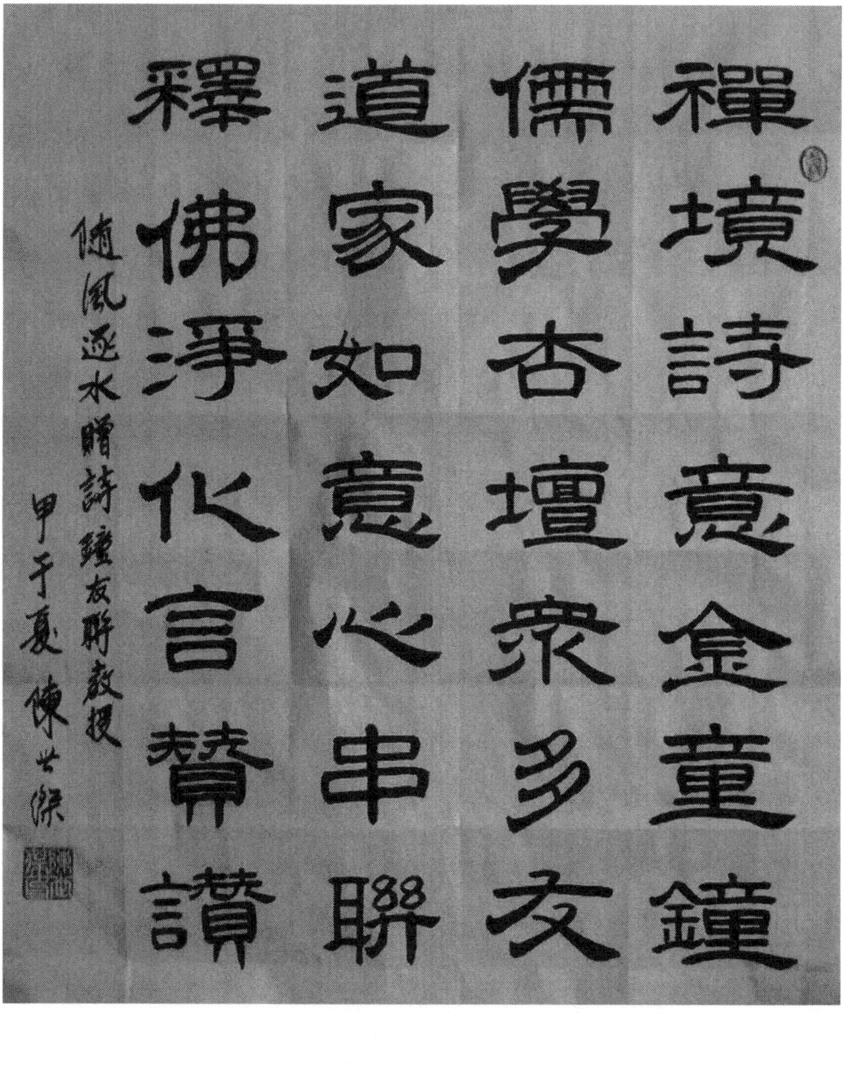

卓子教授 贈詩

傳神

出手便詩詞　網路稱達人
友公才華現　雲端藝傳神

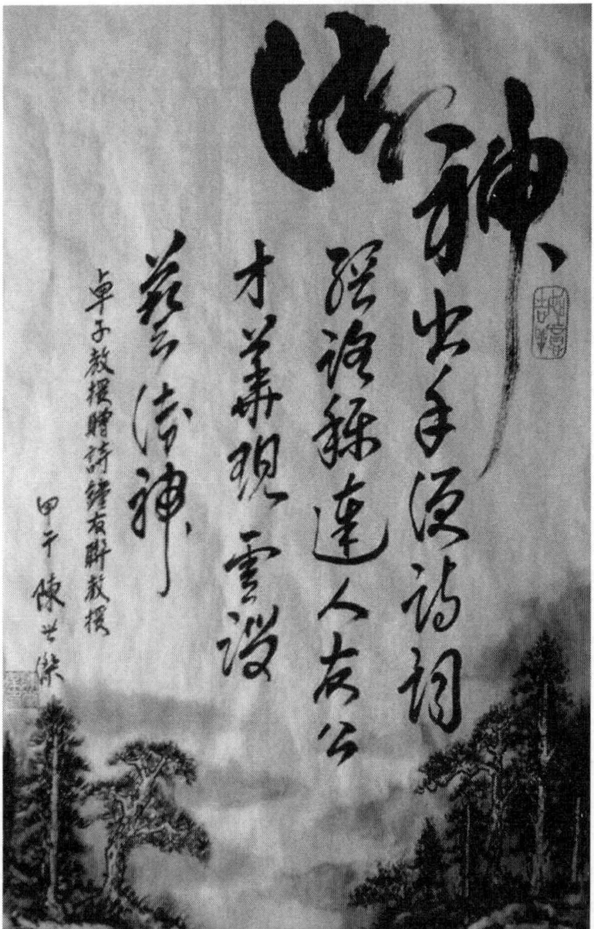

林哲恭 贈詩

鐘揚九芎林
友聚不厭齋
聯網寫新詩
伊藤揮巨毫

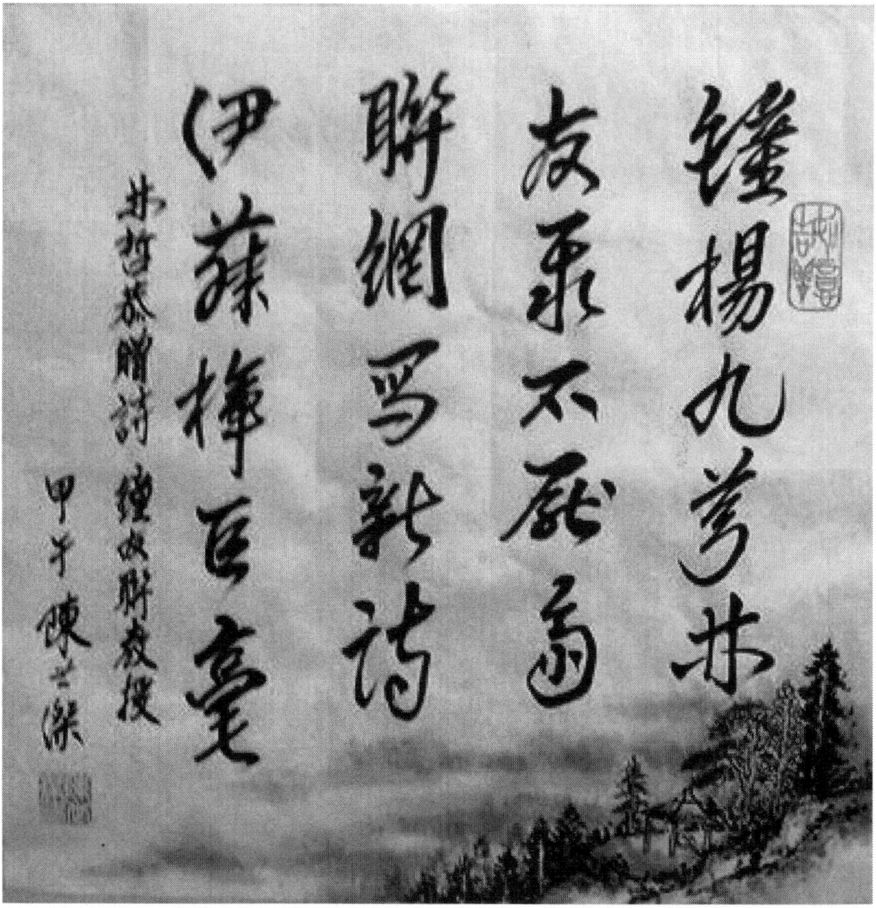

出外人 贈詩

信手詩詞吟
臉書一紅人
鐘師才洋溢
縱橫在文林

林福全 贈詩

鐘鼎山林地互異　友鄰雲端人相倚
聯詩合書齊獻力　歡心怡神同享喜

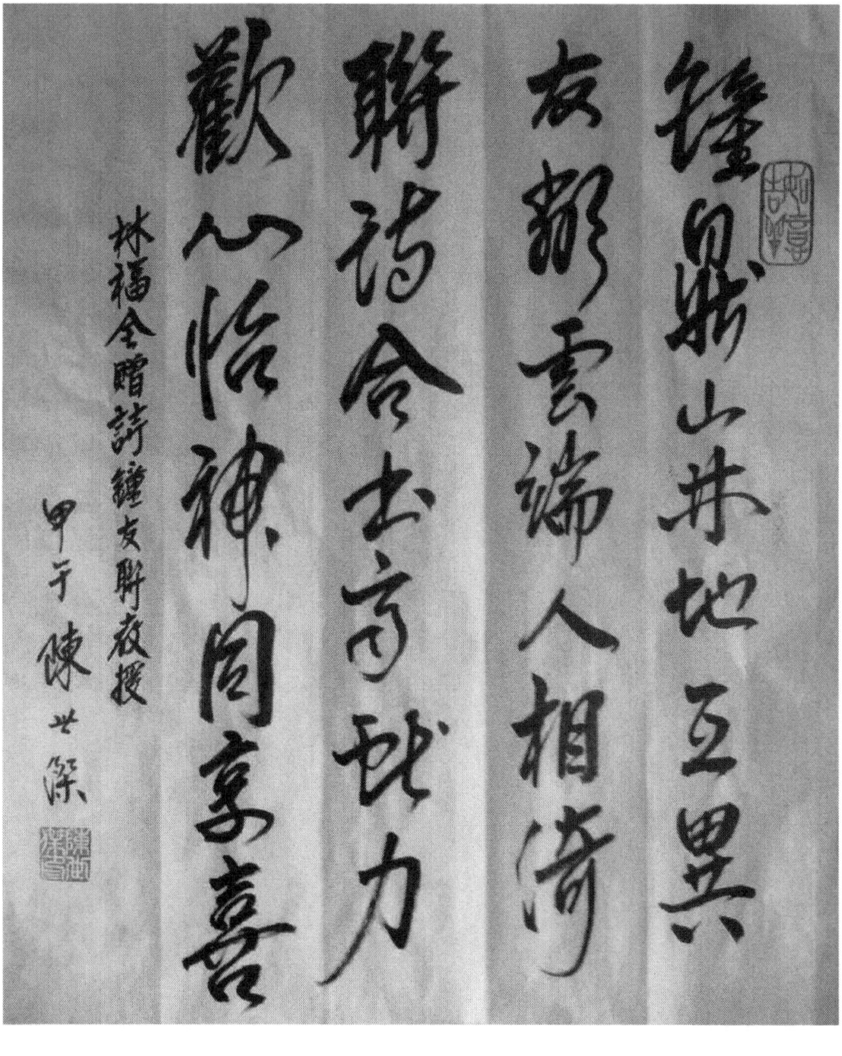

陳錫卿 贈詩

隱廬高雅不住人　全是神仙下凡塵
文才武略樣樣行　賢人雅士頻蒞臨

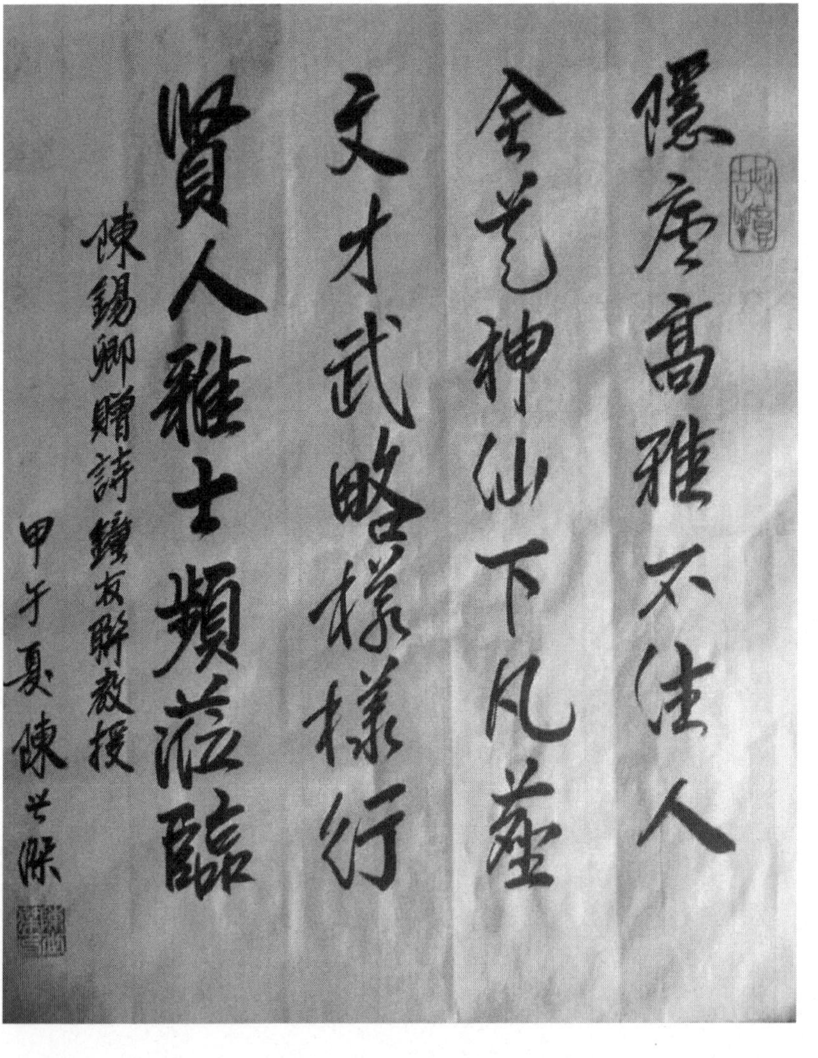

第八章　網友贈詩

書法　陳世民大師

Jack Chen **贈詩**

鐘響雲端任我行　友滿寰宇皆知音

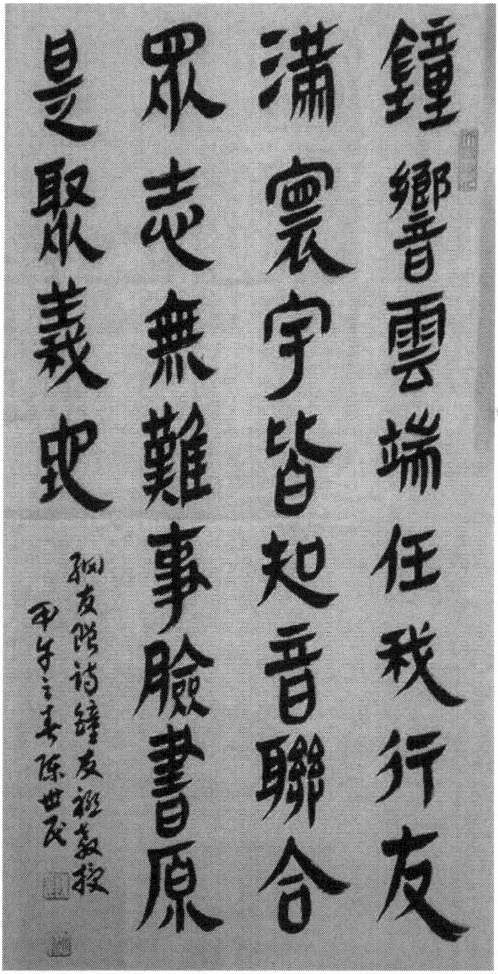
鐘響雲端任我行友
滿寰宇皆知音聯合
眾志無難事臉書原
是聚義池

聯合眾志無難事　臉書原是聚義池

Yuan-Yu Liu 贈詩

聯聯翩翩

音聲如鐘行不苟　子雨友風氣味投
聯聯翩翩沁涼水　樂樂陶陶逍遙遊

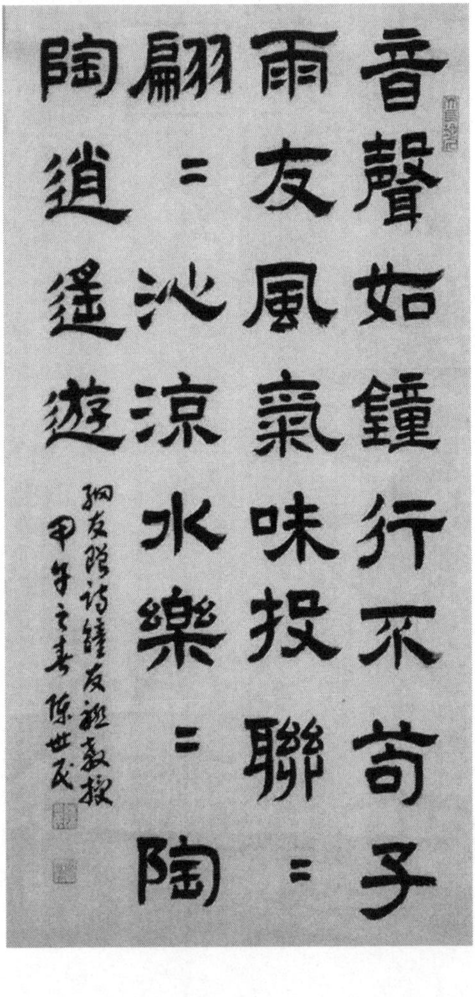

Arizona Holifol **贈詩**

幫主心胸　門下爭擁
詩林英雄　儒家之勇

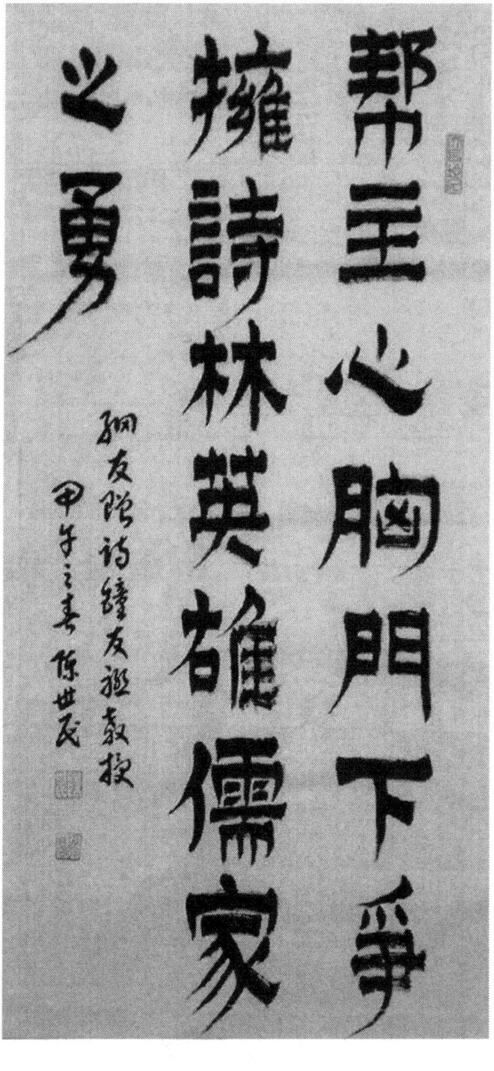

Arizona Holifol .贈詩

頂戴雲絲好晴光　翰林大夫集一幫
德披天下名萬方　廬隱種樹滿庭芳

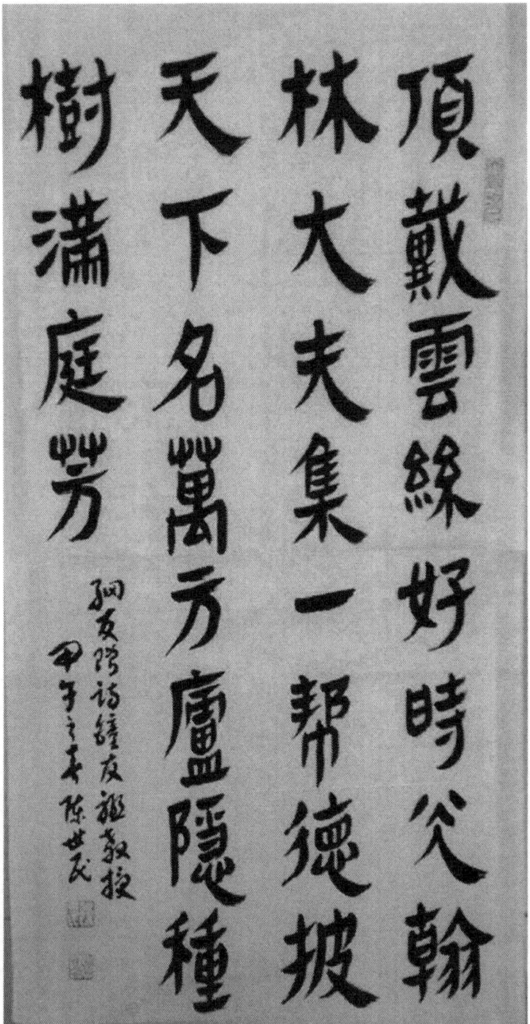

Arizona Holifol .贈詩

鐘兄每日吟詩樂
風花雪月勵志多
寧可調侃自身事
不談政治來惡鬥

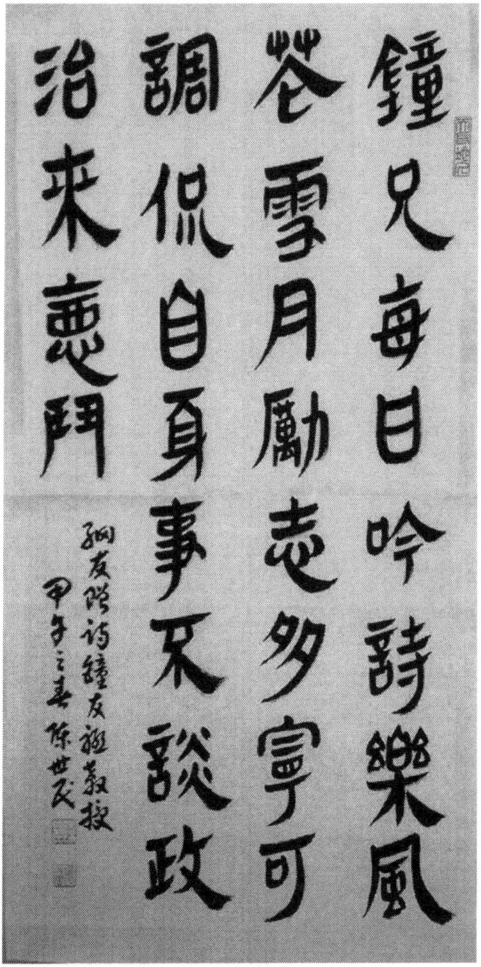

Xio Fang Lee **贈詩**

我師鐘 Sir 名震九宵
詩心會友笑聲迢迢
臉書天天傳遞佳句
好讓我等免費學習
妙哉!!真好!!謝謝!!

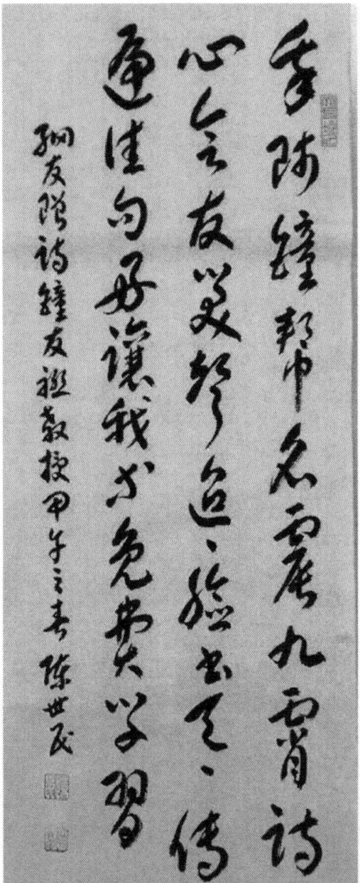

Xio Fang Lee **贈詩**

強風暴雨真無情　親友為您心難靜
處境安危讓人驚　難得幫主心安寧
還有雅興傳佳音　佩服佩服……哈
放心放心請放心　吉人天相佛降臨
天災禍害都避您

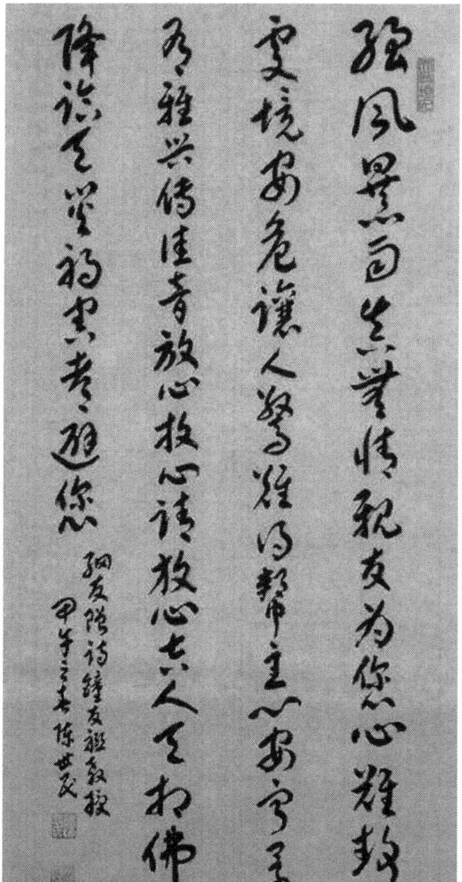

Sufeel Chen **贈詩**

半百還能跩
古錐又可愛
誰人比他帥
要尬做你來

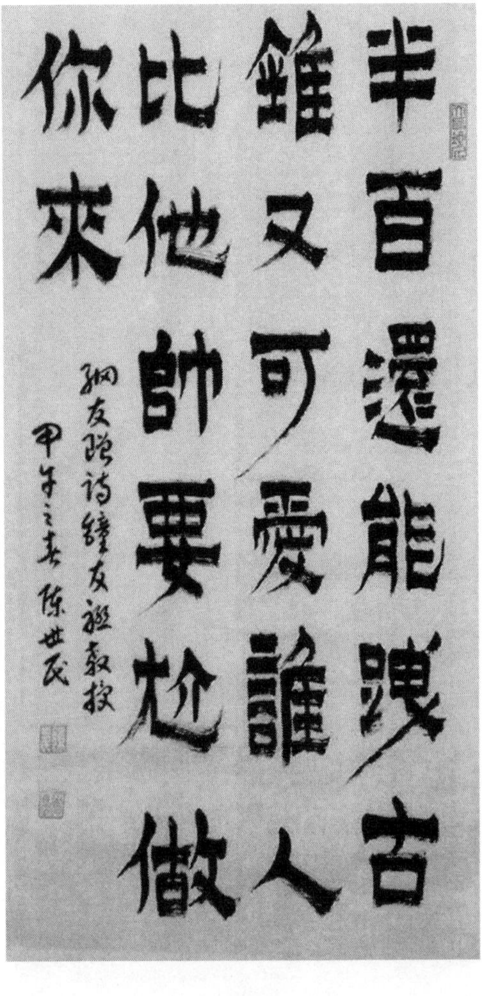
半百還能跩古錐又可愛誰人比他帥要尬做你來

鍾穎 贈詩

志滿腔

年愈花甲志滿腔
千古風流兒滿堂
淒風陰月聲聲嘆
友聯攀夢淚滿膛

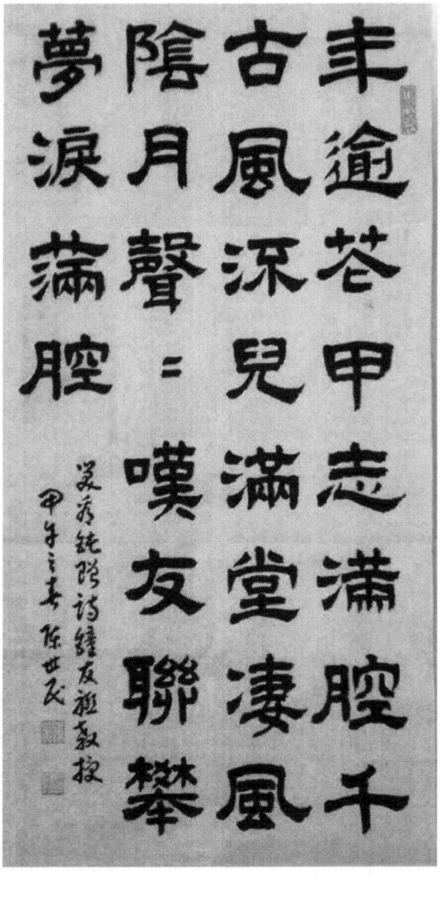

笑看鈍 贈詩

師似公雞喔喔啼
傳心傳法傳真諦
普勸世人明至理
詩詩皆藏師真意

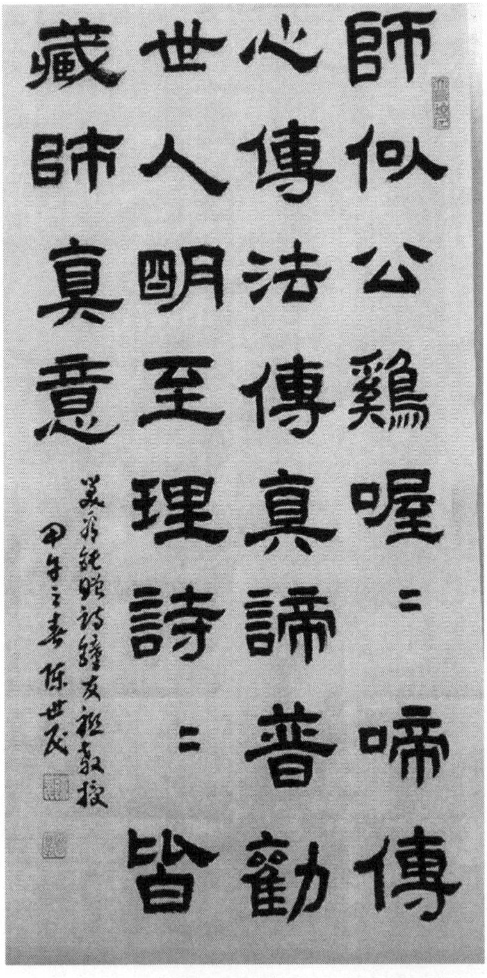

笑看鈍 贈詩

大師好風範
風度自不凡
詩詩意境高
傳心刻不緩

第九章　鄭秋美知音贈詩

書法　黃顯輝大師

有趣

歪詩有趣道理深　總是細細慢慢品

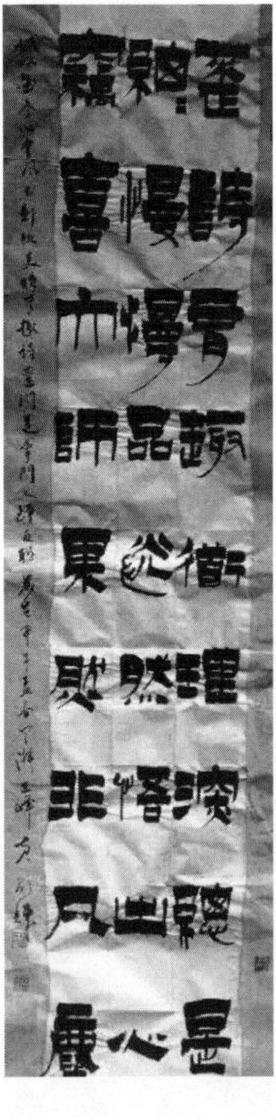

恍然悟出心竊喜　大師果然非凡塵

創意

歪幫功夫無人及
幫主崇高難頂替
歪來搞笑皆創意
人生如是最得意

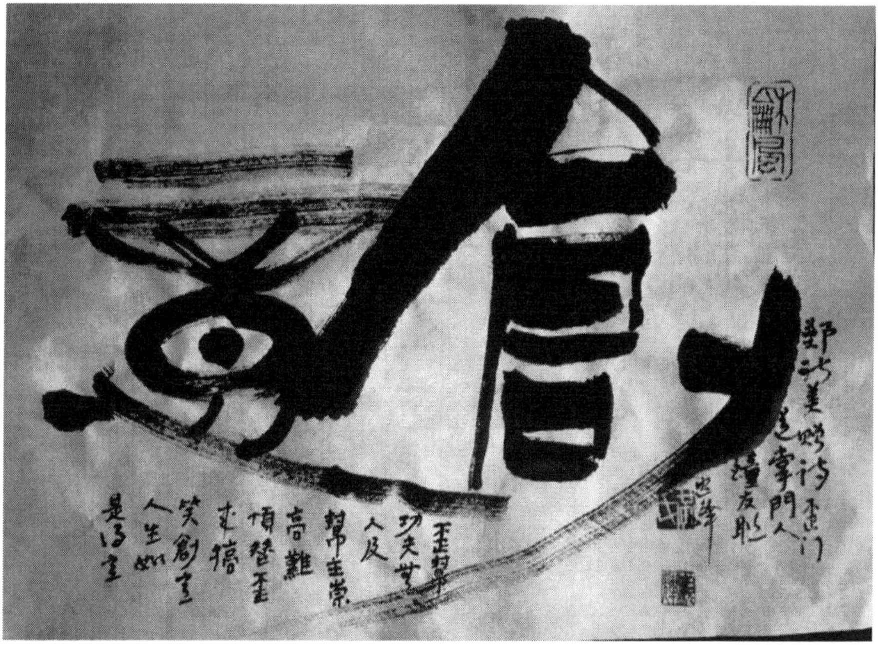

絕頂聰明

絕頂聰明師堪稱文武全才領大眾
時吟詩賦時為農瀟灑自得眾推崇

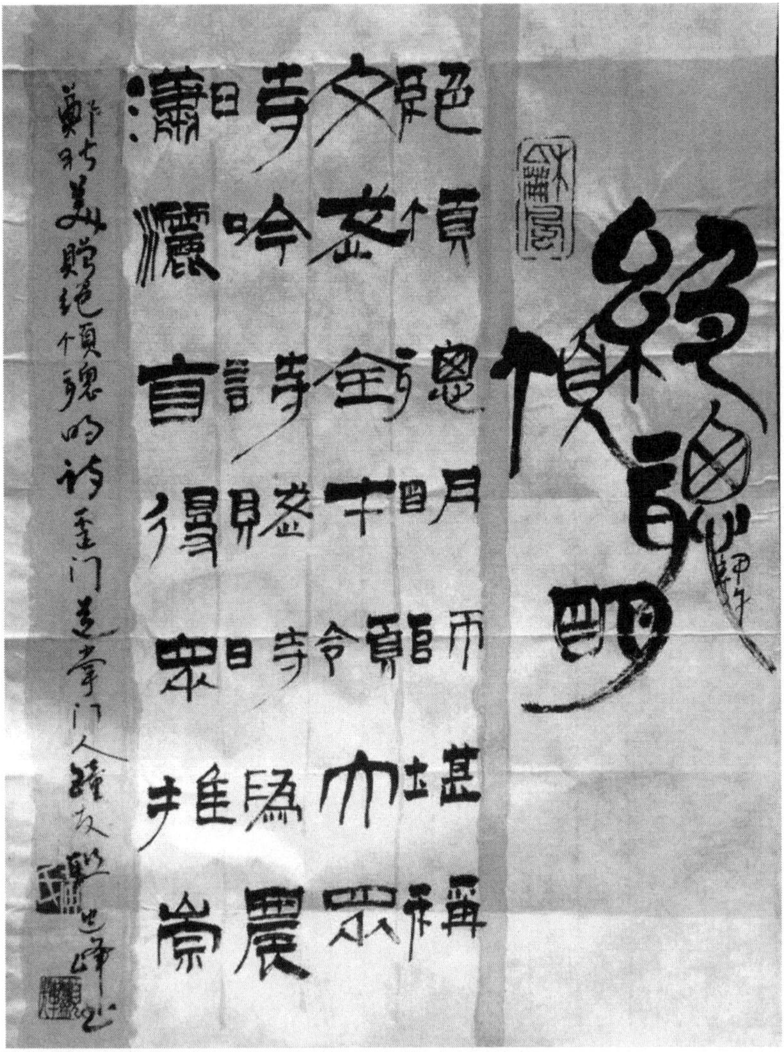

不老翁

隱蘆有位不老翁　爬山健行樣樣通

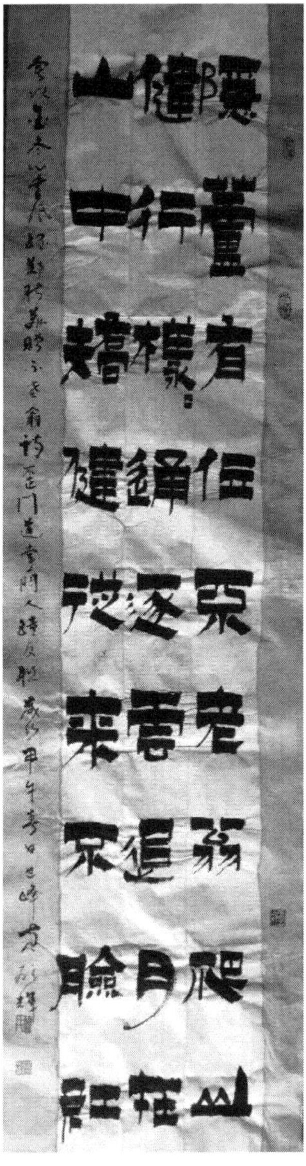

逐雲追月在山中　矯健從來不臉紅

賢翁

氣宇非凡一賢翁　福慧皆備人推崇
捨下光環入山中　斗笠雨鞋亦出眾

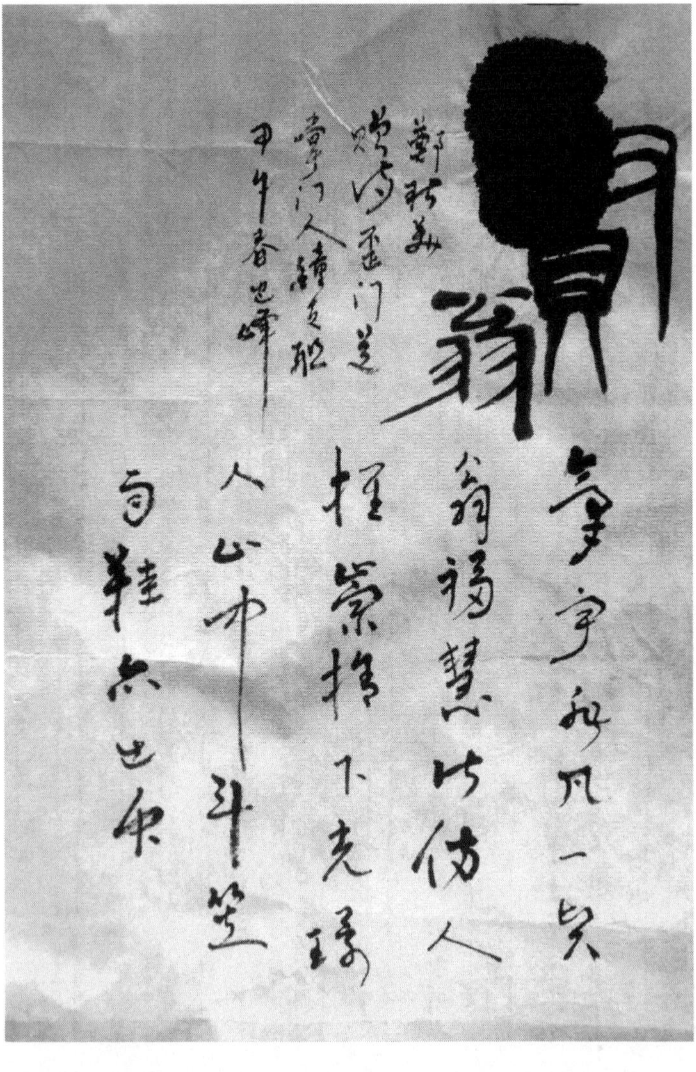

大富翁

源茂山下大富翁　坐擁群山聽鳥蟲
紙醉金迷不適從　黃金屋藏書卷中

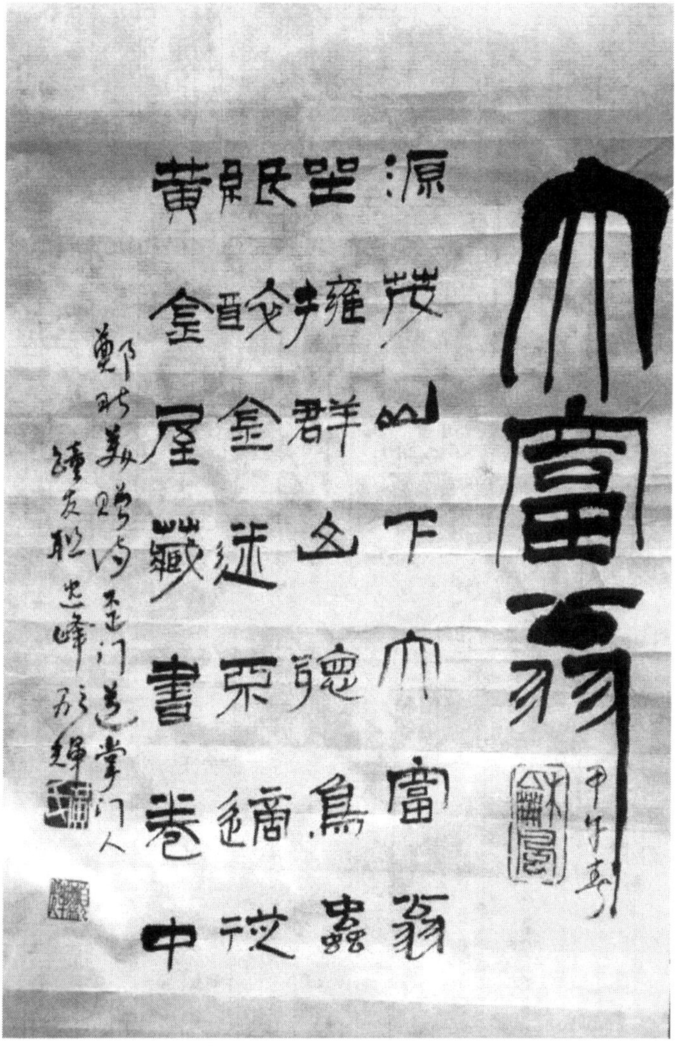

感恩

詩仙師聖您專屬
詩詞一出知有無
網上領悟真喜出
一再感恩友聯師

幽默渡衆

大智若愚怎是顛
幽默渡衆人世間

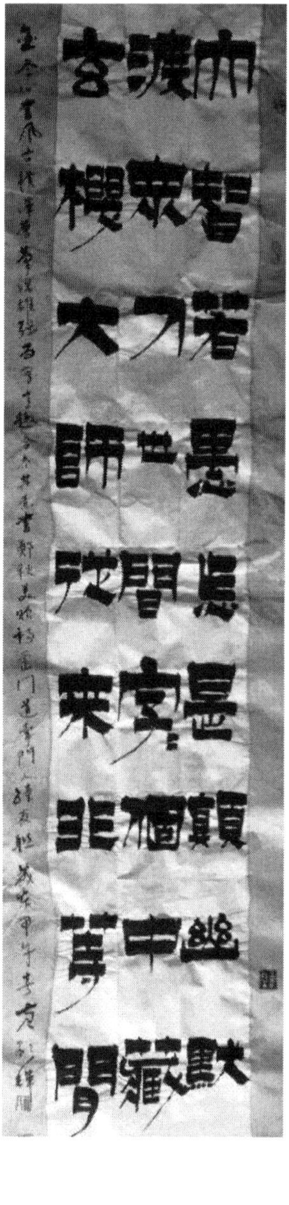

字字個中藏玄機
大師從來非等閒

一代詩仙

且把詩詞入生活　但將醒文行裡托
一代詩仙誰可過　今裡唯獨鐘教授

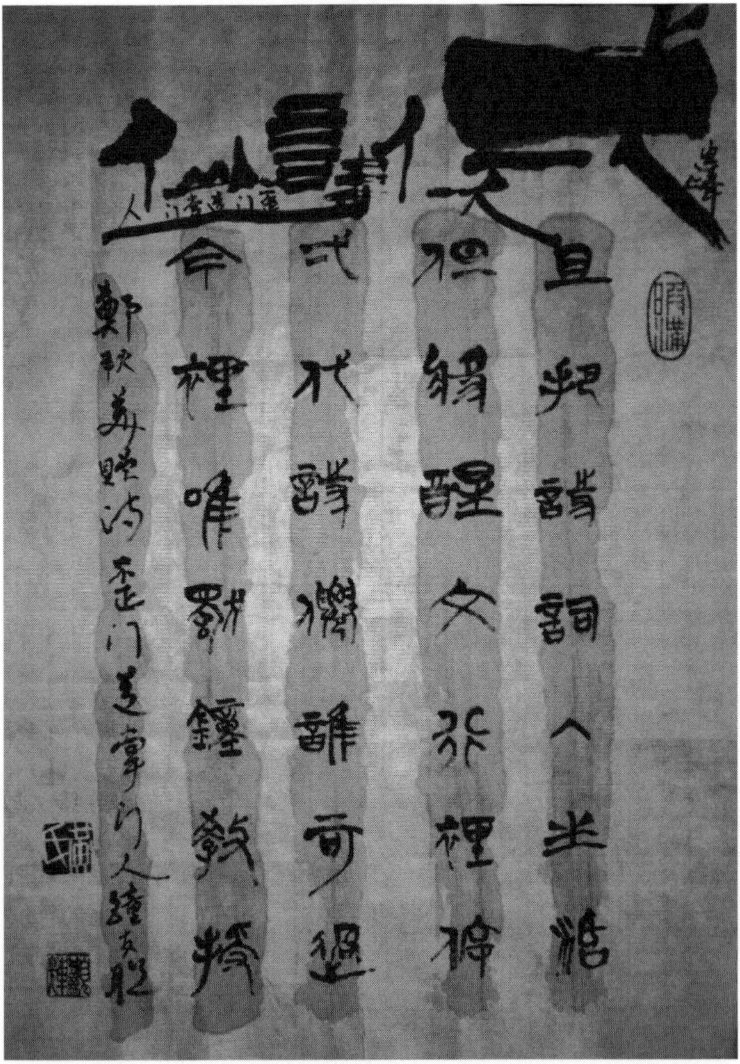

嵌名詩

鐘聲嘹亮聲動人　友情友諒友多聞
聯珠璧玉文采深　好詩佳句無窮盡

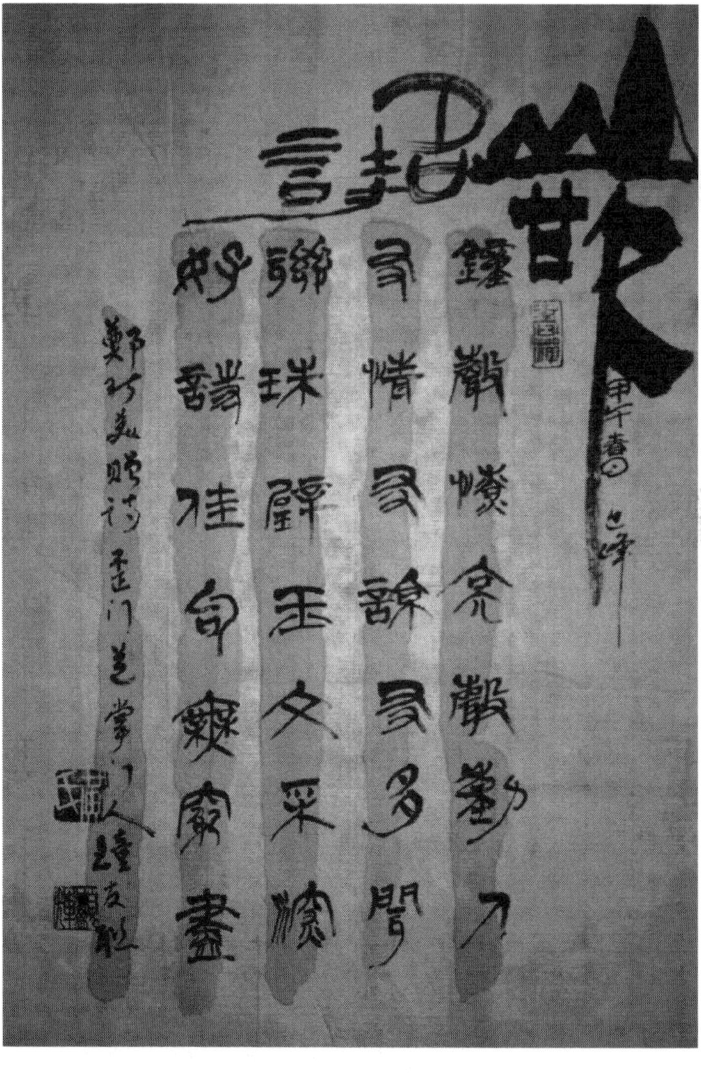

第十章　謝欽錠大師贈詩

書法　木舞山人

神來之筆

藝文大師鍾友聯　神來之筆寫大千

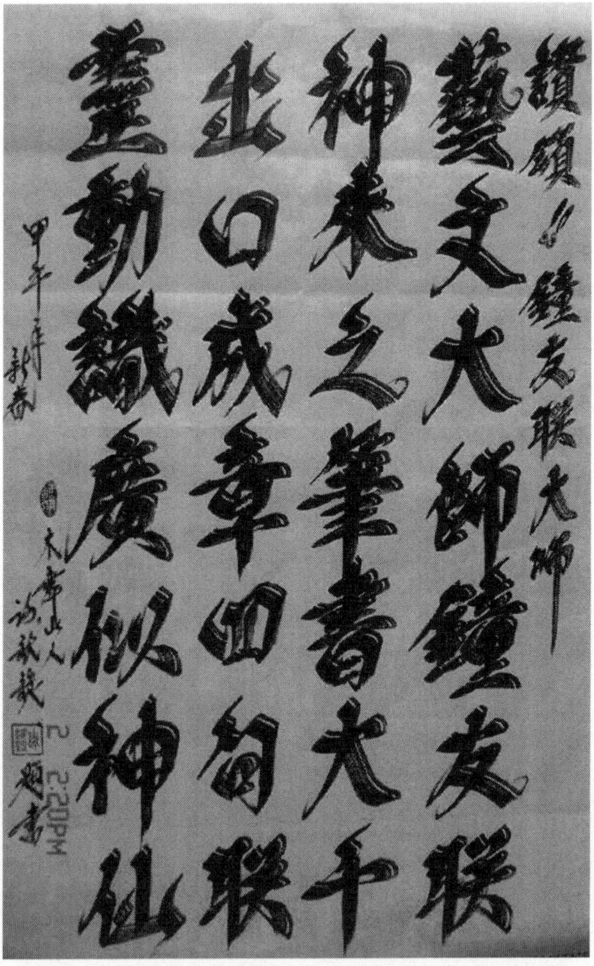

出口成章四句聯　靈動識廣似神仙

詩神鐘友聯

雲端有個鐘友聯　恰似李白回凡問
吟詩作詞千萬卷　禪定修心賽神仙

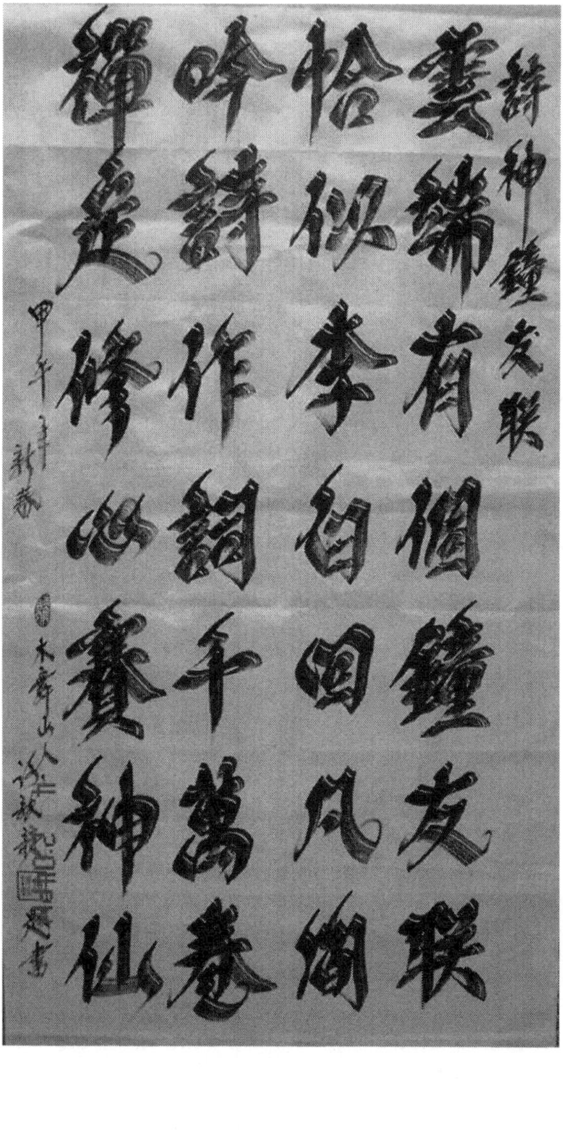

禪詩大師

禪詩大師鐘友聯　廣交益友結善緣
詩書五藝皆老練　出口成章萬萬卷

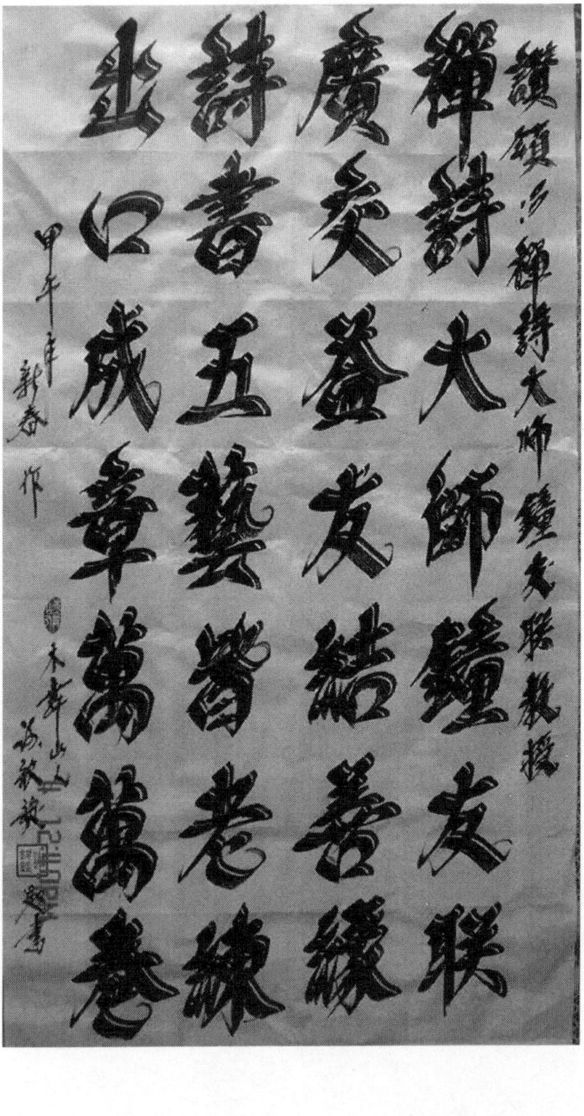

茶禪客幫主

台灣有個鐘友聯　貌似達摩行如禪
坐擁青山望雲煙　創作詩文似湧泉

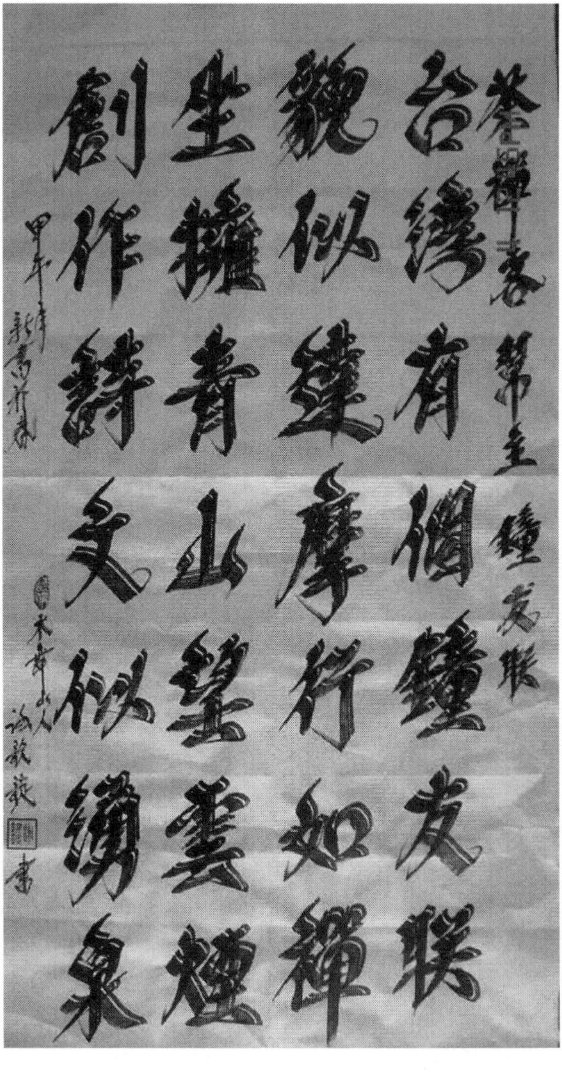

讚頌!! 鐘友聯教授

退休至今十年事
專心閉關寫木書
閒暇之餘上網路
幸遇鐘友聯大師
待人和善不存私
拜學説文又寫詩
志趣相投好相處
猶如他鄉遇故知

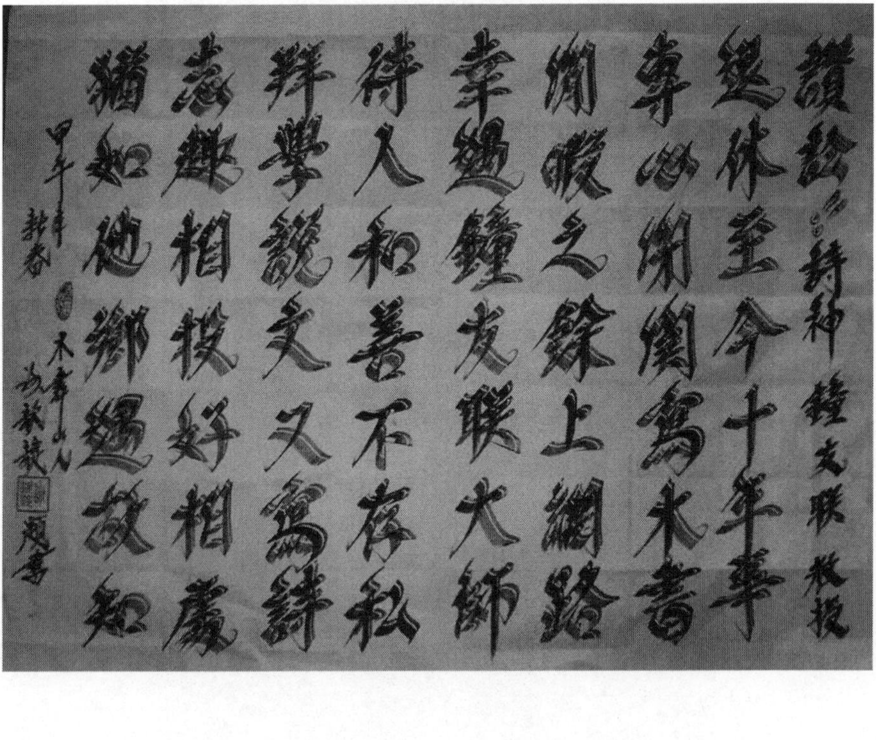

第十一章　林福全老師贈詩

書法　吳明賢大師

立舞台

幫主立舞台　氣盛樂開懷

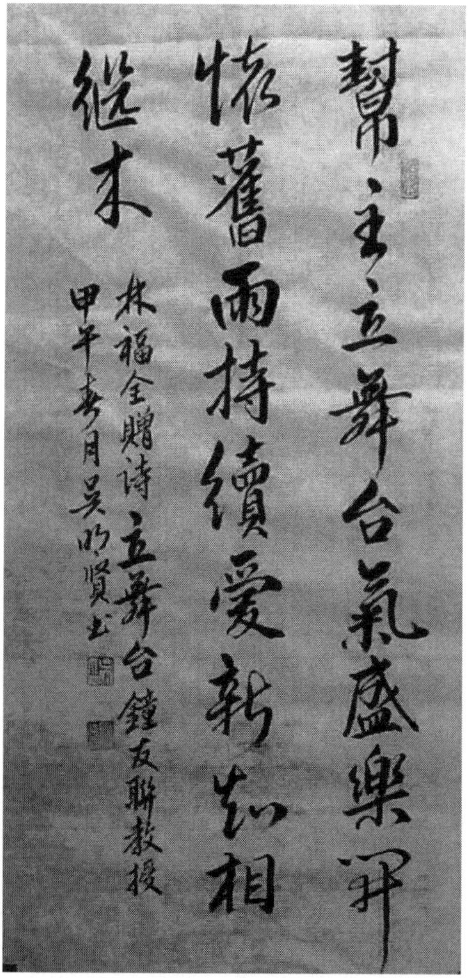

舊雨持續愛　新知相繼來

要拜

老翁卻是大奇才　允文允武樣樣來
瞎掰胡扯人人愛　人人心適樂開懷

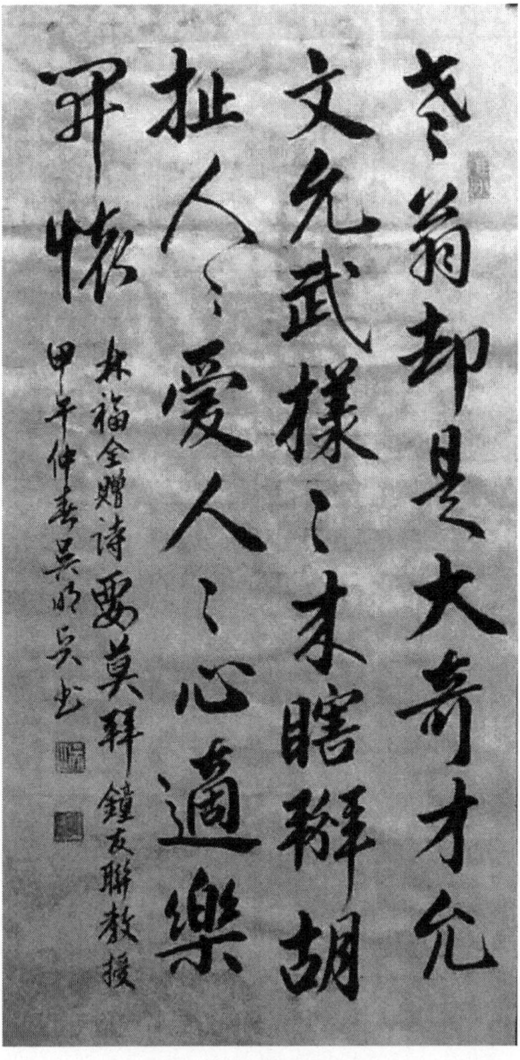

蓋　仙

蓋仙蓋功力無比　幫眾聞閱樂心底
咸稱蓋仙好才氣　詼諧有趣又神奇

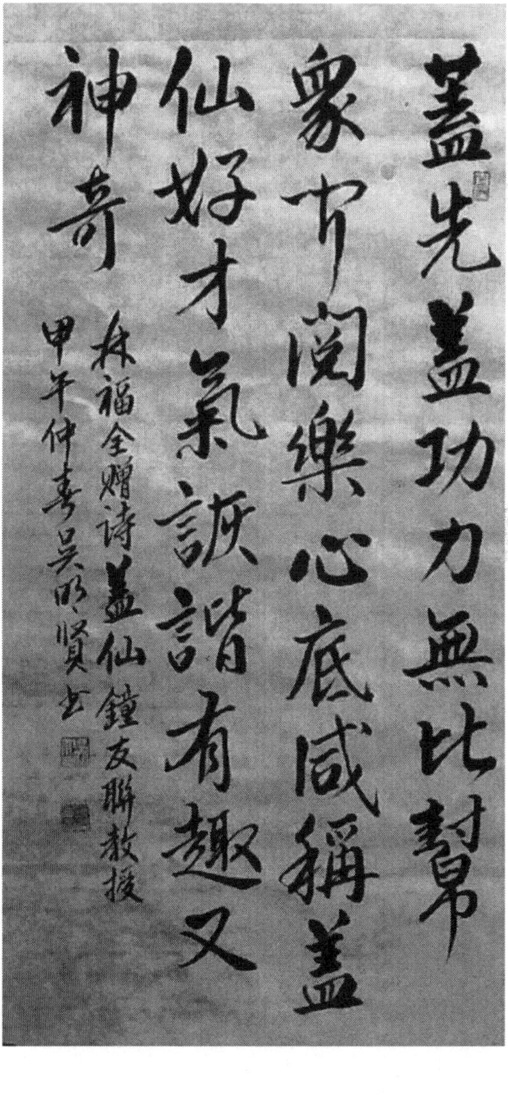

先按讚

鐘詩字淺似不難　欲解真義不簡單
只好粗賞先按讚　日後細品悟其禪

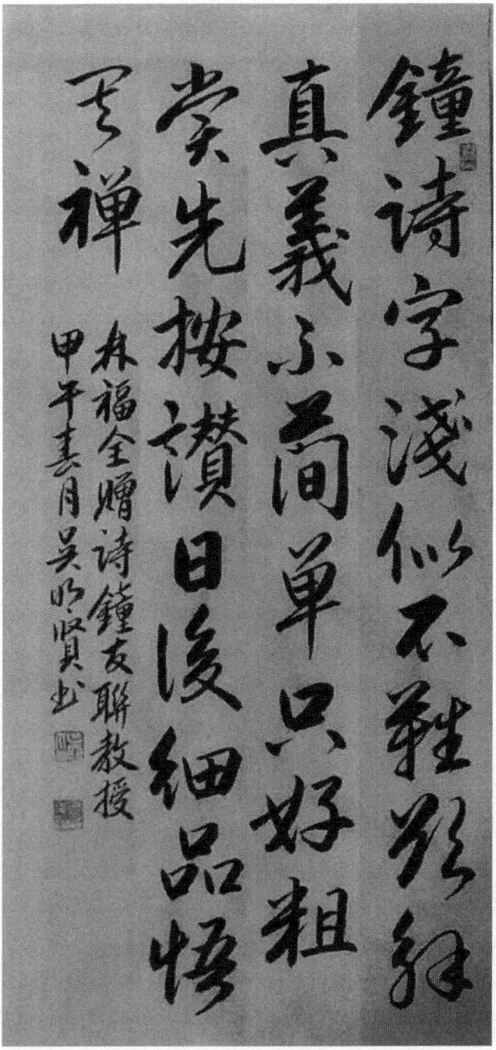

隱廬

看蝴蝶飛來飛去　見松鼠舞高舞低
隱居鐘廬多愜意　無憂無慮苦鬱離

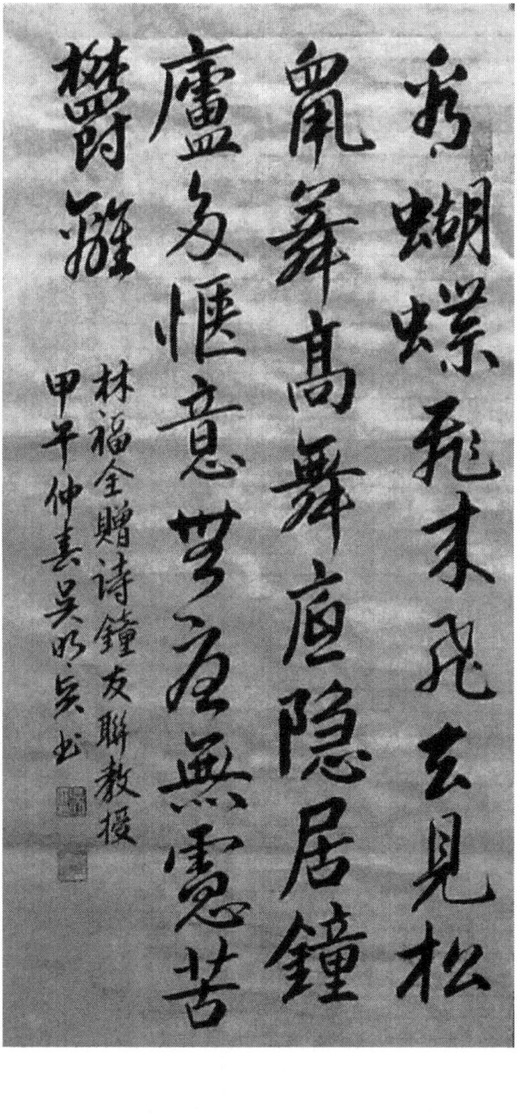

第十二章　網友贈詩

書法　黃瑞銘大師

老茶壺 贈詩

人緣好

幫主人緣通人好　哪會無奈心糟糟
寫文吟詩人額樂　朋友鬥陣笑呵呵
美女身邊陪伴你　笑笑心情乀變好

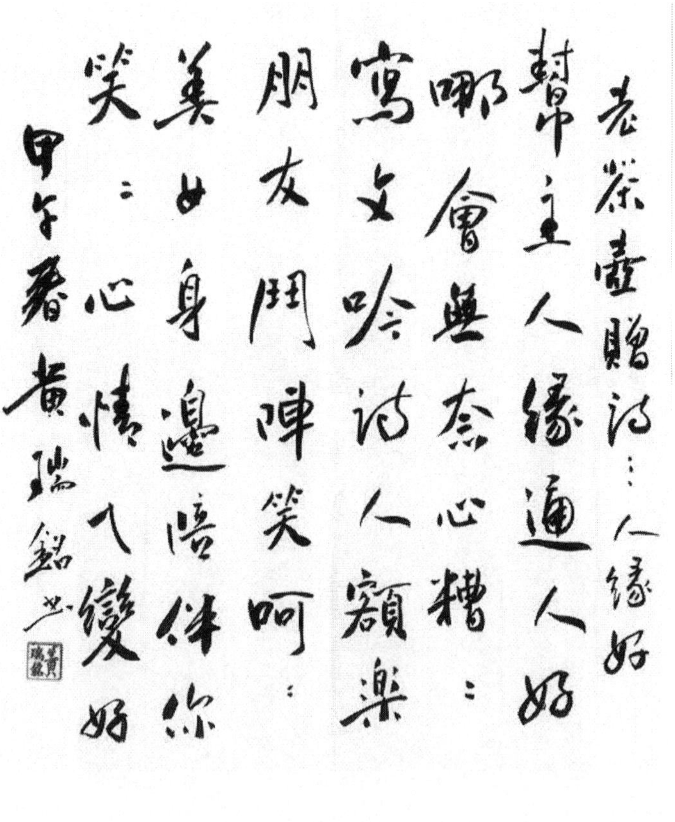

老茶壺 贈詩

歡頭喜面

鍾叔歪頭把帽戴　歡頭喜面笑咳咳
輕身便服一身輕　笑臉款待真情人
左邊阿姨笑開懷　臉上酒窩笑咳咳
點心拿著吃開懷　哈哈順便把頭歪
右邊美女笑瞇瞇　手拿點心拍下去
歡頭喜面笑嘻嘻　開心歪頭齊拍照

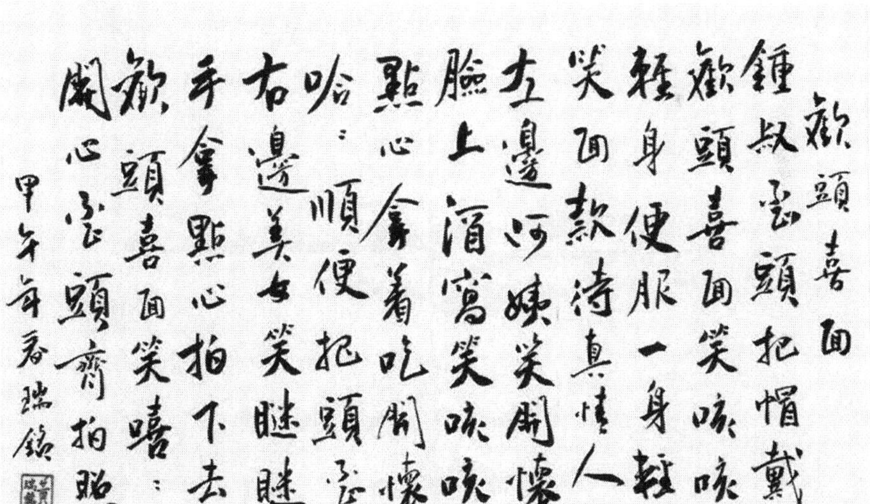

老茶壺 贈詩

老頑童

遊山玩水老頑童..
朋友四界好七逃..
茶山朋友滿滿是...
泡茶開講好心情...
滿面攏是笑嘻嘻^^

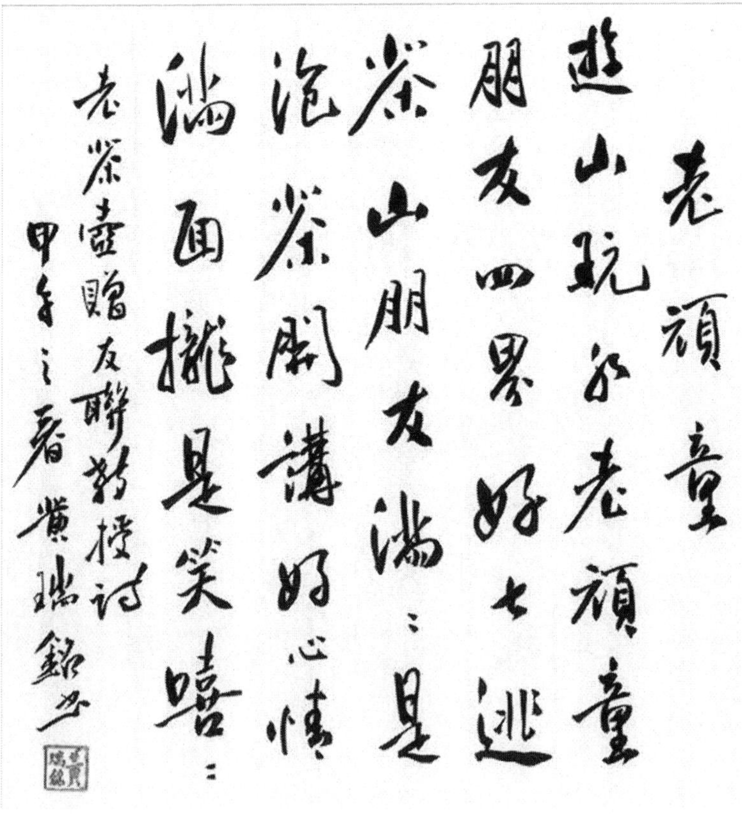

隨風逐水 贈詩

金童如鐘　四海交友
頁面詩聯　言贊為讚

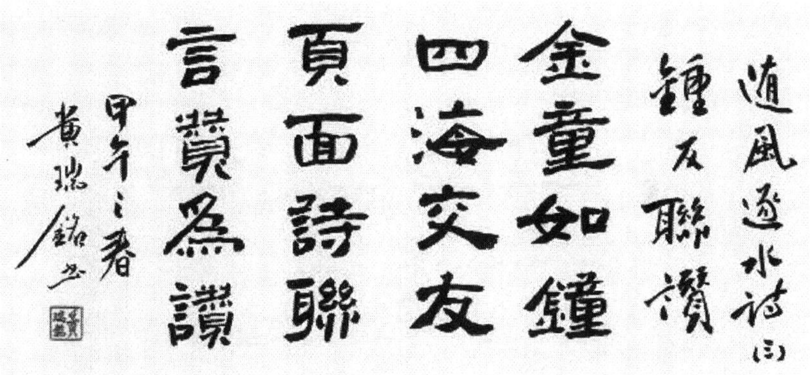

一葉知秋　一頁見優
一液見心　一燁亮友

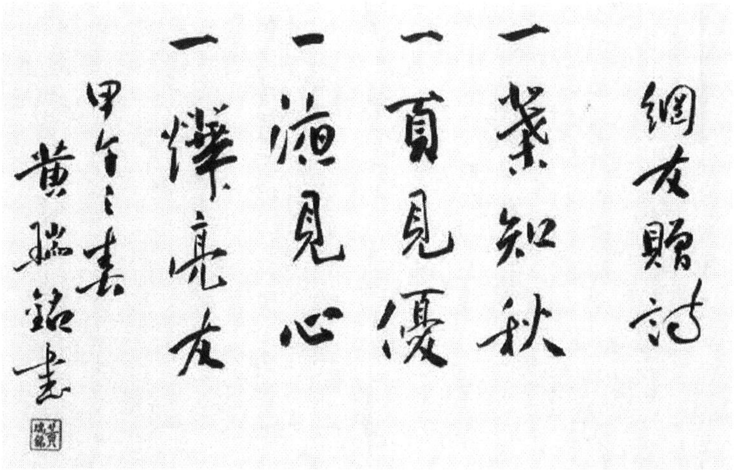

隨風逐水 贈詩

談天說地金童鐘
笑看紅塵千百容
風過雲過大千界
生龍活虎往前衝

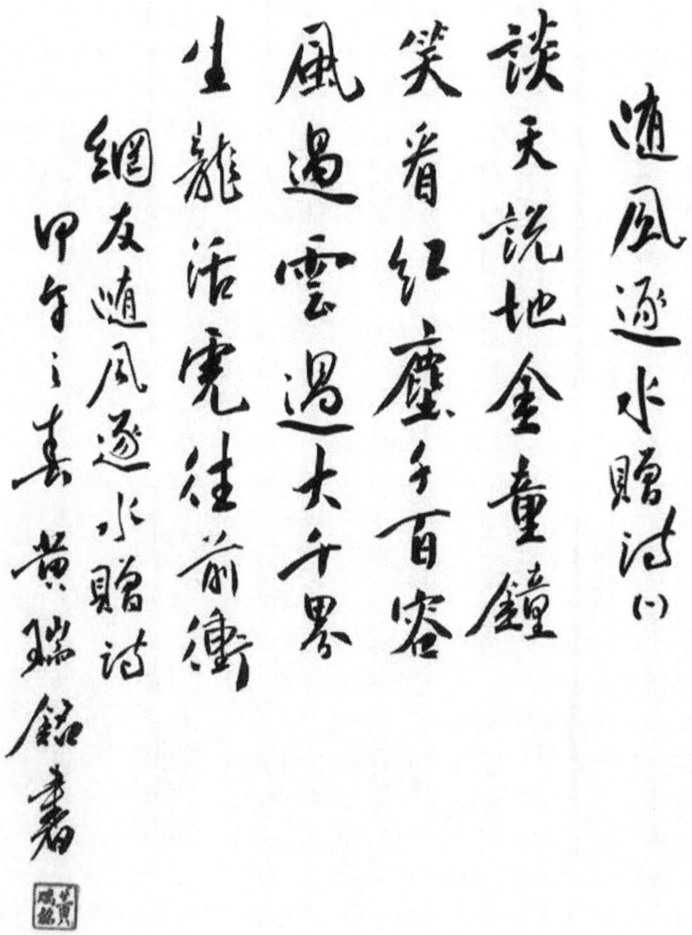
隨風逐水贈詩(一)
談天說地金童鐘
笑看紅塵千百容
風過雲過大千界
生龍活虎往前衝
細友隨風逐水贈詩
甲午之春 黃瑞銘書

隨風逐水 贈詩

暮鼓晨【鐘】淡薄志
呼朋邀【友】相聚此
同好串【聯】開心戲
人人按【讚】喜相識

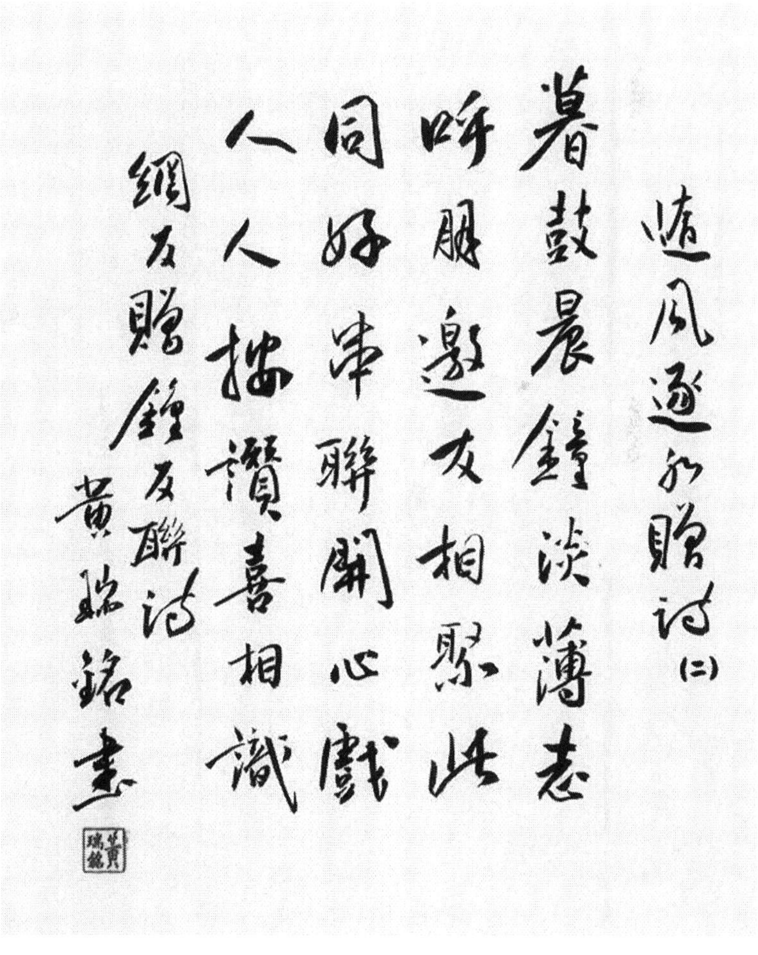

翁德華 贈詩

情意長

春風邀夜雨　點點扣心窗
喜迎隱廬客　蜜后情意長

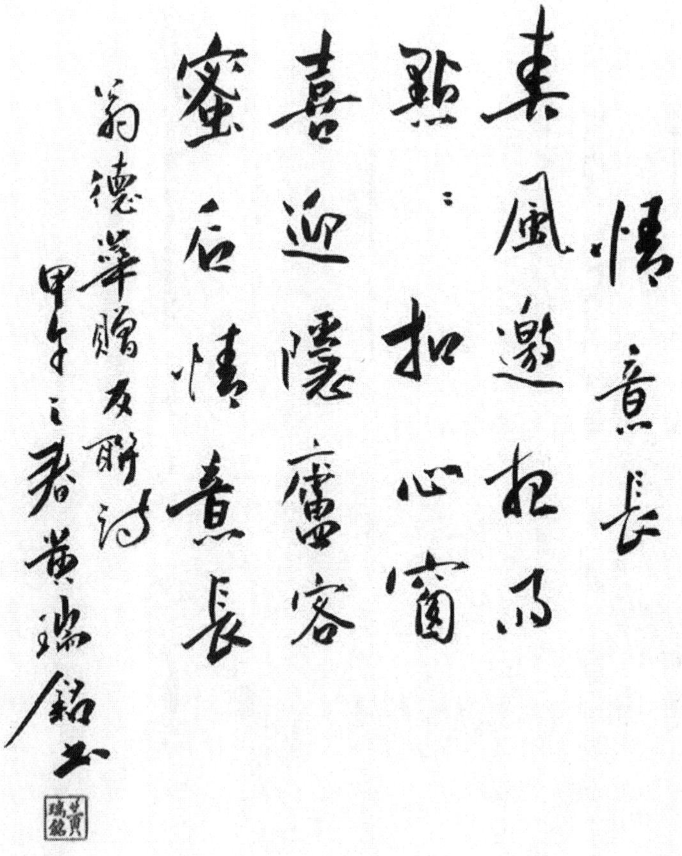
情意長
春風邀夜雨
點點扣心窗
喜迎隱廬客
蜜后情意長
翁德華贈友聯詩
甲午之春 黃瑞銘書

林福全 贈詩

友詩禪韻意似簡，聯誼濃應情若堅，
牙彩潔萱墨更現，城書骨草氣益顯。

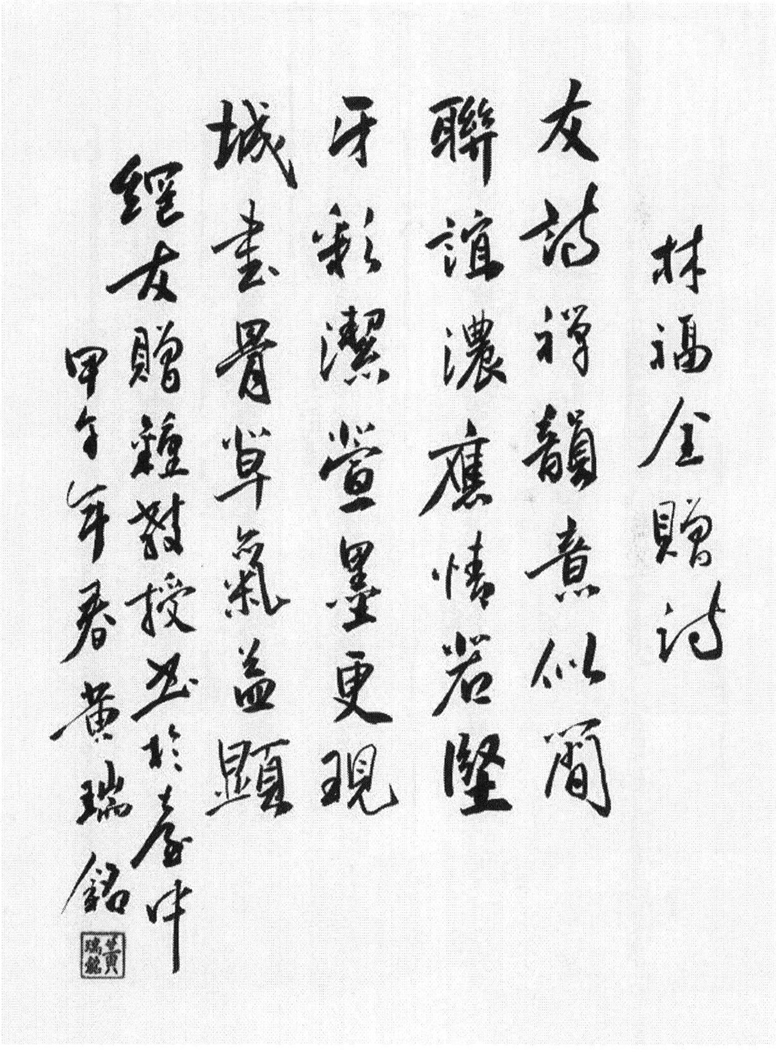
林福全贈詩
友詩禪韻意似簡
聯誼濃應情若堅
牙彩潔萱墨更現
城書骨草氣益顯
甲午年春黃瑞銘

出外人 贈詩

坪林山中居　禪修莊稼趣
悠然活自得　塵囂管他去

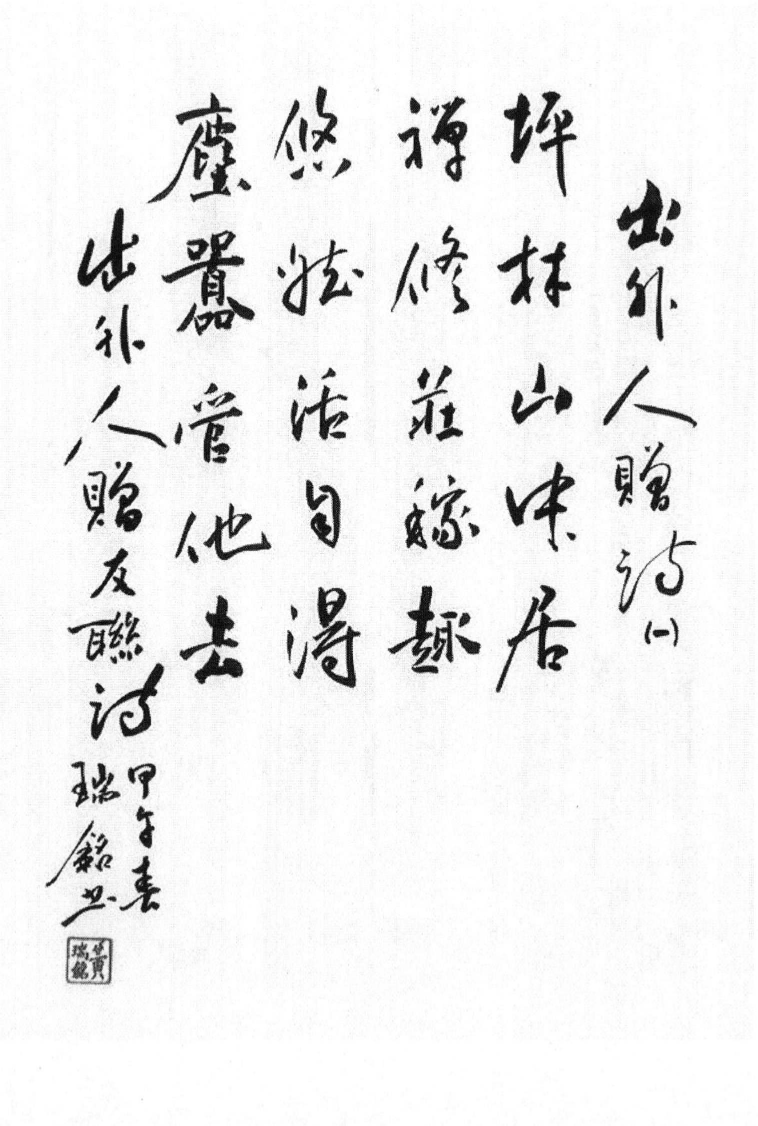

出外人 贈詩

好詩寫連篇
句句讚兄仙
錫卿識貨客
情誼磐石堅

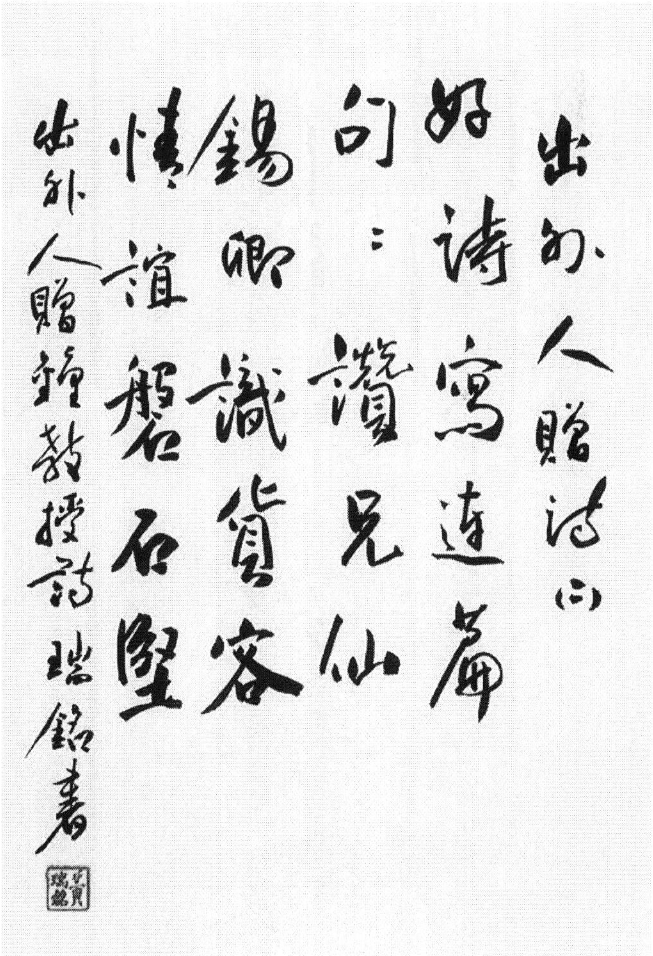

第十三章　陳錫卿贈詩

書法　黃登仕大師

詩仙飲茶多悠閒
吟詩作詞像湧泉
愉樂自己似神仙
分享網友不用錢

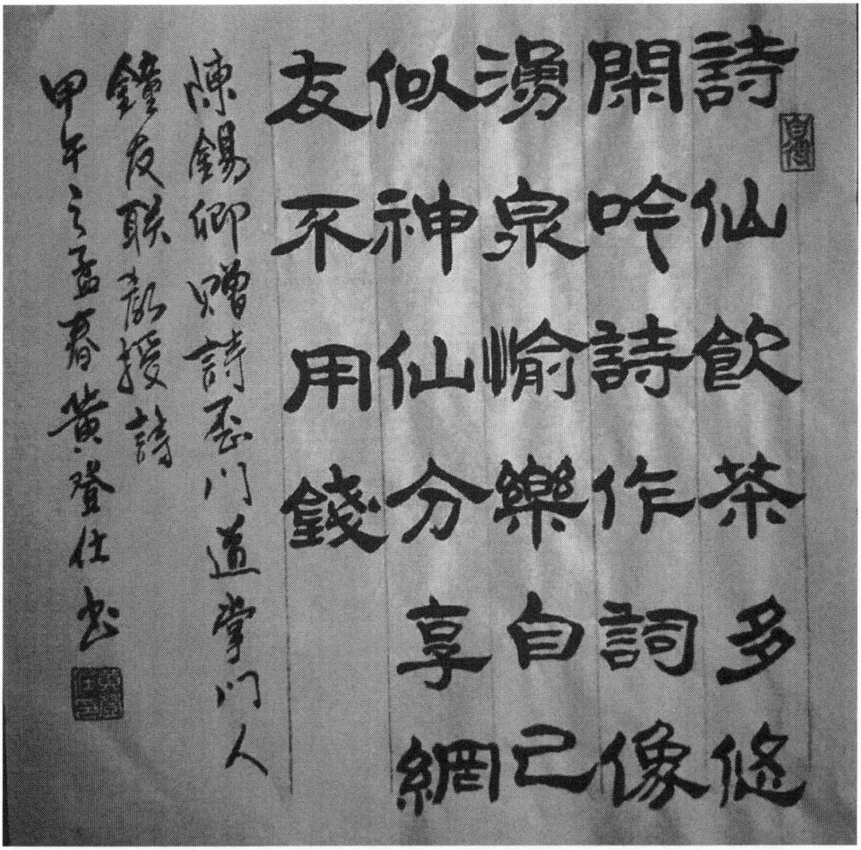

陳錫卿 贈詩

鐘聲響連天
友情滿人間
聯繫神與仙
仙境在凡間

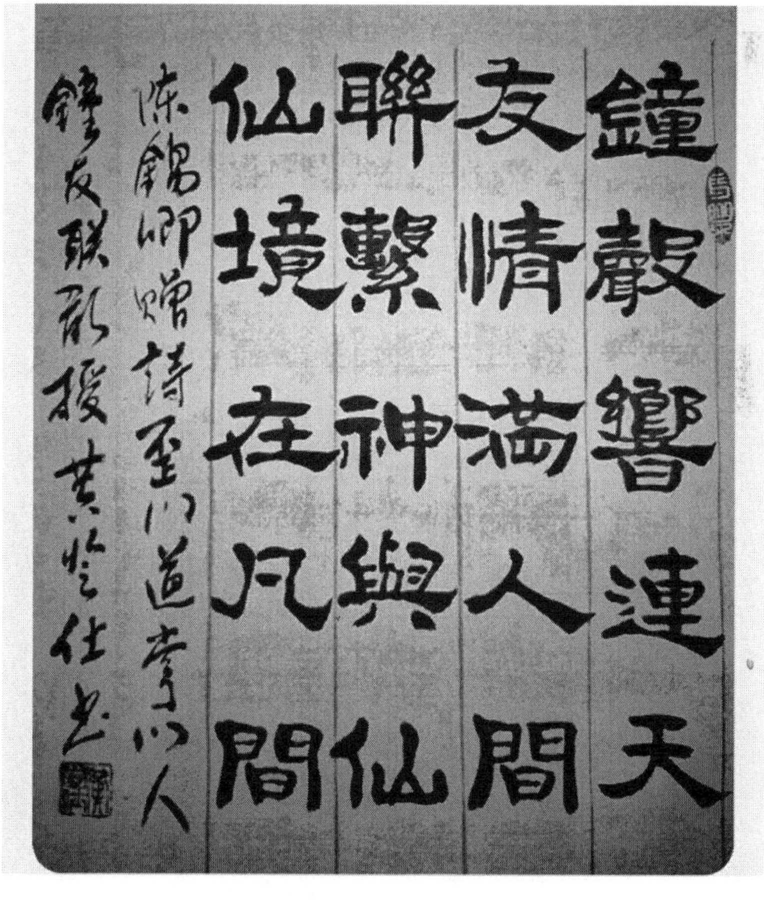

陳錫卿 贈詩

鐘鼎山林間
友誼彌又堅
聯合神與仙
讚嘆滿人間

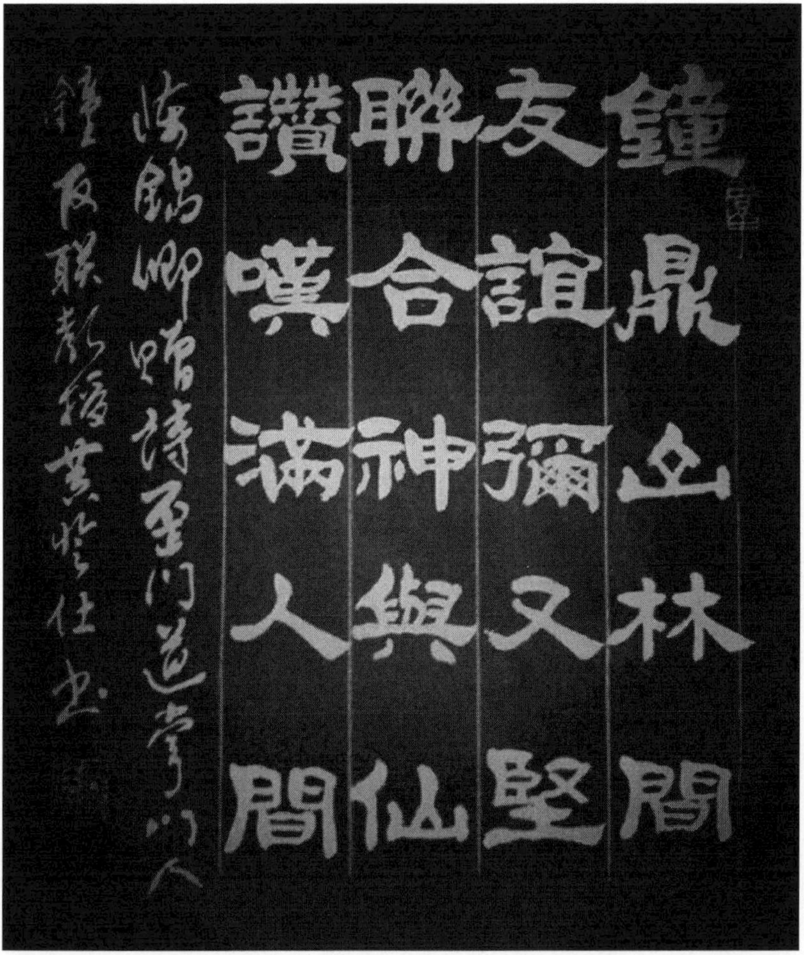

陳錫卿 贈詩

鐘兄心胸寬
友善保康健
聯袂送平安
好似神仙般

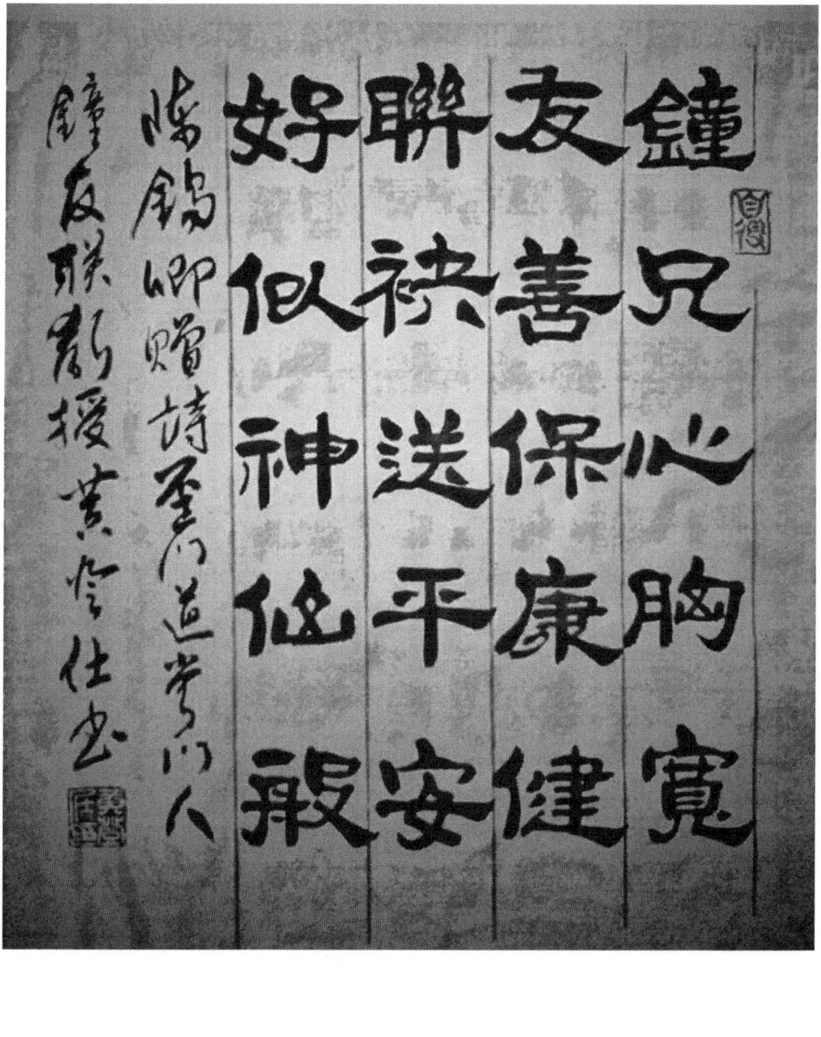

陳錫卿 贈詩

鐘友聯教授好

鐘聲響臨門
友情變愛情
聯姻成家人
教養為偉人
授權掌國門
好德稱聖人

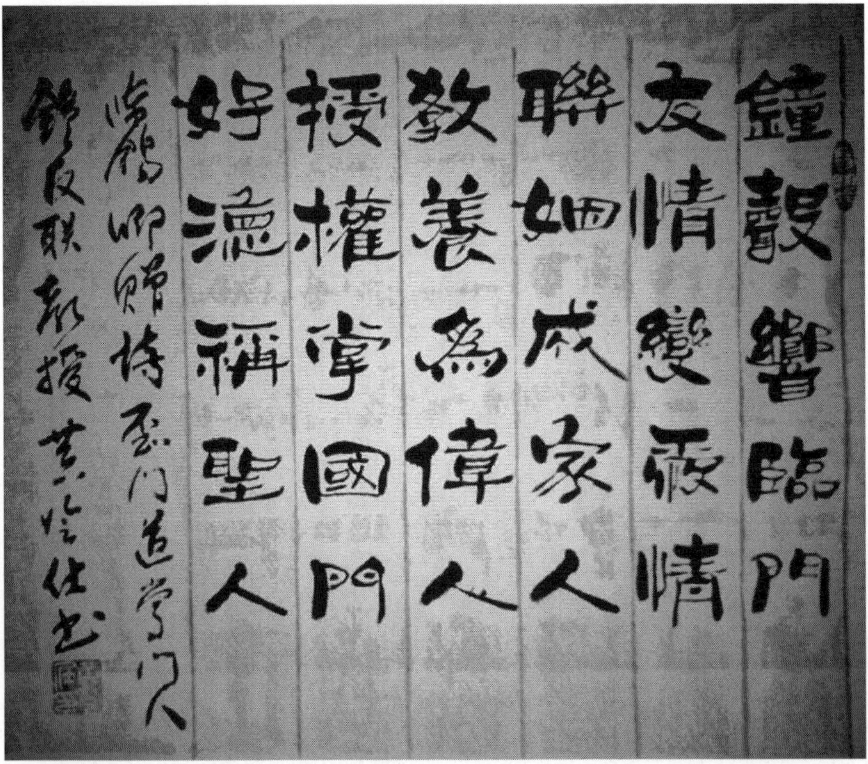

陳錫卿 贈詩

詩仙好人緣　單騎有本錢
玩石結奇緣　對詩功不淺

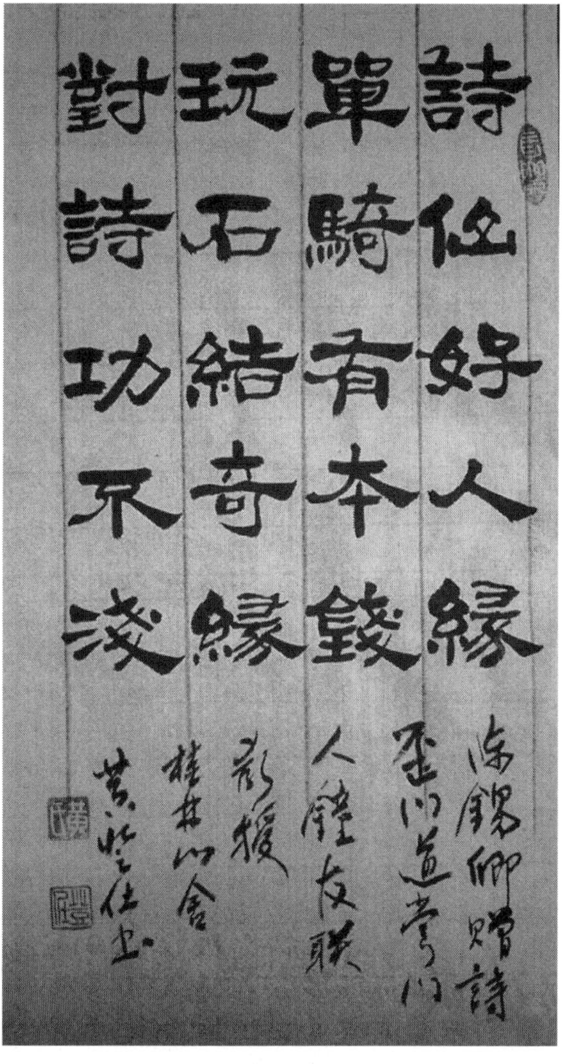

第十四章　卓子大師贈詩

書法　林原大師

幫主

幫主好厲害
詩文隨手來
臉書稱不敗
快樂又悠哉

高人

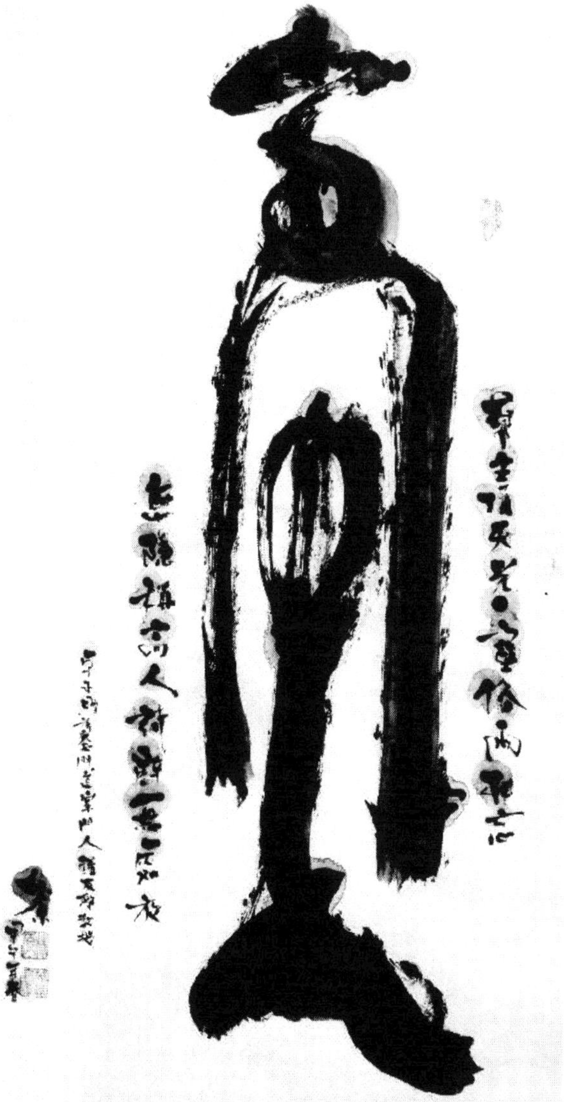

幫主頂天光　塵俗兩相忘

無隱稱高人　詩詞無處放

醉

吟詩作對棒 不用幫主吹

満身皆詩味 寫詩便能醉

樂人人

舞文弄墨怡心靈　吟詩作對養精神

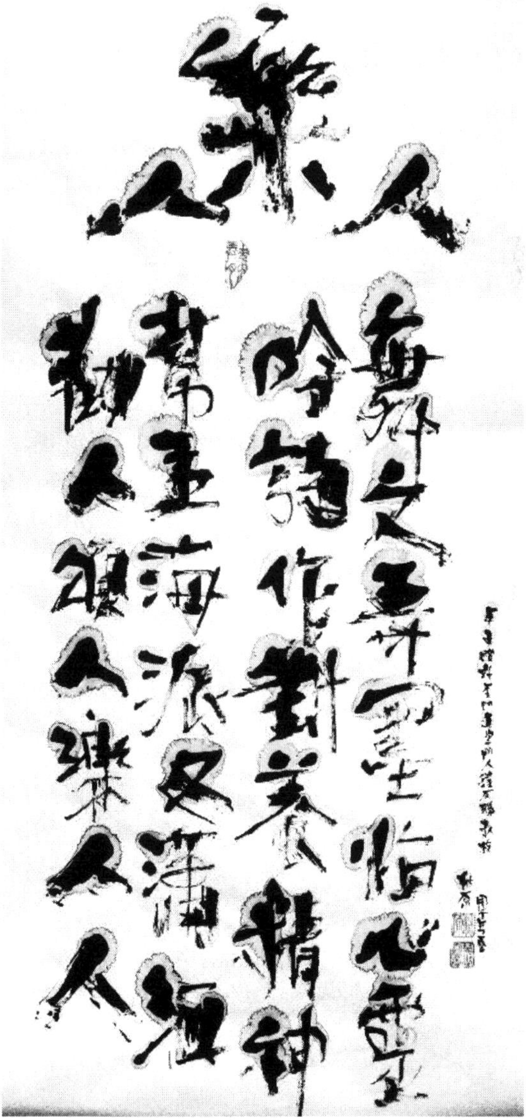

幫主海派又瀟洒　勸人頌人樂人人

頂天光

幫主頂天光　寫詩寫得狂
靈思如泉水　天天一籮筐

崇拜

替天把道載　幫主真厲害
詩詞舒胸臆　讓人好崇拜

奉陪

幫主武功好
詩文嚇嚇叫
雲端會筆友
通宵陪著聊

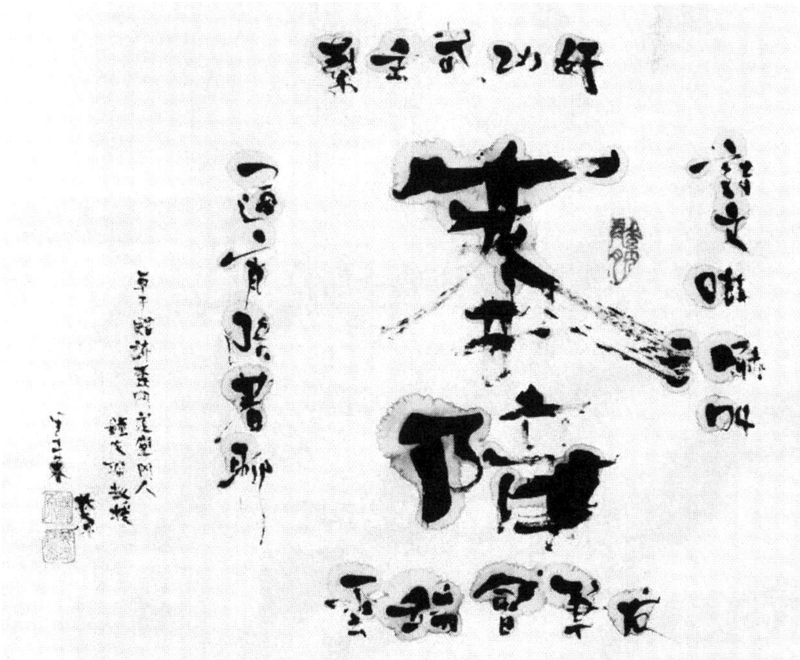

傳道理

老天默無語
借筆傳道理
大任降幫主
開口來釋疑

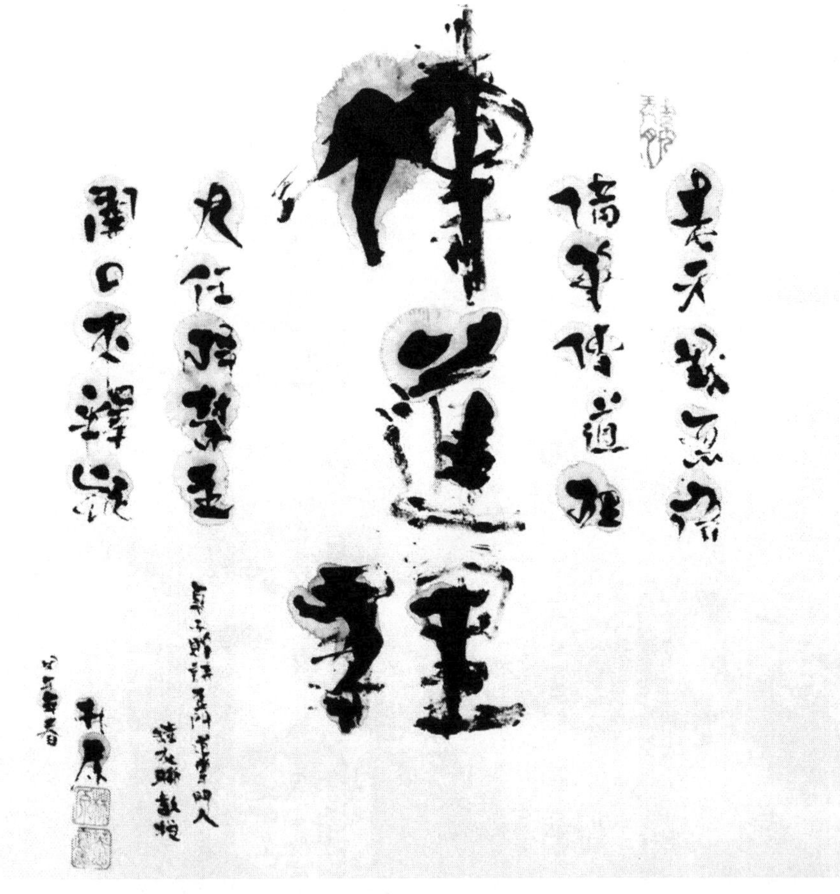

大家

幫主功夫當不假　縱橫雲端目不暇

詩文滿胸揚天下　以筆當劍稱大家

勸世文

問個早 道個好 勸世文 那裏找

幫主筆下可不少 詩文點化世人妙

奇人鍾友聯

杜鵑花城稱才子　傳鐘門下一達人
邏輯論理道古藝　能詩能文茶道精
著作等身展才氣　雕石刻豬無人及
絕塵隱士消遙戲　鐘氏友聯真正奇

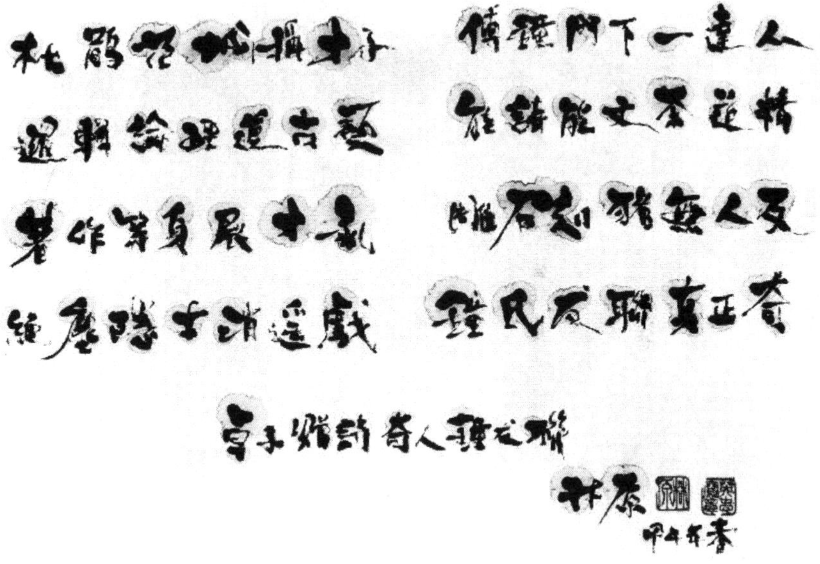
杜鵑花城稱才子　傳鐘門下一達人
邏輯論理道古藝　能詩能文茶道精
著作等身展才氣　雕石刻豬無人及
絕塵隱士消遙戲　鐘氏友聯真正奇
卓子贈詩奇人鍾友聯
林原

卓子贈詩 鐘友聯

唐詩留傳不新鮮　臉書出眾人人羡
當今出個鐘友聯　獨領網詩才華現

卓子贈詩 鐘友聯

得道多助鐘友聯　每日禪詩一篇篇
飽學詩友紛湧現　歡聚一堂獻佳言

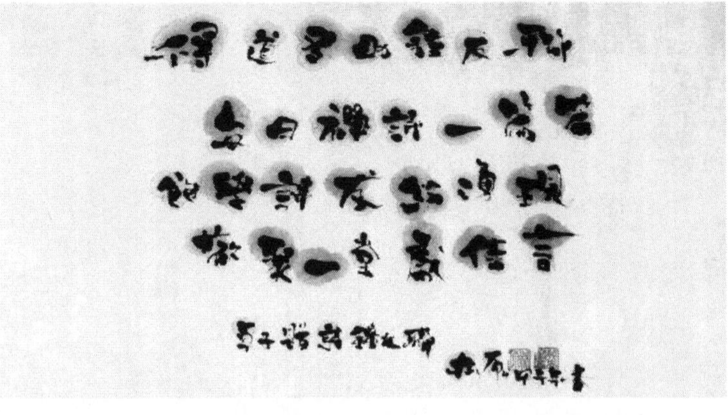

卓子贈詩 鐘友聯

幫主裝可愛　瘋瘋又顛癲
禪詩警世人　得道賽濟顛

鐘大師

鐘師有大道　網友紛紛朝
聯結成同好　讚聲響雲霄

第十五章　醉墨樓主贈詩

書法　劉嘉明大師

務農樂

幫主務農樂　耕唱頌盈盈
田園陶令夢　期望好收成

幫主率性

隱廬幫主率性真　樂天知命任浮沉
禪茶詩酒領悟深　方知平淡始為真

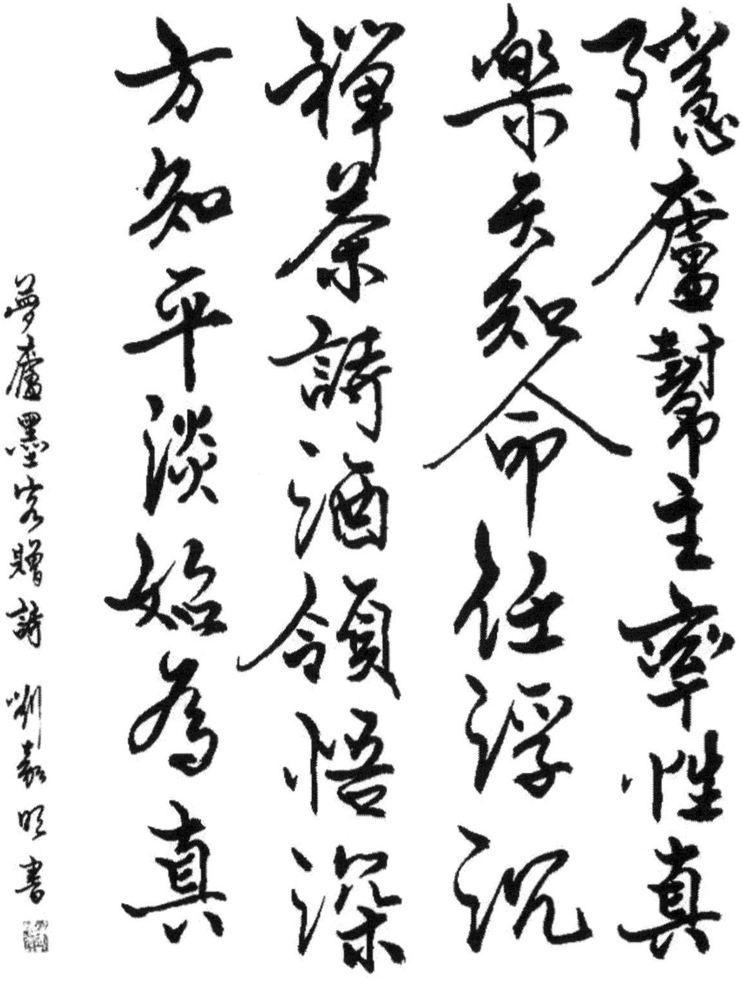

隱廬境

每入隱廬境
茶生一座風
四時春色度
滿壁霧香籠

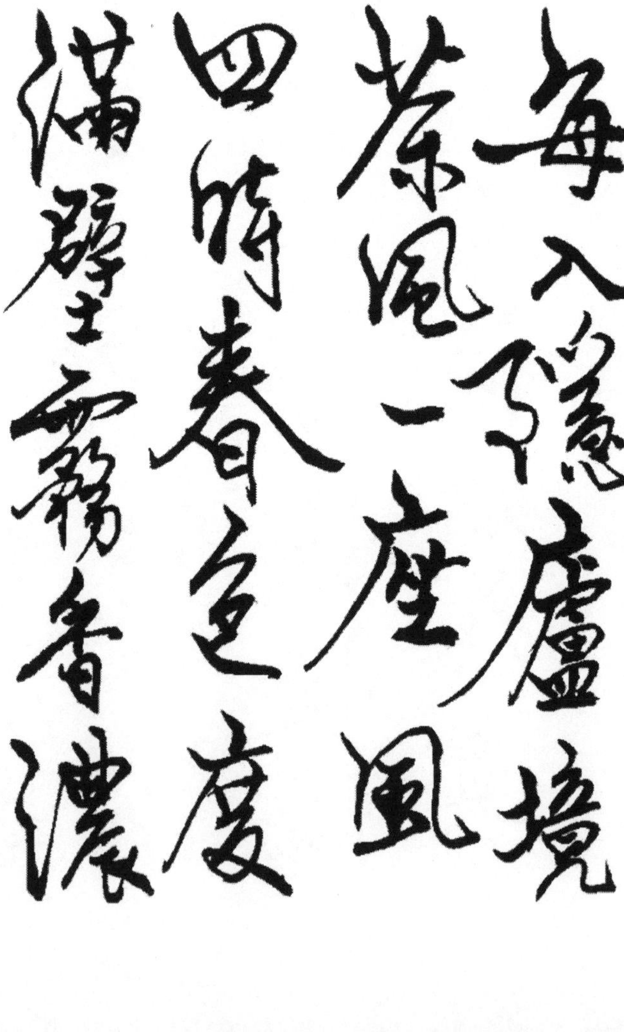

隱廬主人

方外隱廬客
杯中忘俗塵
且囊一葉去
樹樹盡藏春

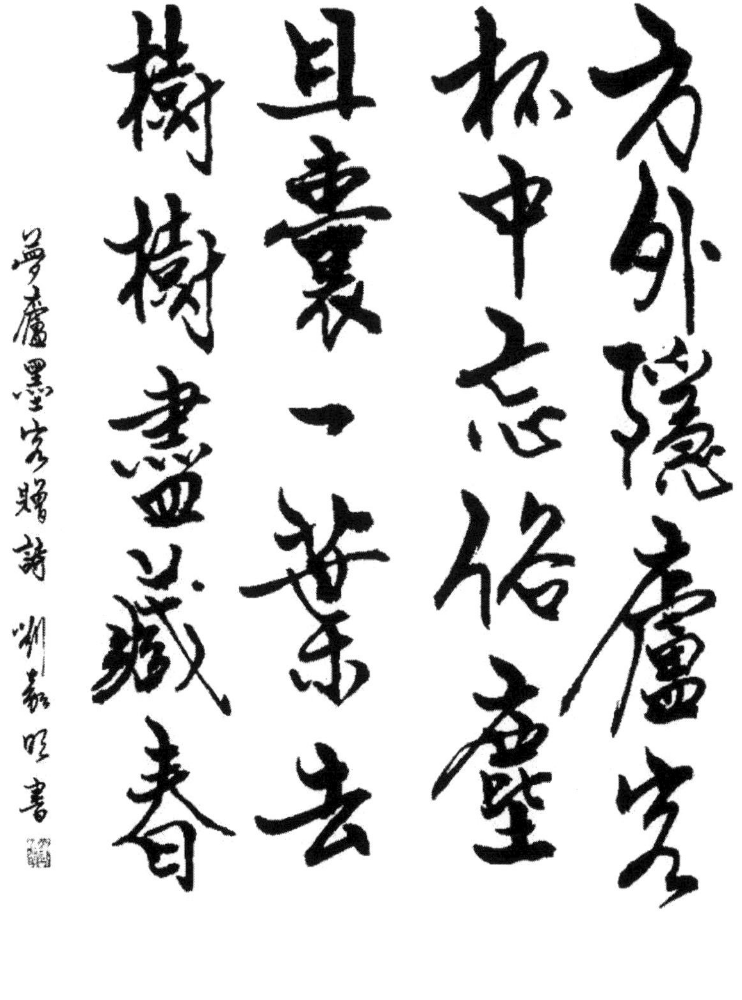

幫主才氣

藝界喜見有奇葩，
國粹弘揚實可嘉；
尋幽千古意如畫，
一揮而就筆生花。
幫主才氣燦奇葩，
詩詞藻采煥似霞；
沉潛書藝以時研，
真才實學一詩家。

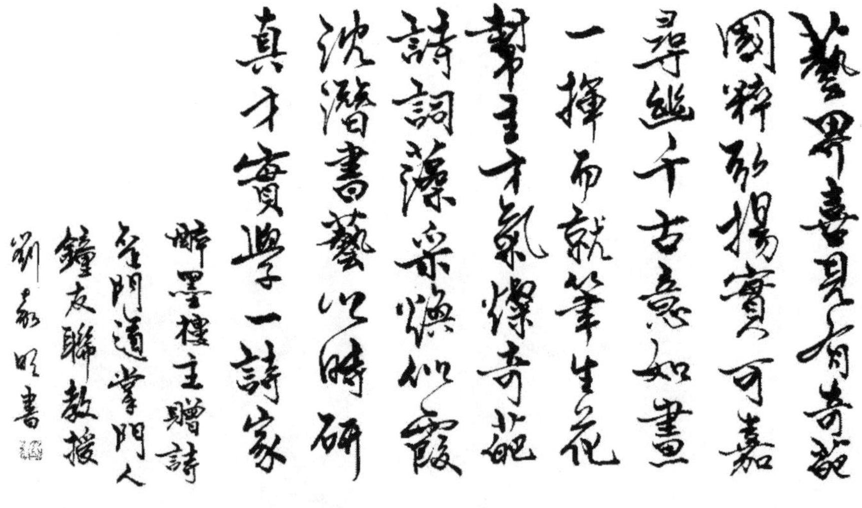

悠自適

隱盧悠自適
春草漫幽溪
網際一指通
詩詞解靈犀

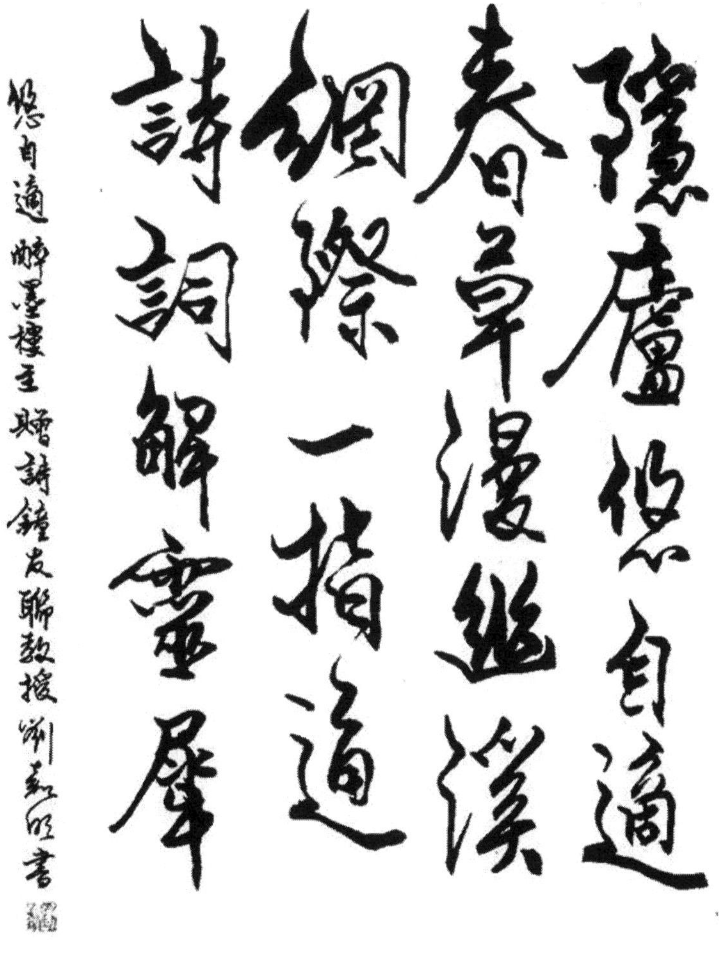
隱廬悠自適
春草漫幽溪
網際一指適
詩詞解靈犀
悠自適 醉墨樓主贈詩鍾友聯教授 劉嘉明書

享盛名

詩詞貴在精
字字訴衷情
夢廬隱廬客
詩壇享盛名

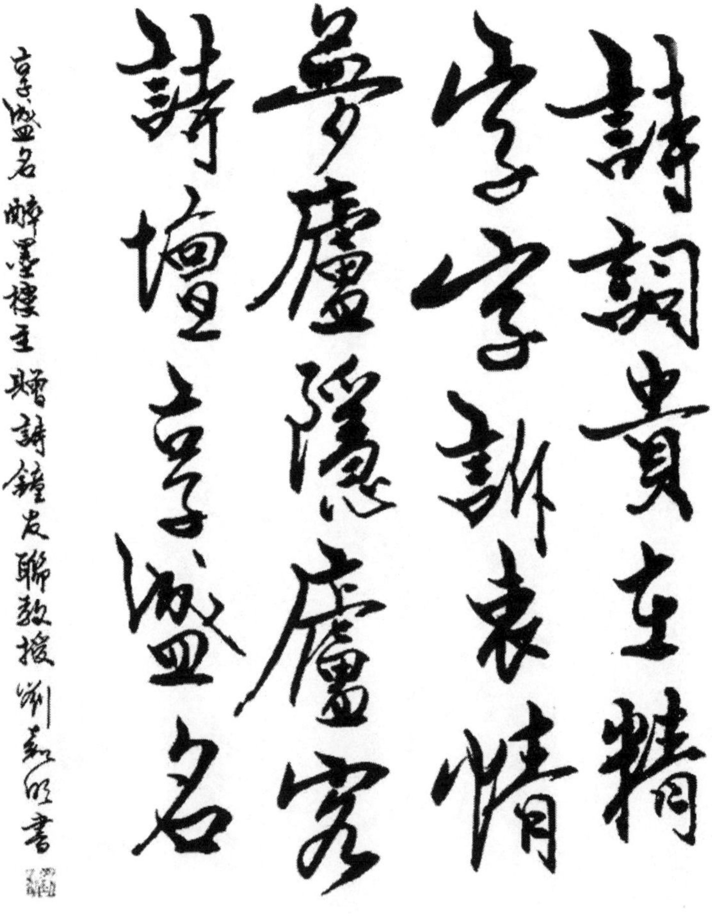

清風雅士

隱廬幫主送來風，
此等閒情書畫同；
把酒歡愉清雅共，
風流盡在笑聲中。
清風雅士幾多情？
遊唱三更夜色清；
窗外花香嫌太美，
溫柔冷月照天明。

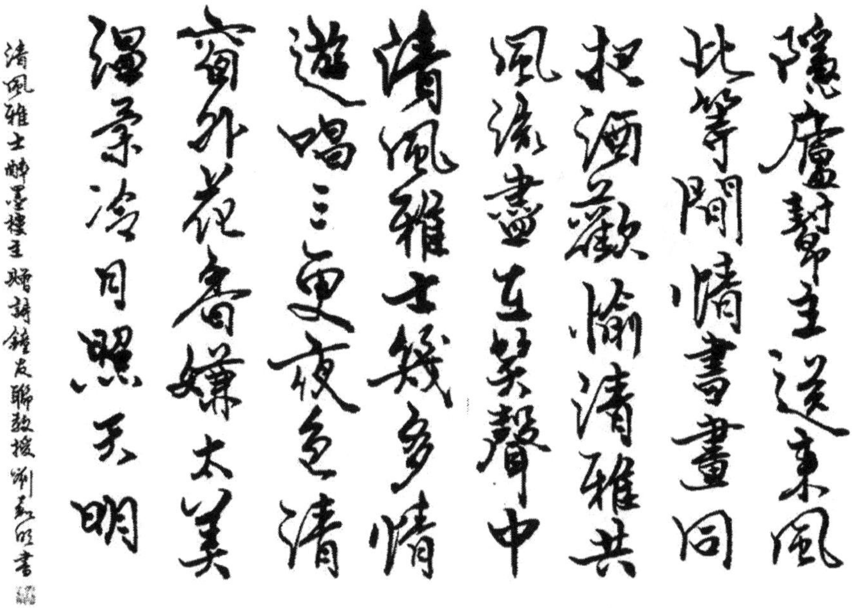
隱廬幫主送來風
此等閒情書畫同
把酒歡愉清雅共
風流盡在笑聲中
清風雅士幾多情
遊唱三更夜色清
窗外花香嫌太美
溫柔冷月照天明
清風雅士醉墨樓主贈詩鍾友聯教授劉嘉明書

茶禪客

隱廬茶禪客
醉墨話酒茶
蓬萊非勝境
唯此集詩家

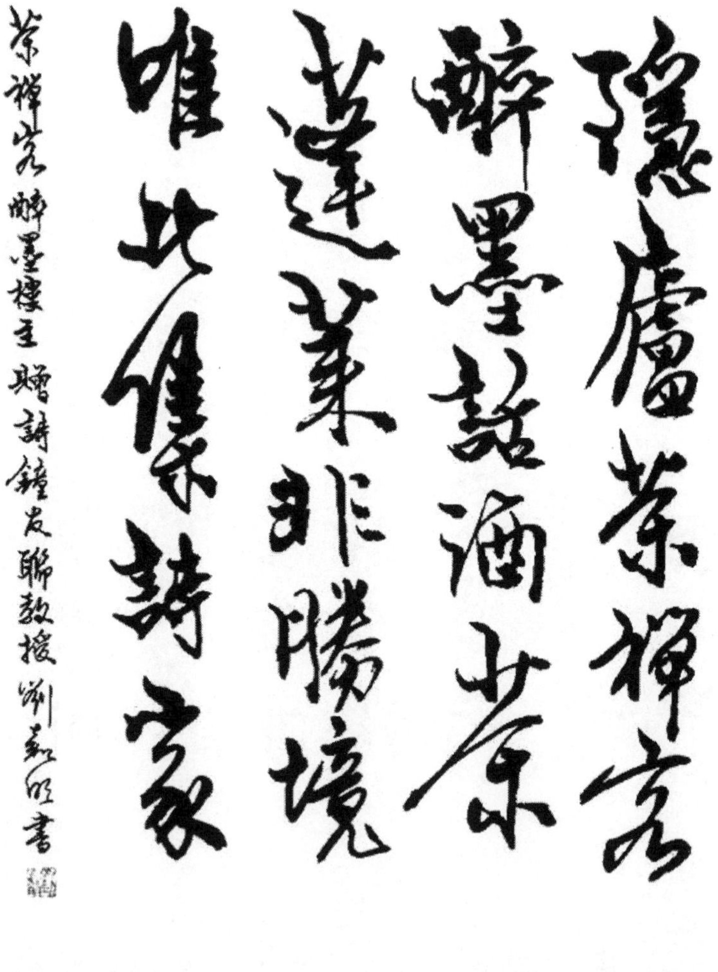
隱廬茶禪客
醉墨話酒茶
蓬萊非勝境
唯此集詩家
茶禪客 醉墨樓主 贈詩鐘友聯教授

情意長

春風邀夜雨
點點扣心窗
喜迎隱廬客
蜜后情意長

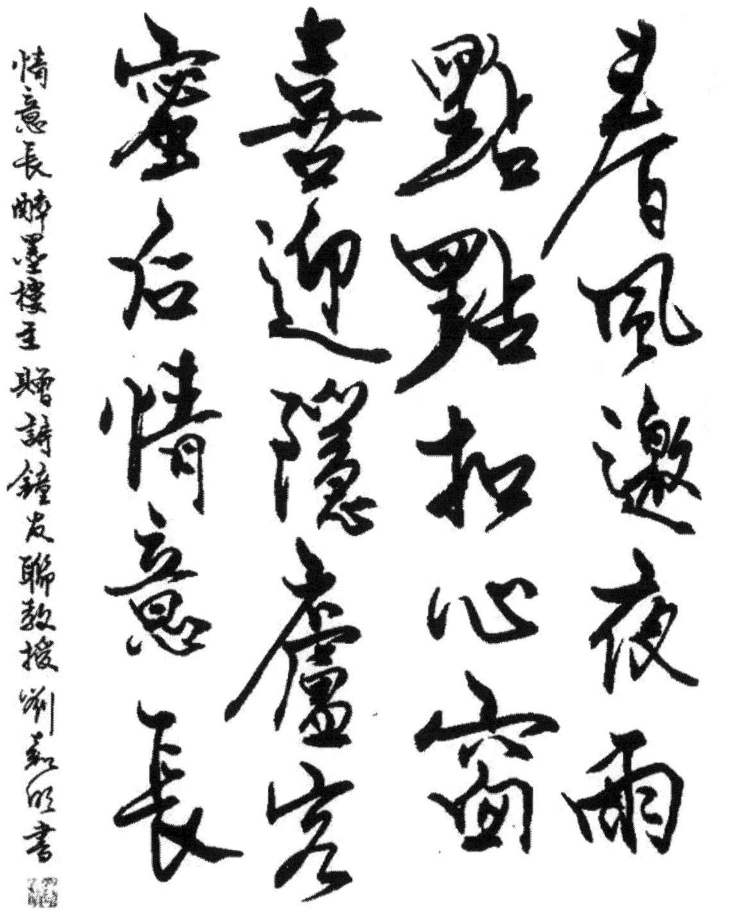
春風邀夜雨
點點扣心窗
喜迎隱廬客
蜜后情意長
情意長醉墨樓主贈詩鍾友聯教授劉嘉明書

第十六章　各界贈詩

書法　伊藤牙城大師

林哲恭贈詩

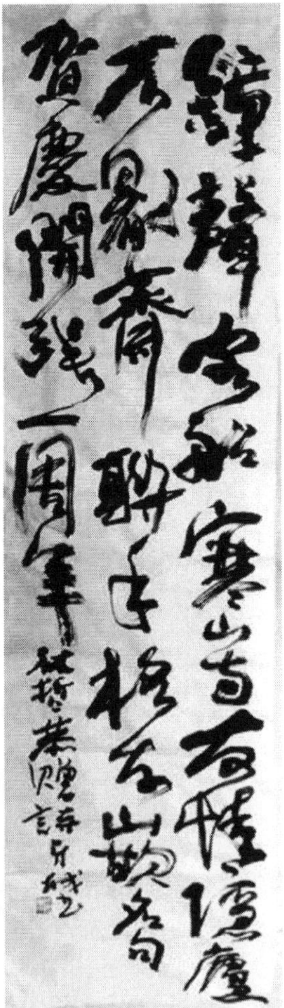

鐘聲客船寒山寺　友情隱盧不厭齋

聯手格友嵌名句　賀慶開張一周年

林哲恭 贈詩

鐘揚何須大
友賢不必多
聯句互學習
勝讀十年書

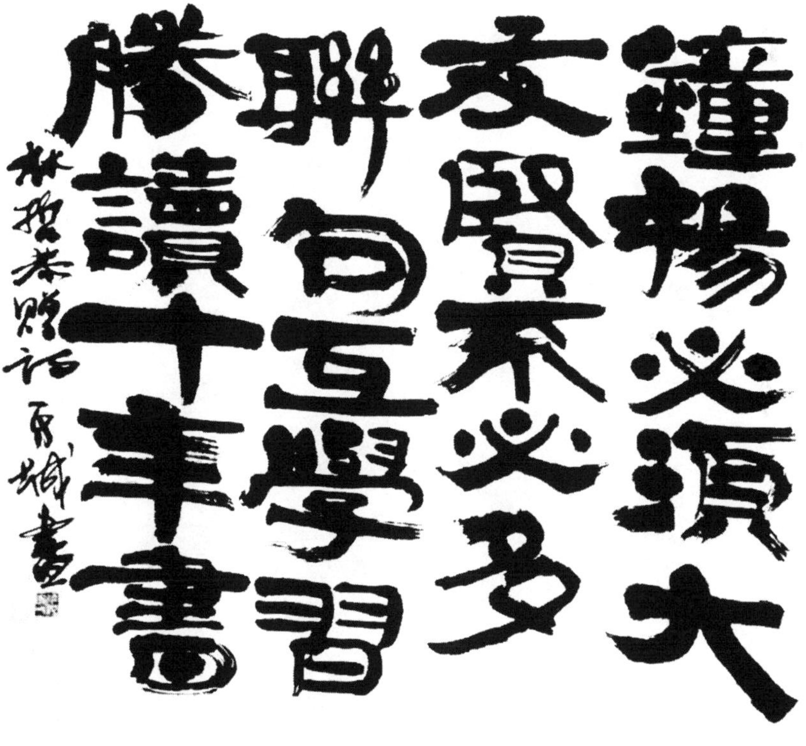

劉紹寶 贈詩

《鐘友聯讚》

詩含寓意暮鼓晨鐘　臉書交流四海皆友

詞句書法相合串聯　八方雲集人氣多讚

隨風逐水 贈詩

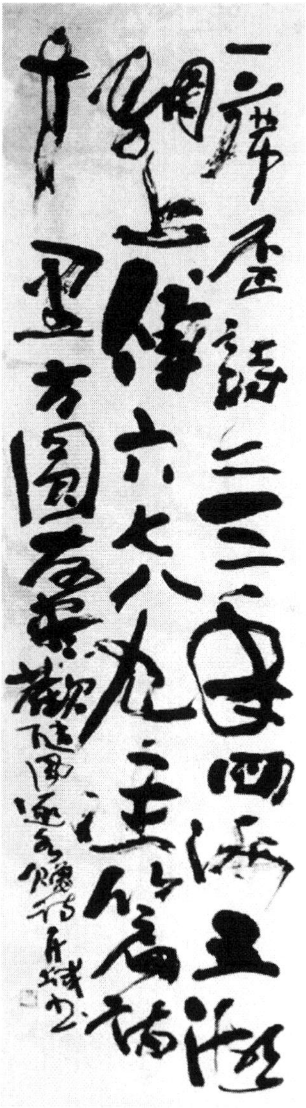

一席歪詩二三年　四海五湖網上傳

六七八九連篇詩　十里方圓友盡歡

醉墨樓主 贈詩.

樓主幫主兩無猜 談笑氣氛聚歡來

吟詩作對相呼應 唱盡人間百樂來

卓子 贈詩

奇才

聯公真奇才　文武樣樣來

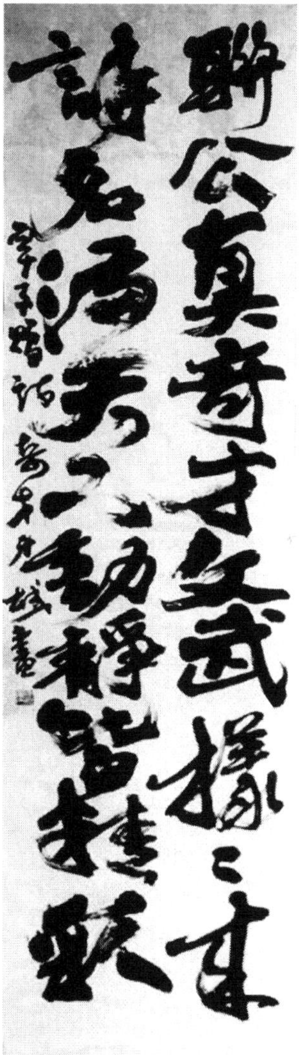

詩名滿天下　動靜皆精彩

卓子 贈詩

慧根

心法傳心聲　慧根從中生

友公勤耕耘　禪詩乃殊勝

陳錫卿 贈詩

鐘響佛光普照耀。
友善眾仙降門庭。
聯合精英齊貢獻。
好似百家競爭鳴。

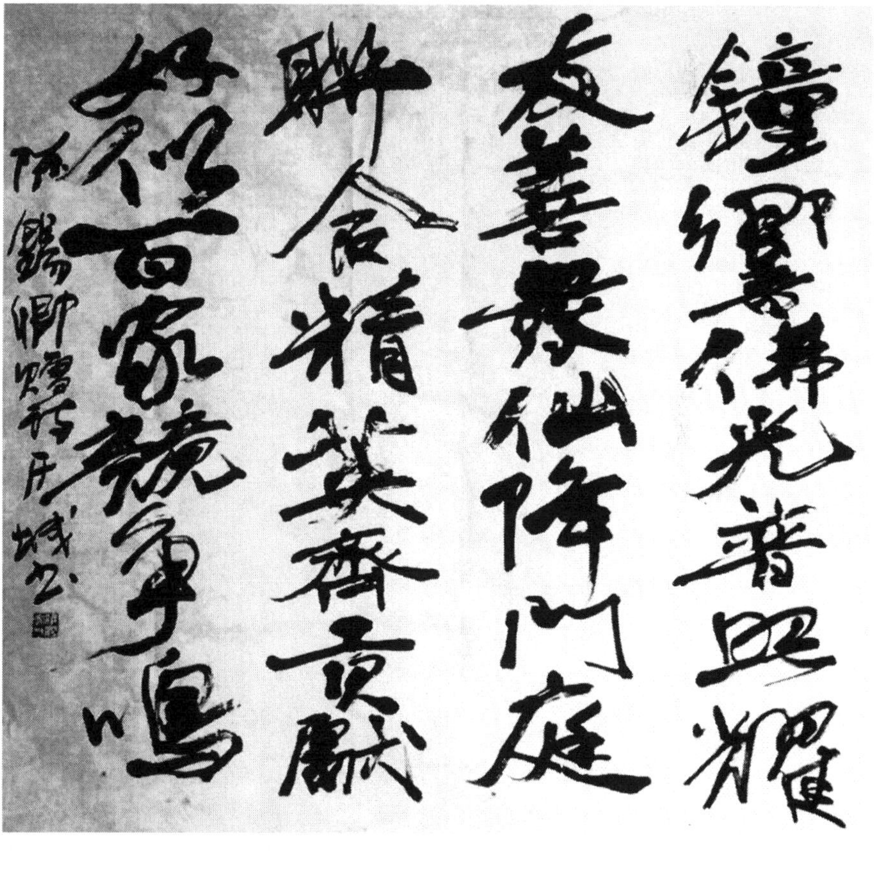

陳錫卿 贈詩

鐘聲傳天籟聆聆聽　友人報佳音文涓記

聯合眾樂器奏曼音　好比神助力真正行

陳錫卿 贈詩

歪幫幫主是高人　豪邁廣結眾教徒

遠近門徒常聚集　高談闊論宣教文

第十七章　法要居士贈詩

書法　簡豐益大師

就是大師

坪林有位大奇才　茶禪詩酒一起來
貌似達摩常搞怪　歪頭歪詩又耍帥
甚深禪意似瞎掰　趣味橫生好風采
以此度人智慧開　遊戲人間真厲害

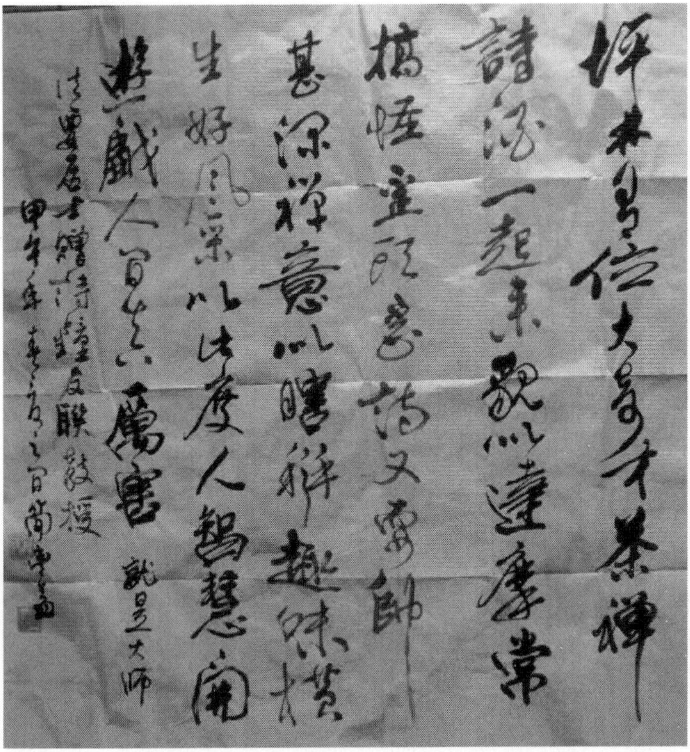

歪門道

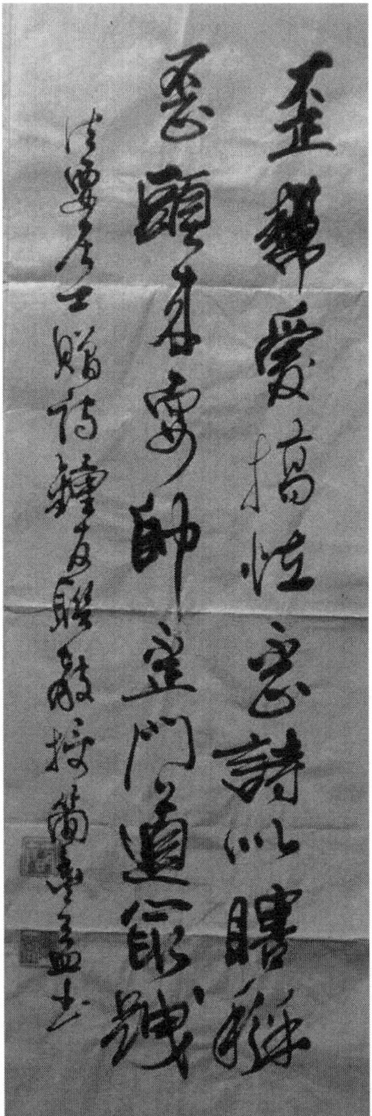

歪幫愛搞怪　歪詩似瞎掰

歪頭來耍帥　歪門道最跩

健康操

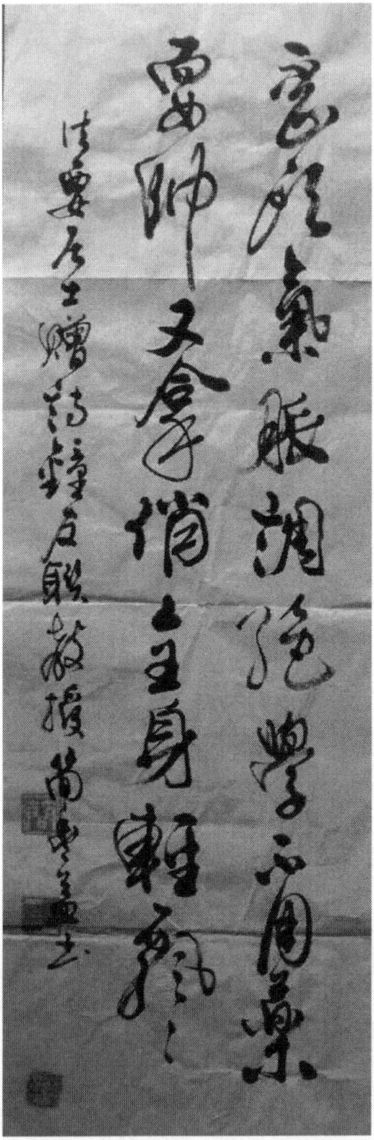

歪頭氣脈調　絕學不用藥

耍帥又拿俏　全身輕飄飄

天公借膽

幫主猛如獅
文壇尊大師
貧道求布施
豈敢來鬥詩

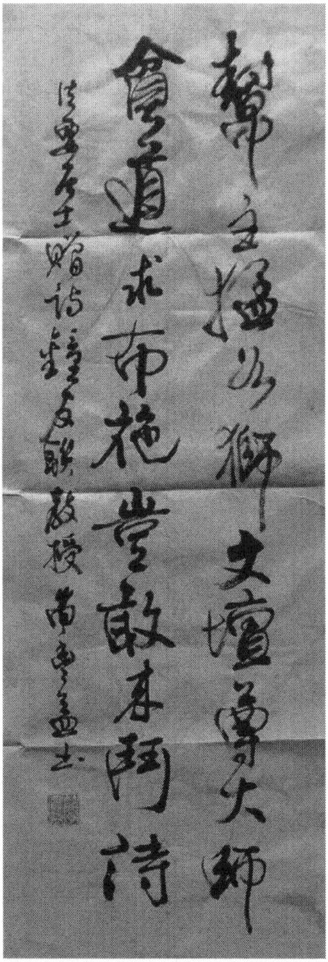

歪得妙

歪詩揚正教
歪字有格調
歪畫妙妙妙
歪得呱呱叫

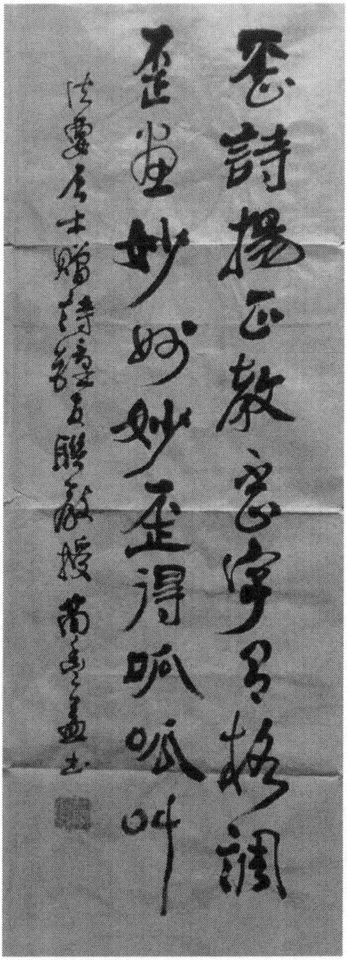

大奇才

鐘府大奇才
友人皆崇拜
聯合臉書掰
讚頌真厲害

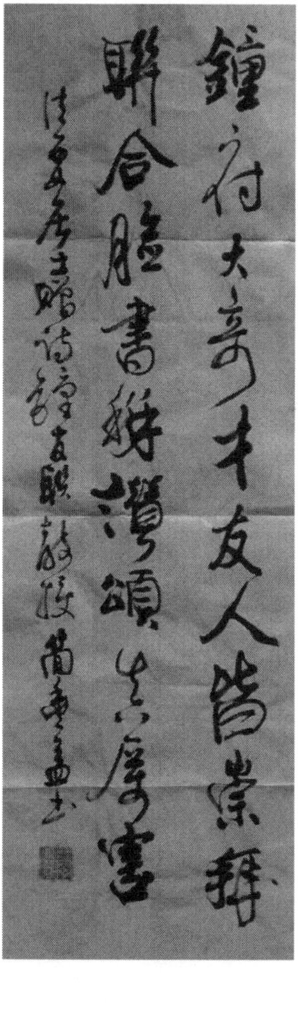

大奇才

鐘鼓齊鳴來安排
友人齊聚樂開懷
聯合網友一起駭
讚頌文壇大奇才

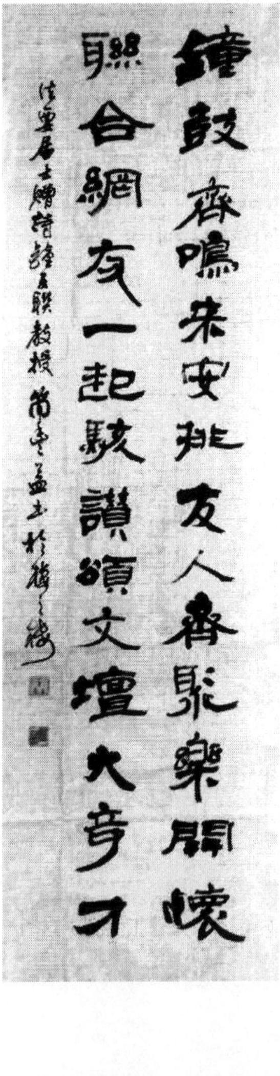
鐘鼓齊鳴來安排友人齊聚樂開懷
聯合網友一起駭讚頌文壇大奇才

禪意深

幫主過來人
示現度紅塵
詩文禪意深
活潑又傳神

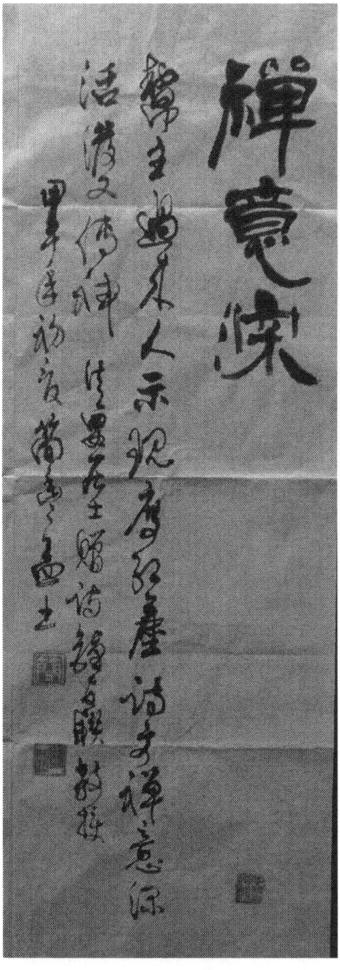

鐘鼓齊鳴

鐘鼓齊鳴雲端來
友人創意來搞怪
聯繫情誼一起駭
讚頌鼓勵互關懷

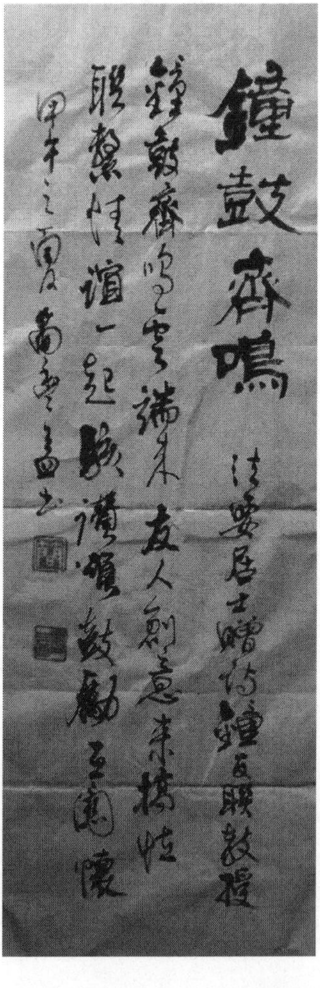

第十八章　陳高素鳳贈詩

書法　張香大師

心很正

歪頭斜腦心很正　開心話語語意真

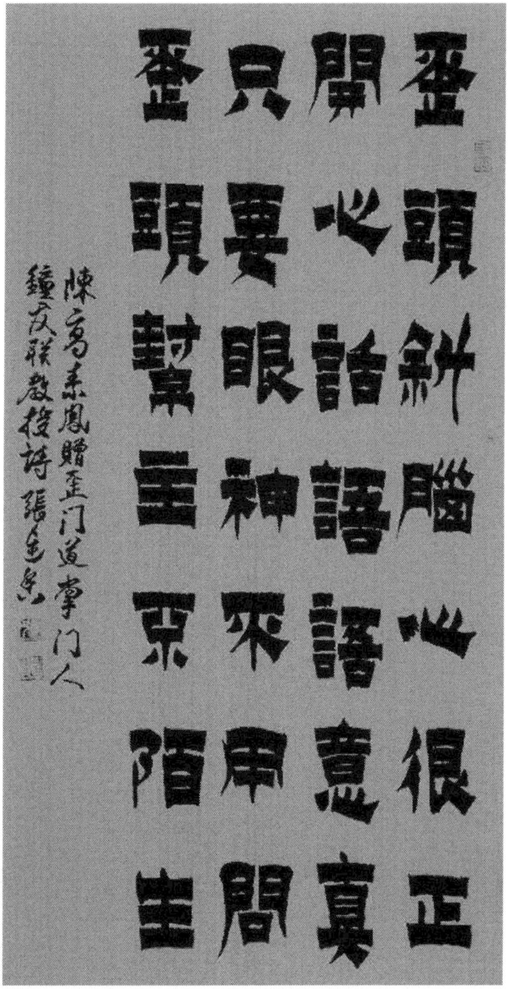

只要眼神不用問　歪頭幫主不陌生

笑看人生

笑紋增添俏模樣
自在對看灑脫像
親密逗趣歡樂想
笑看人生歪頭幫

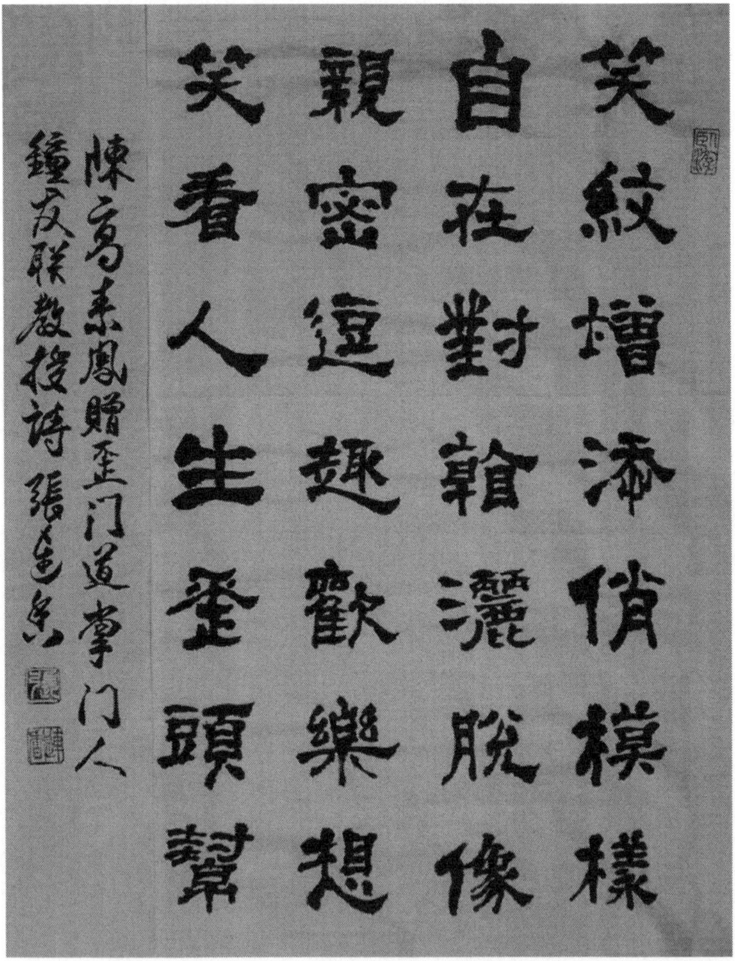

網住青春

原來歪幫有陣仗
網住青春全然放
十指緊扣石頭上
推手合力純觀賞

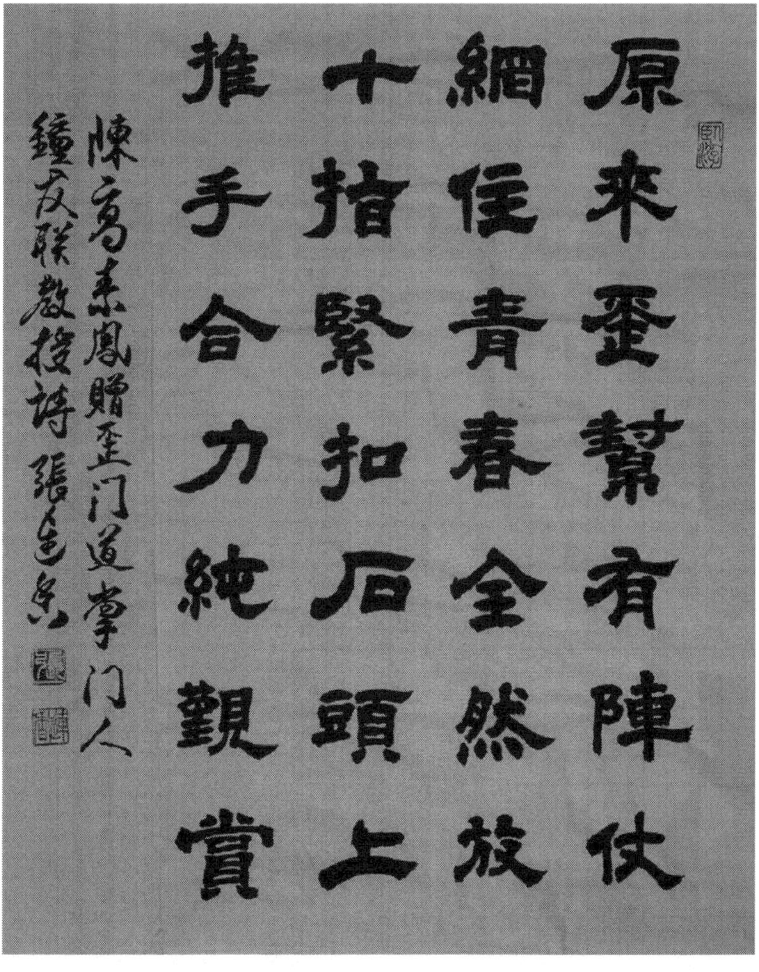

嵌名詩

鐘教授到銀河洞
友誼餽贈大放送
聯合鳥來生態夢
串成一線尋仙蹤

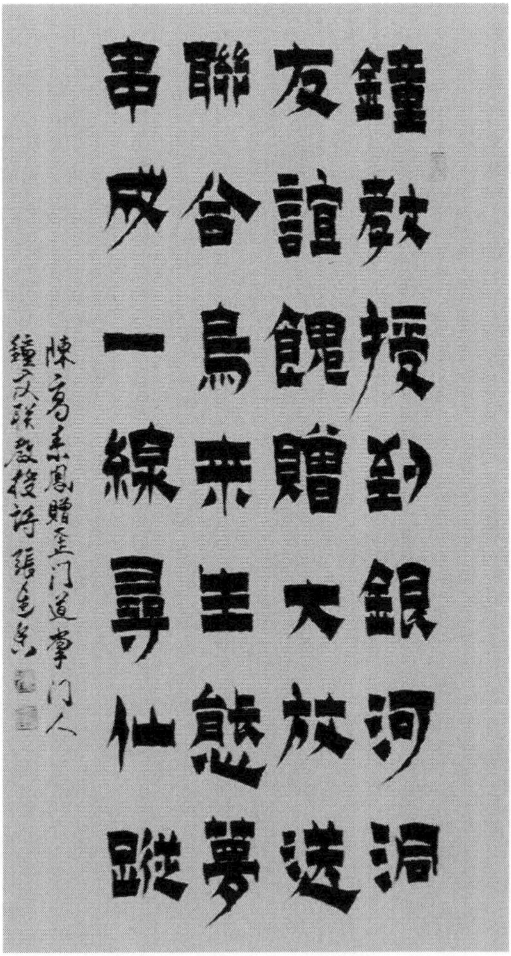

緣

隱蘆會教授
緣份銀河修
詩曲徒深究
茶經師來秀

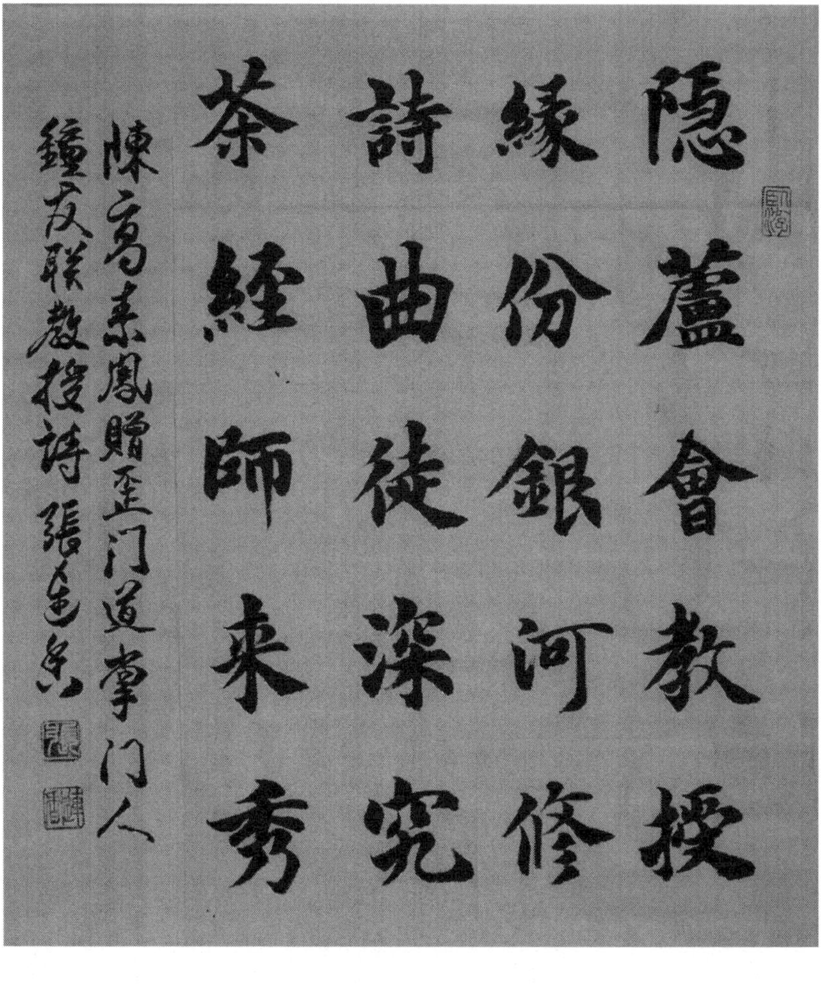

滿腹詩詞

歪頭幫主心很正
滿腹詩詞詞頂真
神來之筆舉步間
以茶會友話人生

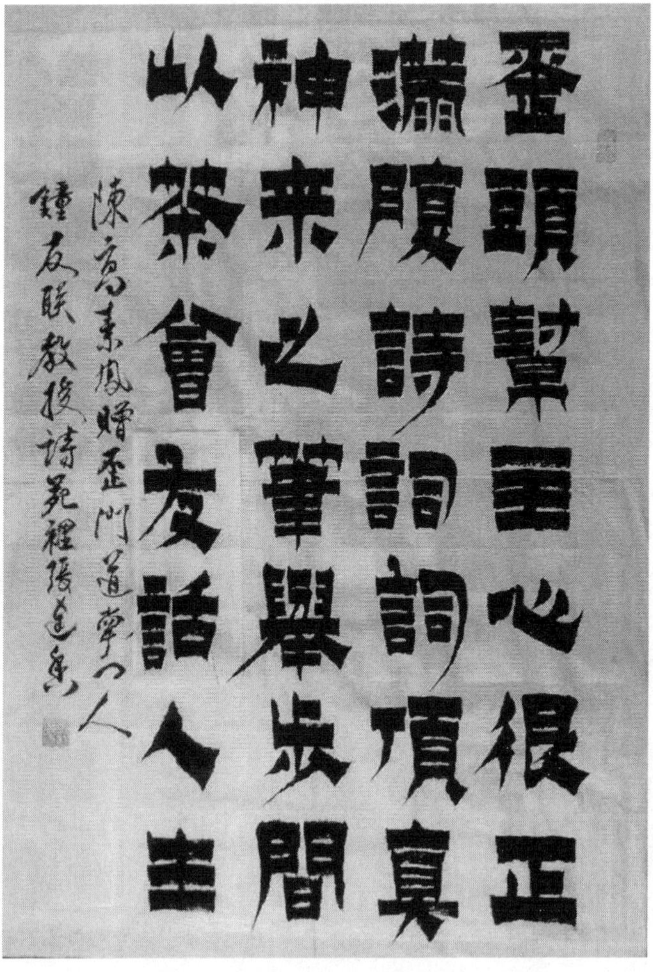

踏步成詩

教授踏步成詩篇
一時興起對話連
書畫大師贈墨寶
金城武也甩一邊

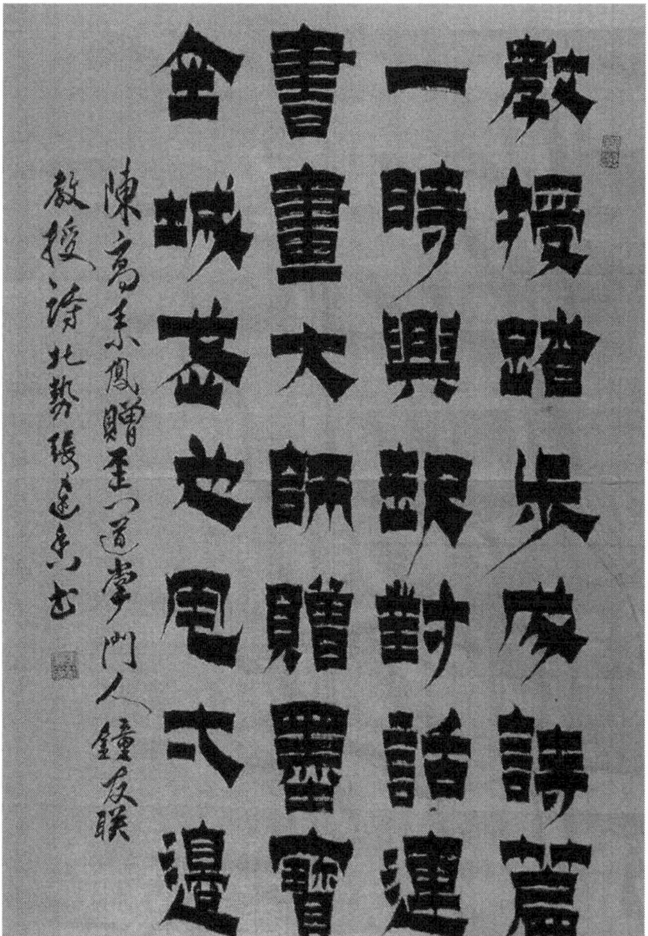

第十九章　陳鈺蓁小姐贈詩

書法　鐘文海大師

鐘盧

希望大家苦鬱離　常在自然裏尋奇

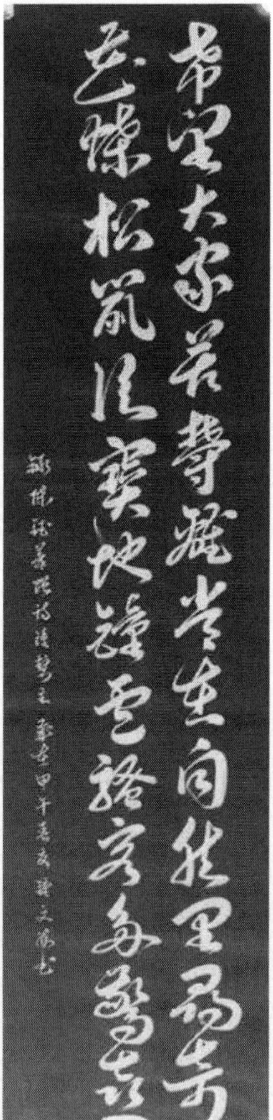

花蝶松鼠臨寶地　鐘盧騷客多驚喜

情義濃

友聯師姓鐘　臉書無限通

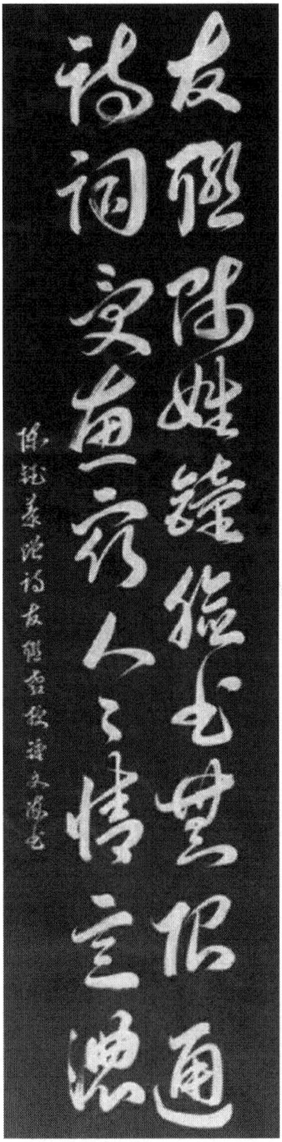

詩詞受惠眾　人人情義濃

尋奇

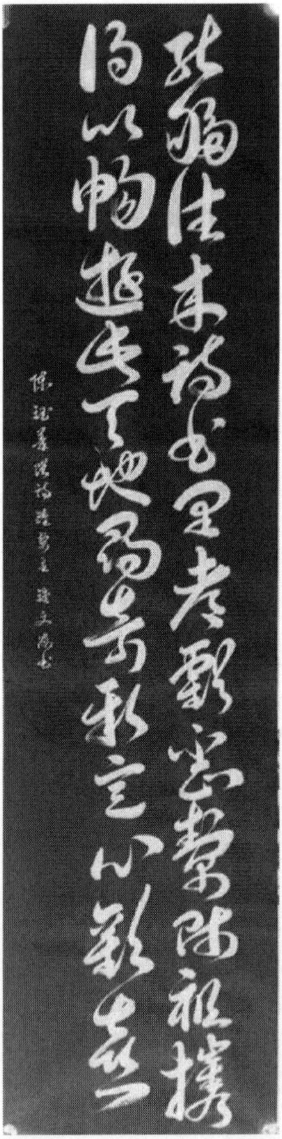

能夠往來詩書裡　都虧歪幫師祖攜

得以暢遊此天地　尋奇新意心歡喜

快活

鐘老詩文多　首首扣心窩

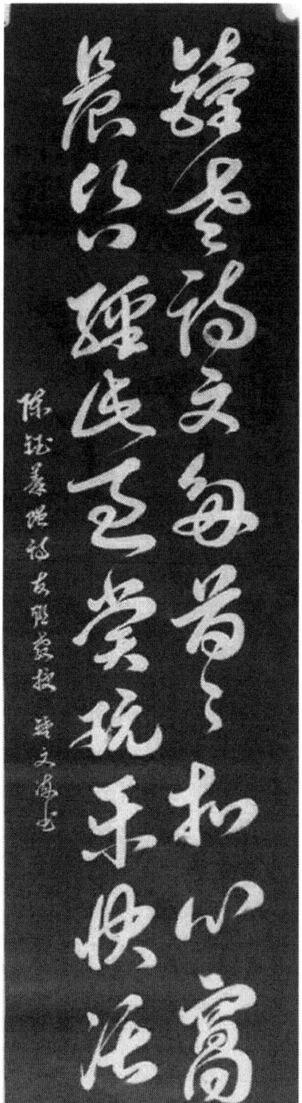
鍾老詩文多首首扣心窩
晨昏經此過賞玩樂快活

晨昏經此過　賞玩樂快活

文曲星

墜落凡塵文曲星　穿越時空舞詩情

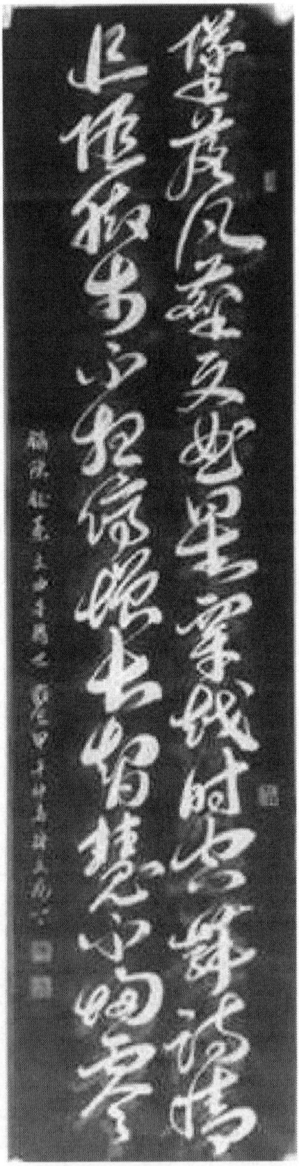

追隨腳步不想停　增長智慧不歸零

第二十章　好友贈詩

書法　蔡耀庭大師

古秋妹贈詩

鐘聲響起幸福到　友情因詩溢四方
聯絡詩誼篇篇香　讚歎連連口不停

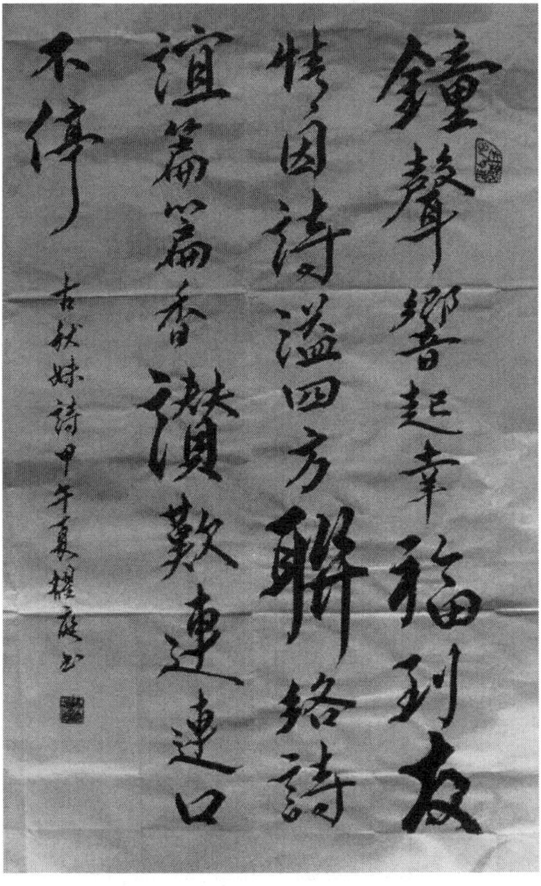

劉紹寶 贈詩

重情意

半仙始如一　歪幫重情誼
臉書文字密　詩詞繫交集

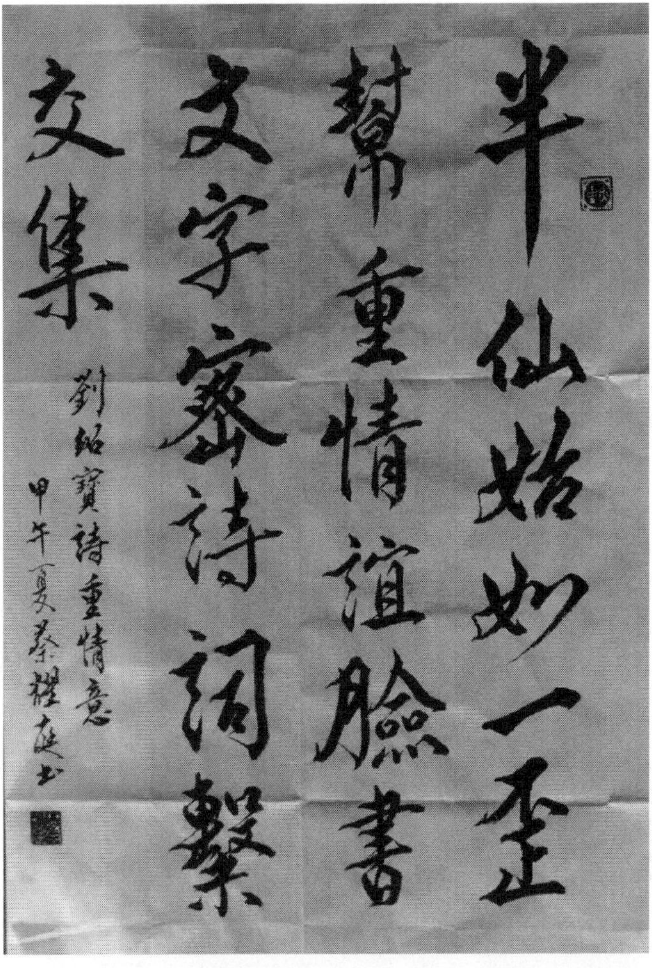

陳錫卿 贈詩

心寬

詩聖交友遍八方　不分顯要抑販夫
拾荒污穢不嫌惡　心寬好媲彌勒佛

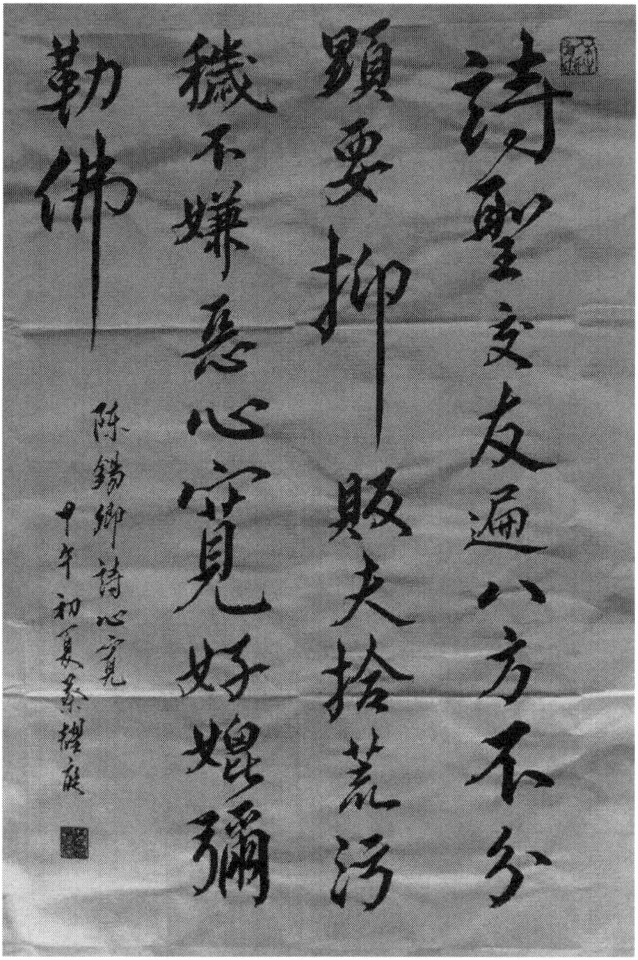
詩聖交友遍八方不分顯要抑販夫拾荒污穢不嫌惡心寬好媲彌勒佛
陳錫卿詩心寬
甲午初夏蔡耀庭

林福全老師 贈詩

隱仙

隱仙樂消遙，獨坐望雲霄，
無事吟詩調，古今寸心了！

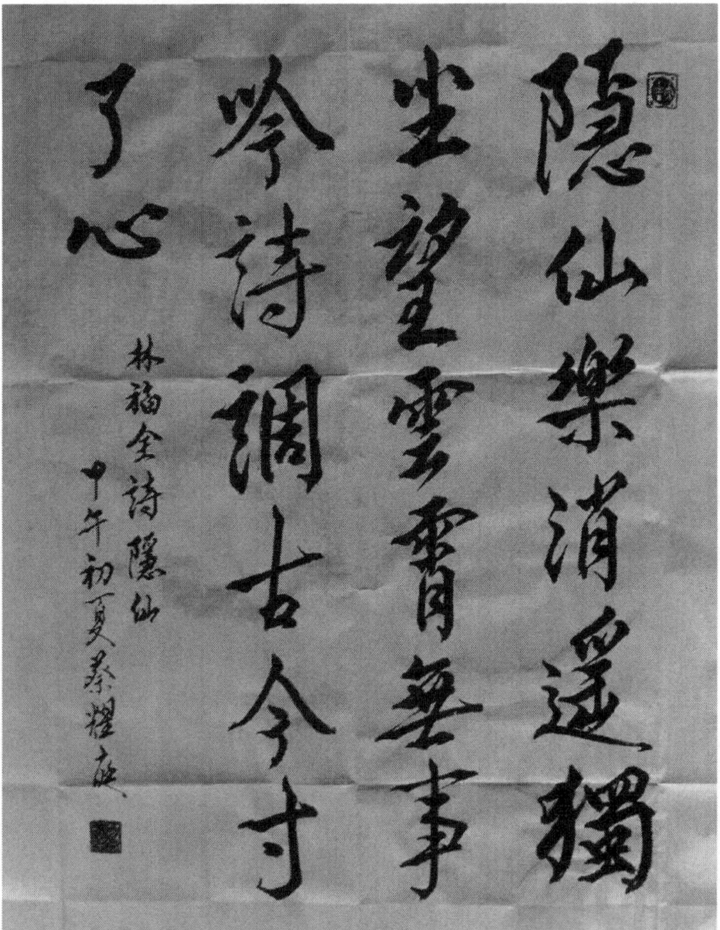

林福全老師 贈詩

鐘詩禪意高，
友書韻味好，
聯展更見傲，
讚揚相繼褒。

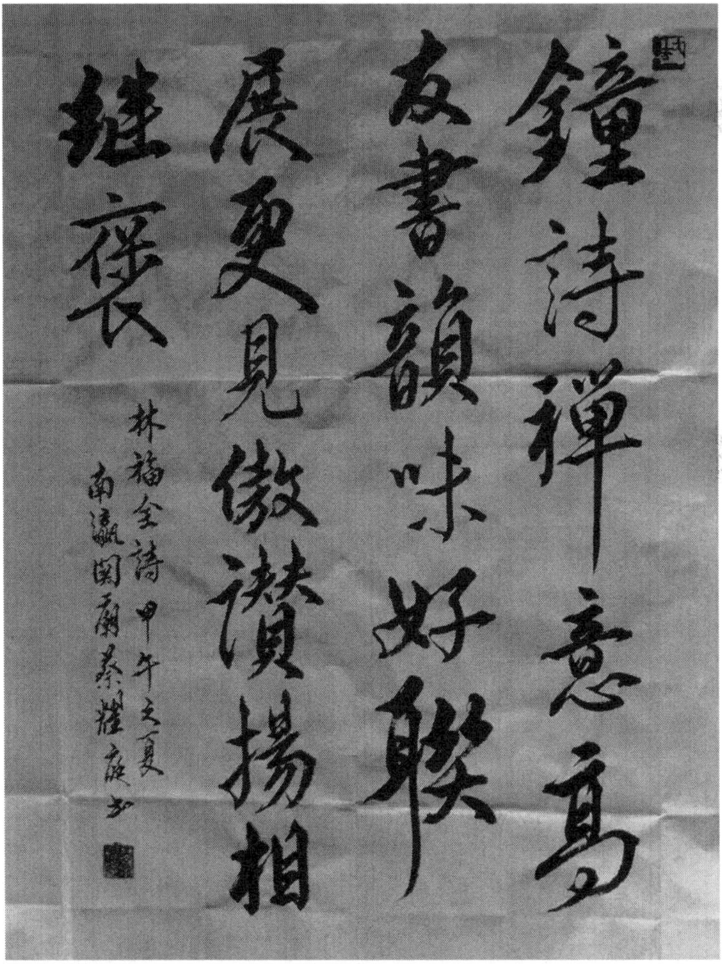

林福全老師 贈詩

鍾建隱廬齋，
友贊詩書來，
聯聚舒心態，
心適蕩網海。

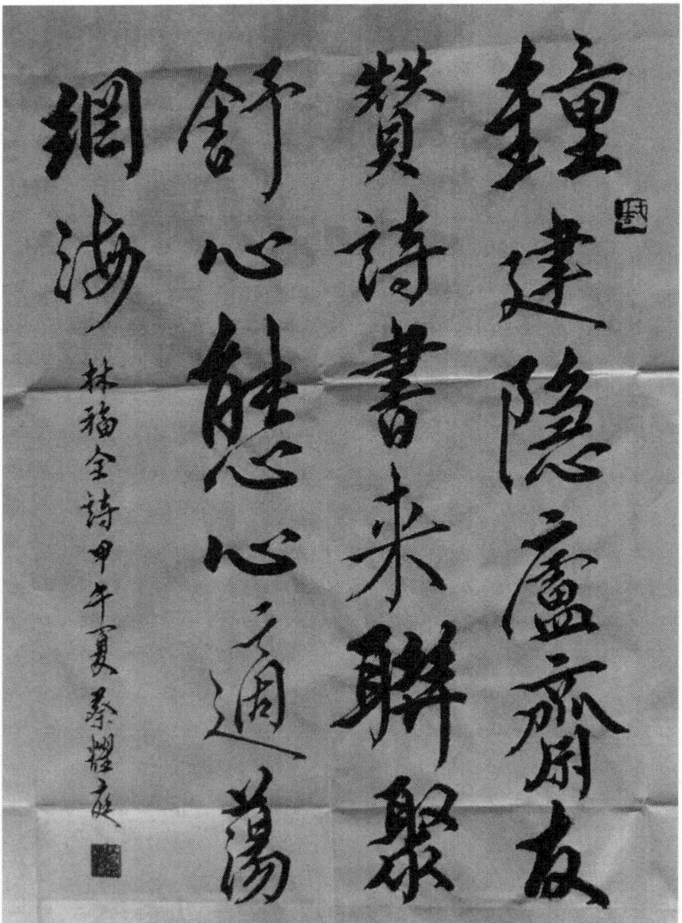

林義正教授 贈詩

諍言

發言思緣由，莫作表象求；
大師懷聖智，悲憫仙佛佑。

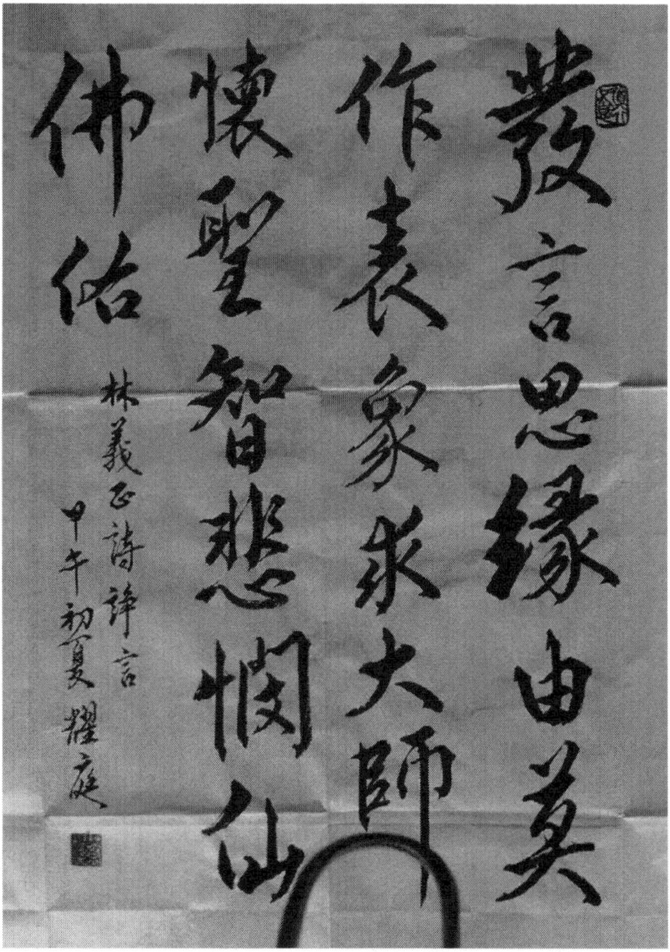

黃山水老師 贈詩

友聯再現達摩風 金鋼筆花破無明
無常無常時時道 世運應做無常觀

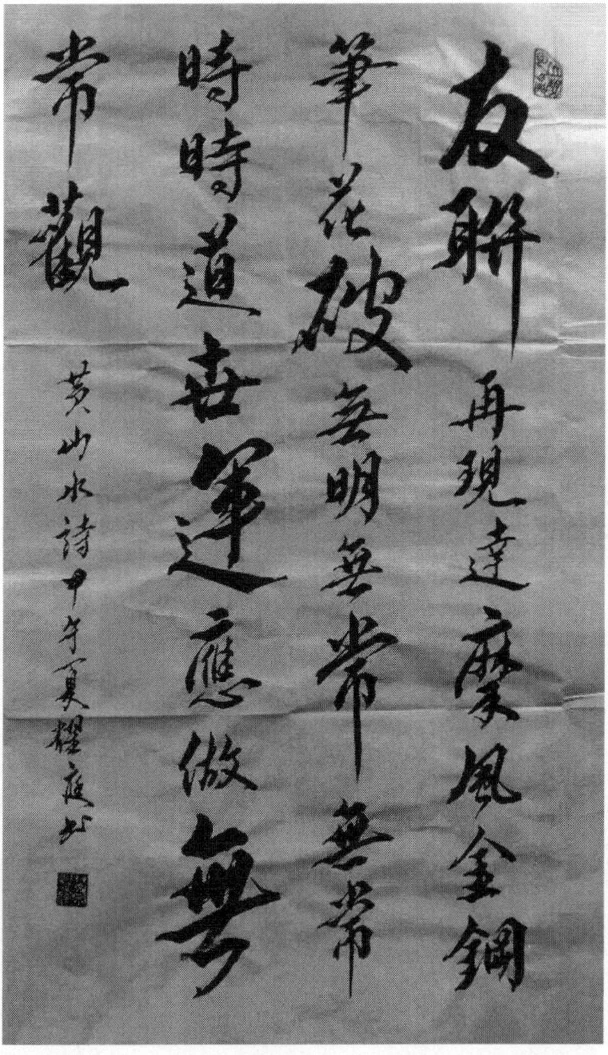

笑看鈍 贈詩

絕世倫

絕世幫主絕世倫　絕學無為閑道人
清風為舍自在居　虛空道場不留痕

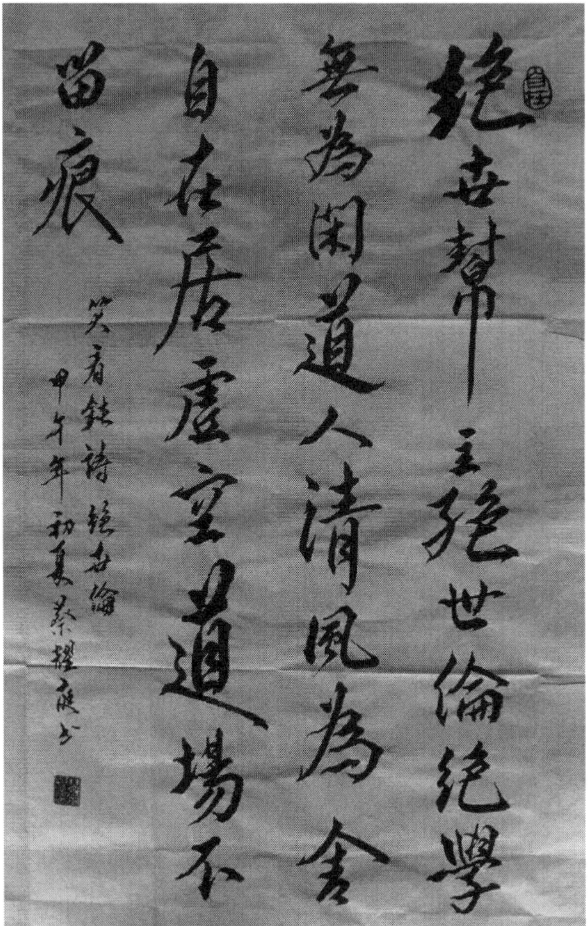

笑看鈍 贈詩

智慧語

歪頭幫主智慧語　醍醐灌頂甘霖雨
一言打破迷惘路　紅塵渡眾無間餘

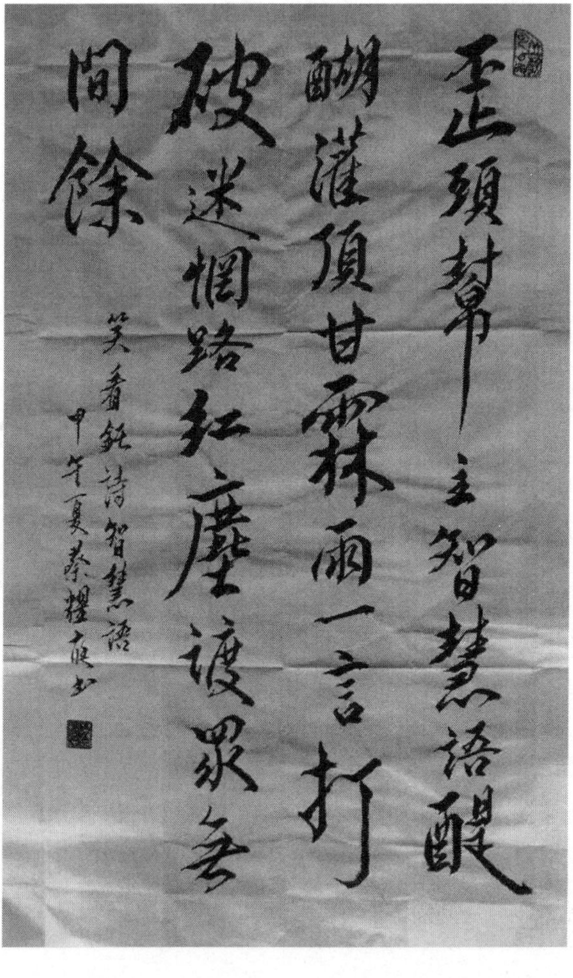

第二十一章　陳添丁教授贈詩

書法　余祥教大師

著作等身

偉大作家鍾教授
著作等身魅力優
心思細密勤寫作
揮筆成文利身修

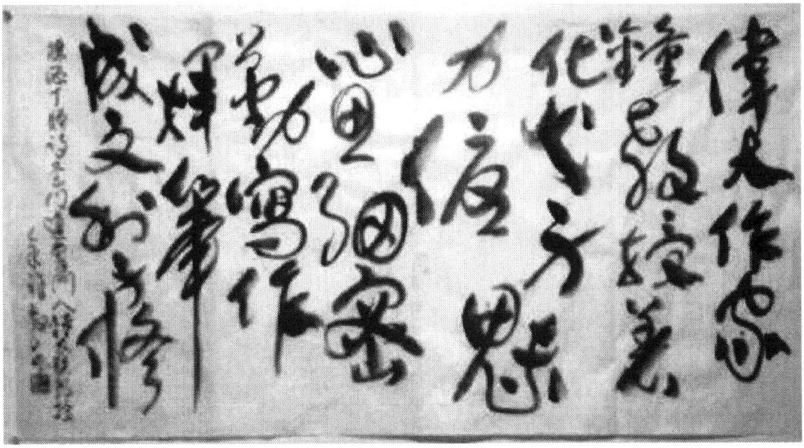

廣宣揚

幫主電腦諸文章　隱含哲理且端莊
回應美妙又逗趣　出版專輯廣宣揚

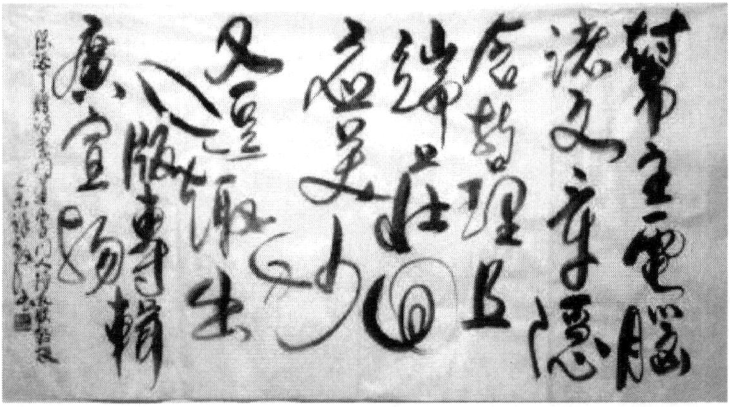

永不老

隱廬主人精茶道，茶葉泡茶一把罩；
迎賓待客展茶藝，歡欣品茶永不老。

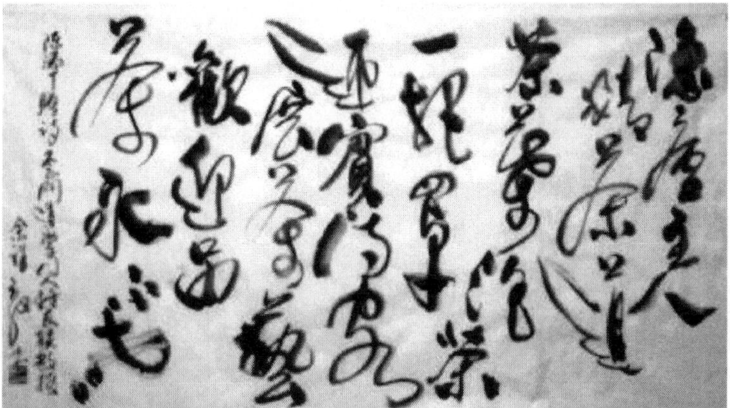

嵌名詩

晨曦鐘鳴催人醒
格子友朋齊應聲
團體聯誼氣勢宏
眾人讚譽揚聲名

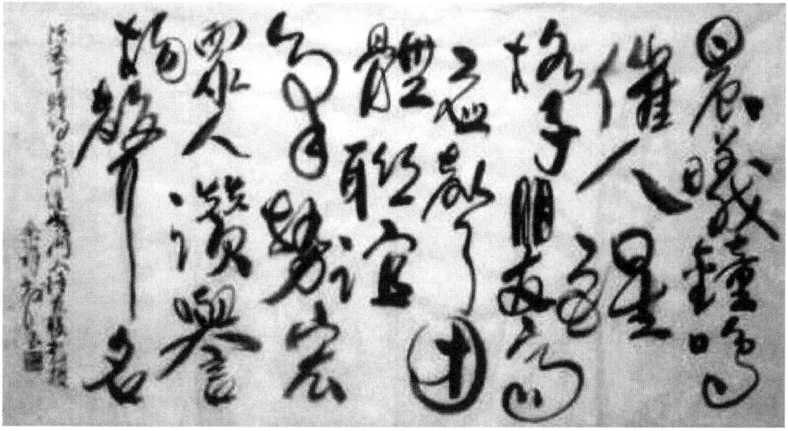

弘教化

隱廬主人育英才，詩話文章細剪裁；
茶祭大典弘教化，坪林聖名難忘懷。

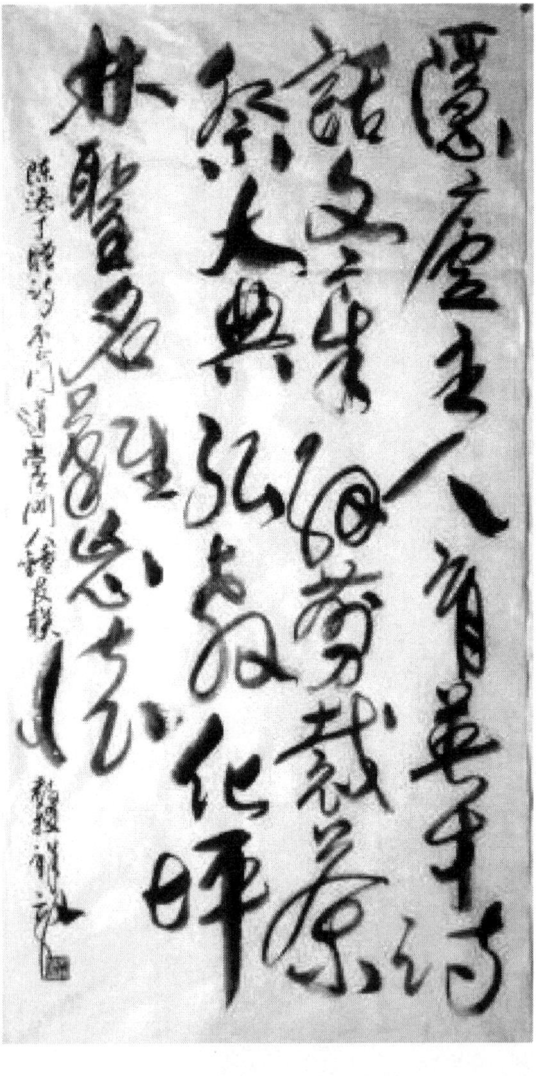

第二十二章　卓子教授贈詩

書法　呂光浯大師

山中人

草堂門外雲飄飄　山居斗室滿茶香
仰天傲嘯氣勢壯　吟詩說禪語芬芳

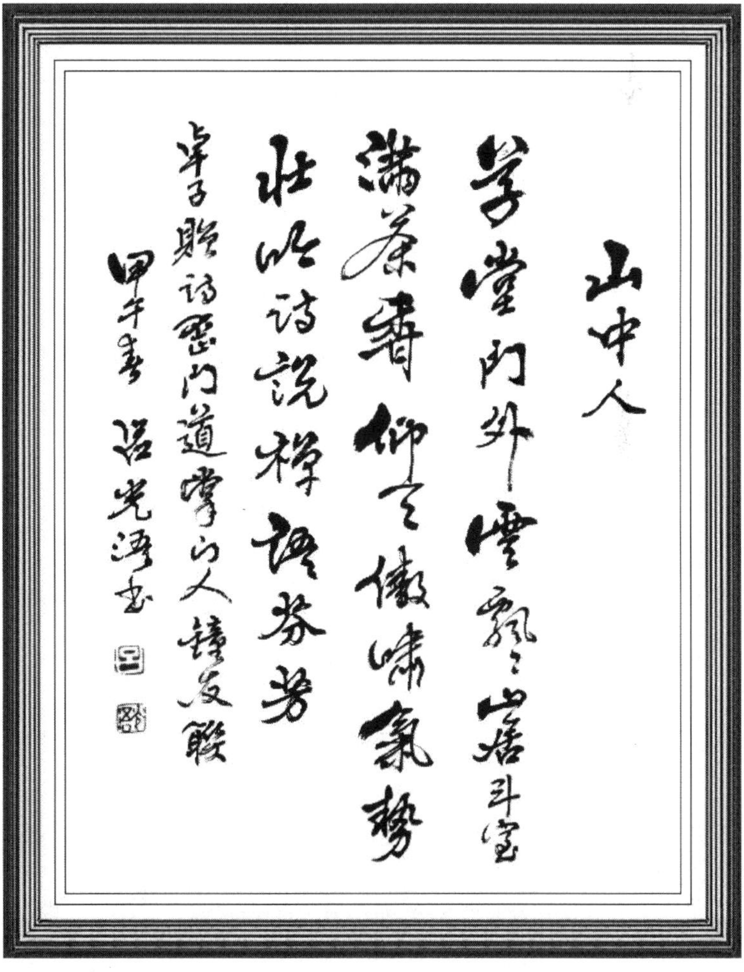
山中人
草堂門外雲飄飄山居斗室滿茶香仰天傲嘯氣勢壯吟詩說禪語芬芳

文曲星下凡

文昌曲星下凡來
狂妄吟詩如李白
荷鋤田園似陶潛
登山煮茶樣樣來

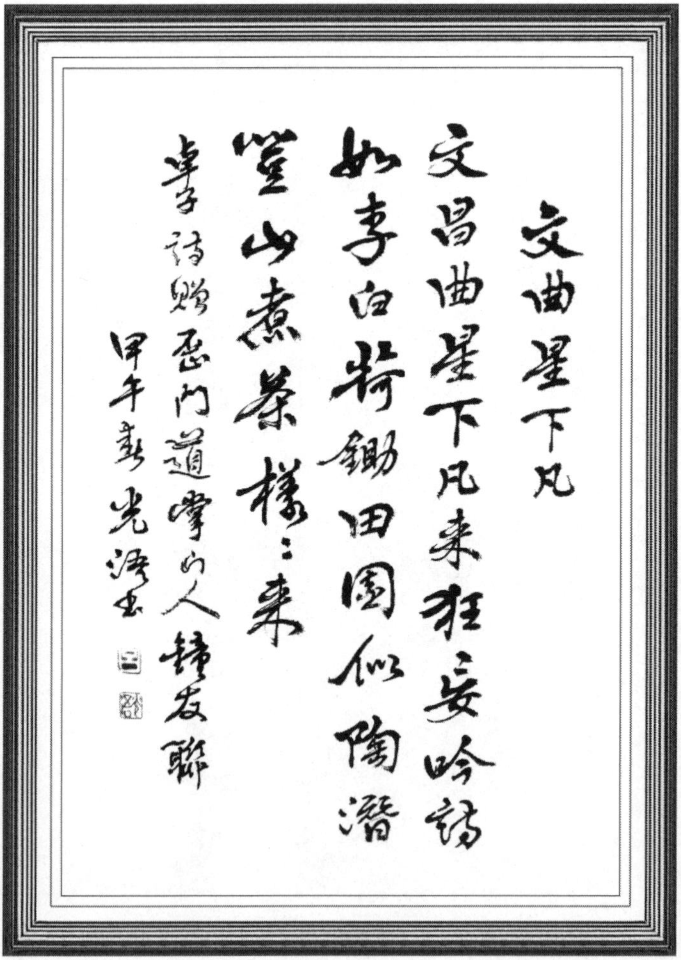

文昌星下凡

文昌下凡鐘友聯
一管禿筆寫世間
詩文禪味非等閒
此翁原本是神仙

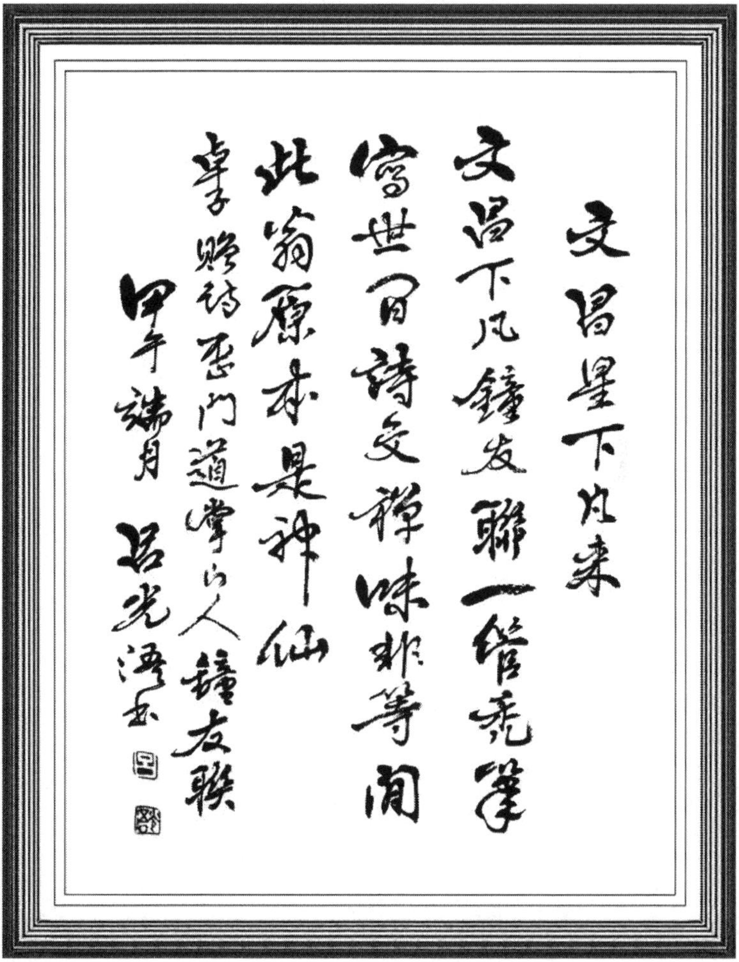

似達摩

雲端有個鐘友聯
恰似達摩到人間
登山煮茶難得閒
寫詩說禪不食煙

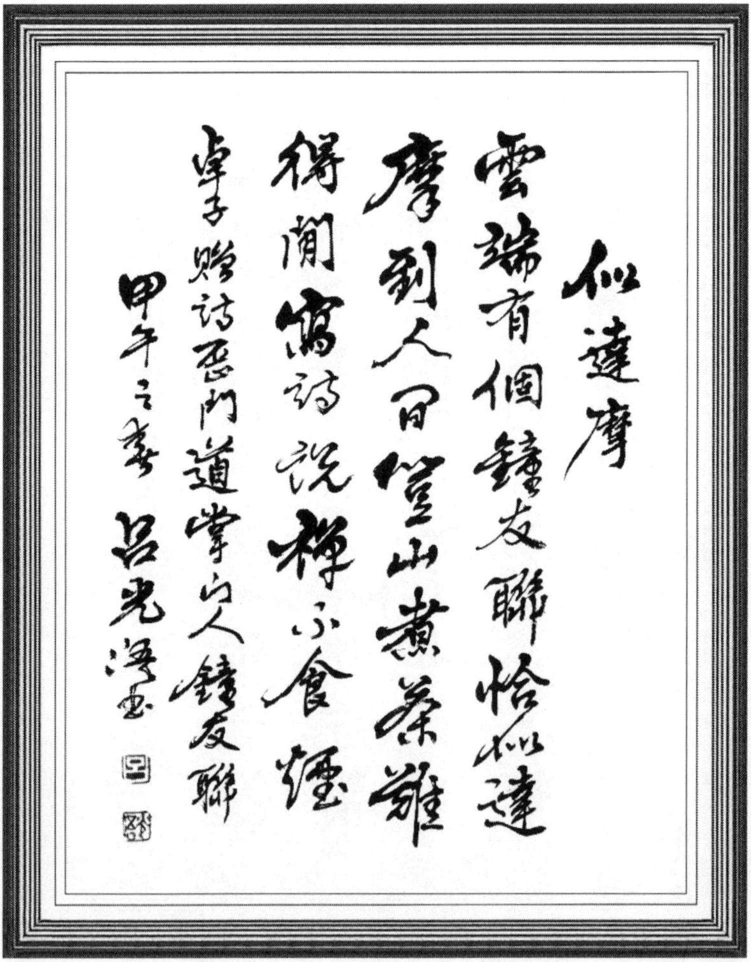
似達摩
雲端有個鐘友聯恰似達摩到人間登山煮茶難得閒寫詩說禪不食煙
甲午之春

詩神

堂上滿座紅粉嬌
會臨絕頂佳人俏
老愛搞怪來耍寶
逗得網友哈哈笑

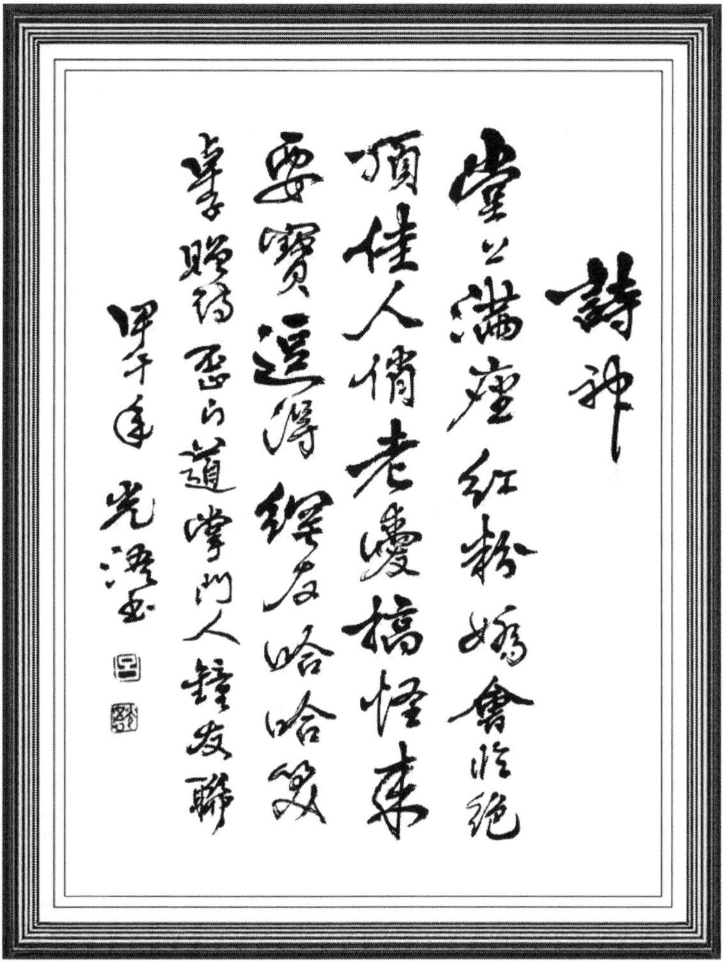

愛耍帥

雲端一奇才
茶禪詩都來
如天人耍寶
恰似下蓬萊

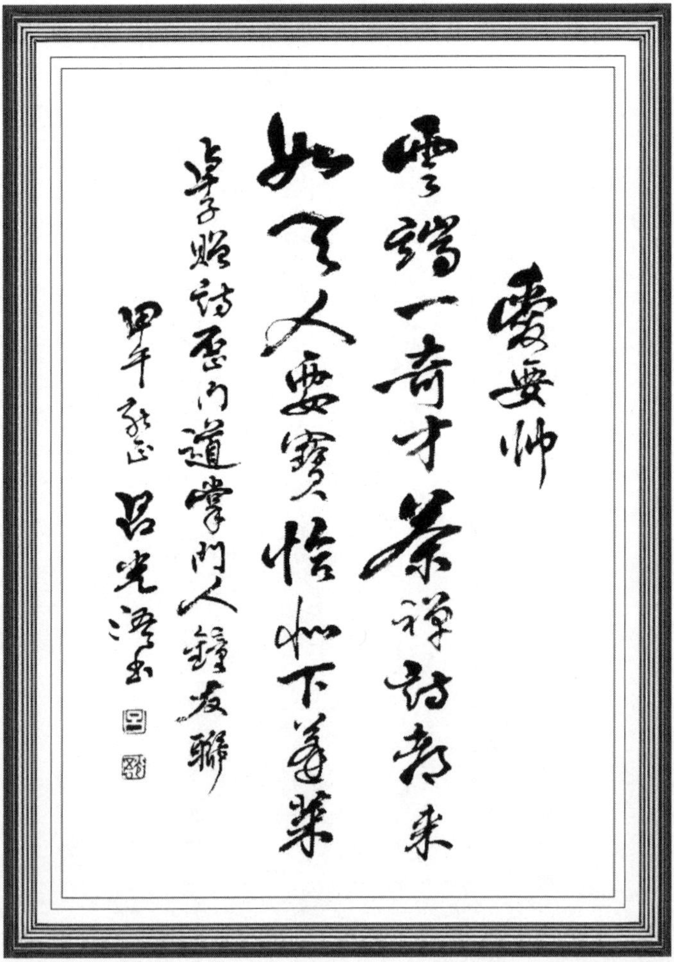

李太白

當今李太白
雲端相聚來
一起展長才
雅俗莫比賽

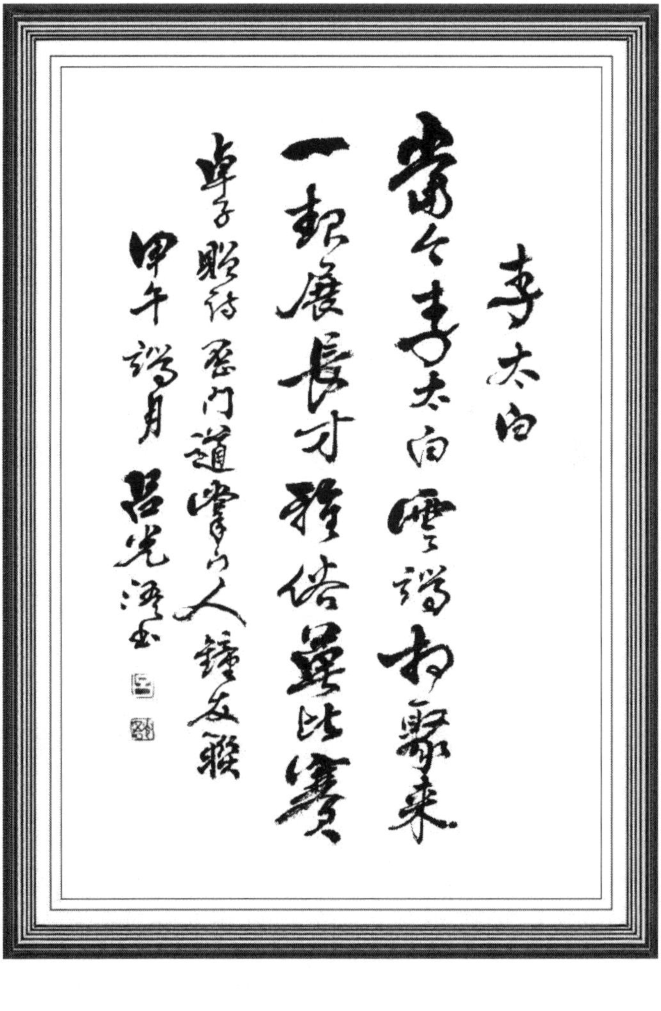

再寫鍾友聯

拜雲端之緣
幸識鐘友聯
同道稱幫主
網友尊大師
似達摩老祖
像伯通再世
如李白下凡
媲陶潛耕讀
喜登山會友
善煮茶待客
騎單車環島
好縱身高跳

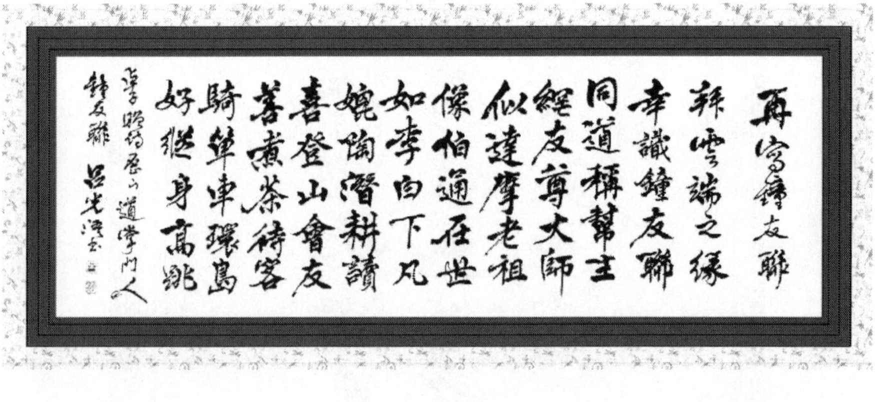

第二十三章　網友贈詩

書法　吳清華大師

李小芳贈詩

崇拜

鐘師名聲傳四海　友聯詩詞人人愛
歪幫幫主真厲害　天天臉書送詩來
百花吐豔真精彩　如沐春風笑顏開
萬千粉絲都崇拜　異口同聲愛愛愛

讚!!!老師~給您無限的讚

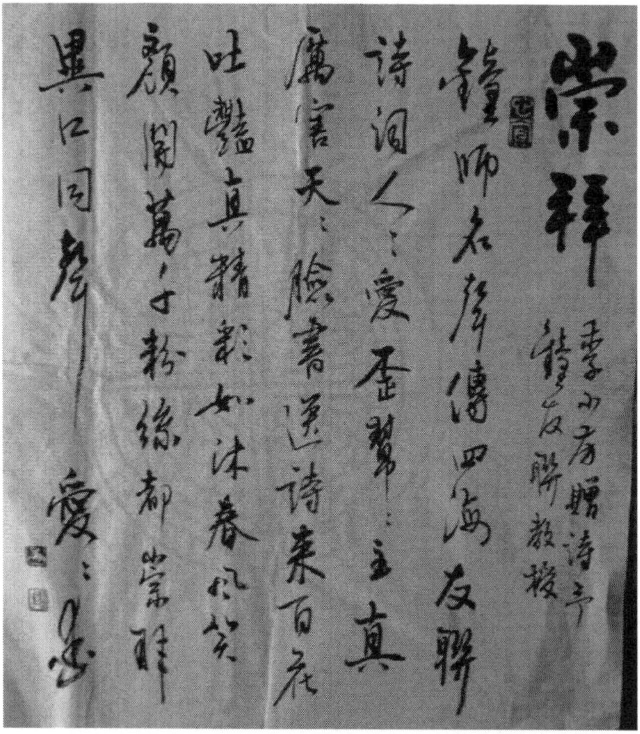

李小芳贈詩

相惜

臉書巧相遇　緣份由此起
師生惺相惜　詩詞傳心意

謝謝老師不嫌棄，無言感激

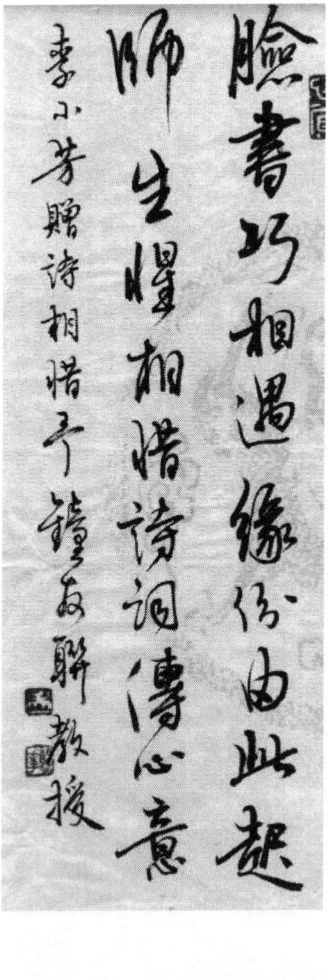

李小芳贈詩

樂天派

鐘幫主屬樂天派　友情之花滿園開
聯誼詩友遍四海　老詞新句惹人愛
師囑不忘記心懷　讚歪幫主好文才

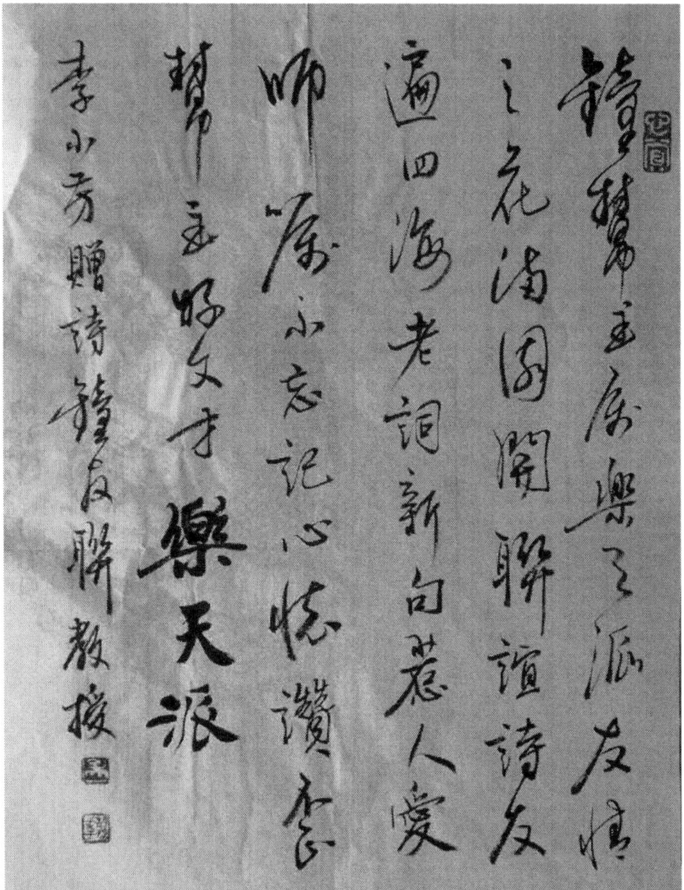

Alejandro Feliz **贈詩**

茶禪

隱廬茶禪座　夢廬醉墨爍
墨香禪意裡　主客如風過

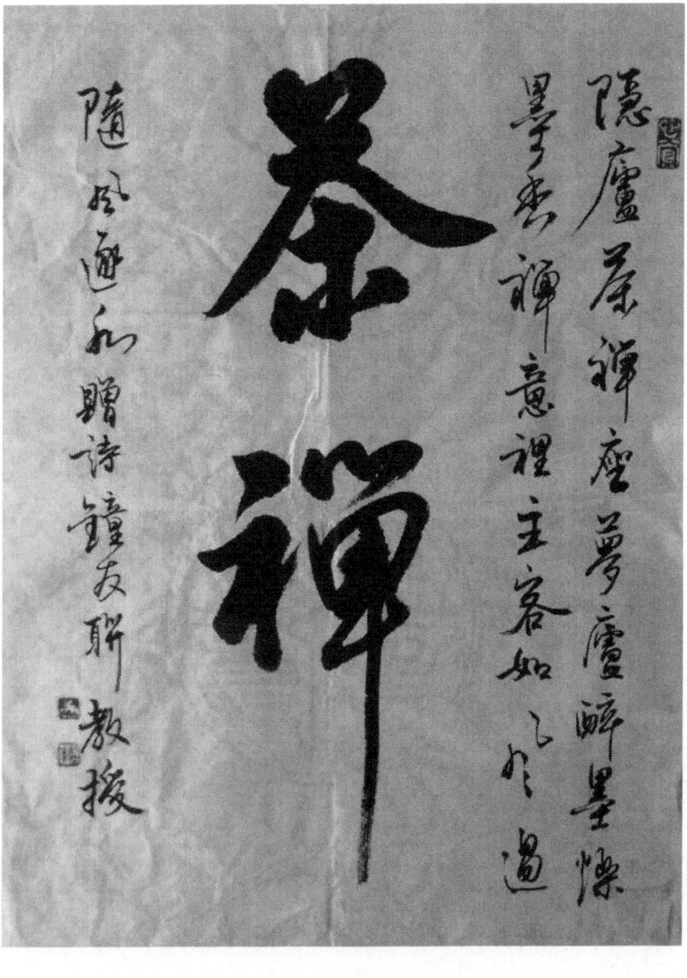

林佳宏 贈詩

仙氣

廬隱歸仙氣，酒歌把柳吟；
寒山巖藏偈，摩詰大無極！

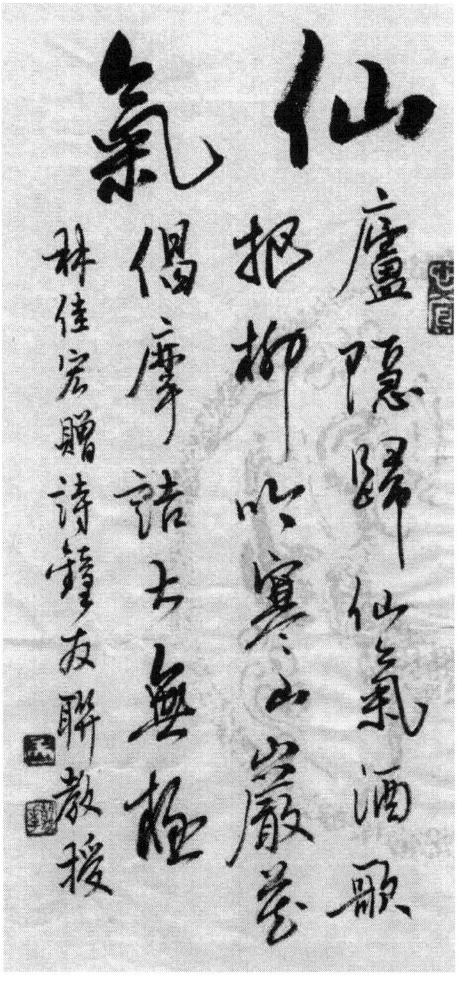

莊思 贈詩

領風騷

唐詩留傳千餘年　至今已覺不新鮮
臉書出了鐘友聯　獨領風騷數百年

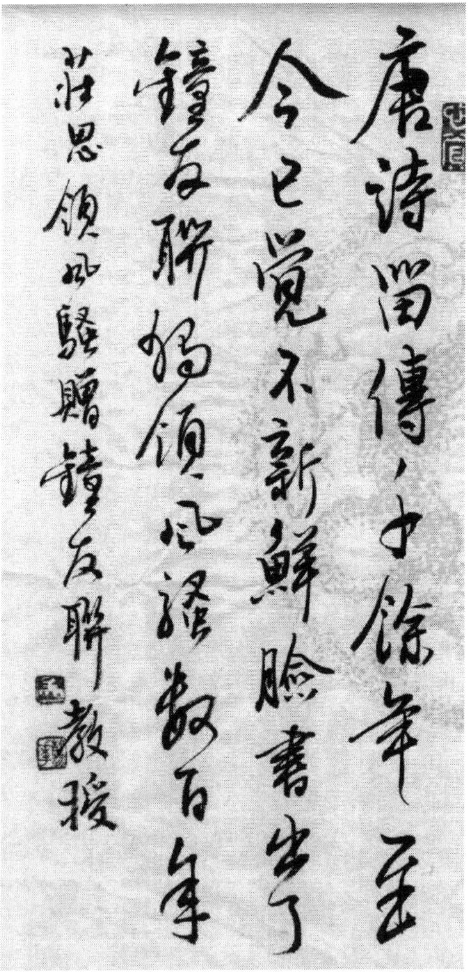

莊思 贈詩

奇男子

歪門才子鐘友聯　學富五車藏萬卷
才高八斗奇男子　造詣精湛比如神

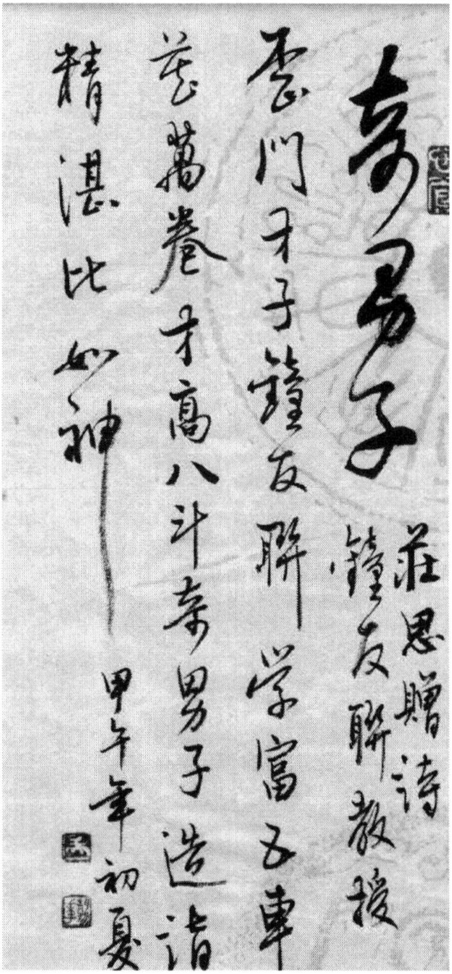

莊思 贈詩

飽學之士

莫笑幫主頭歪歪　四書五經全都來
不求名利不求財　作詩寫詞樂開懷

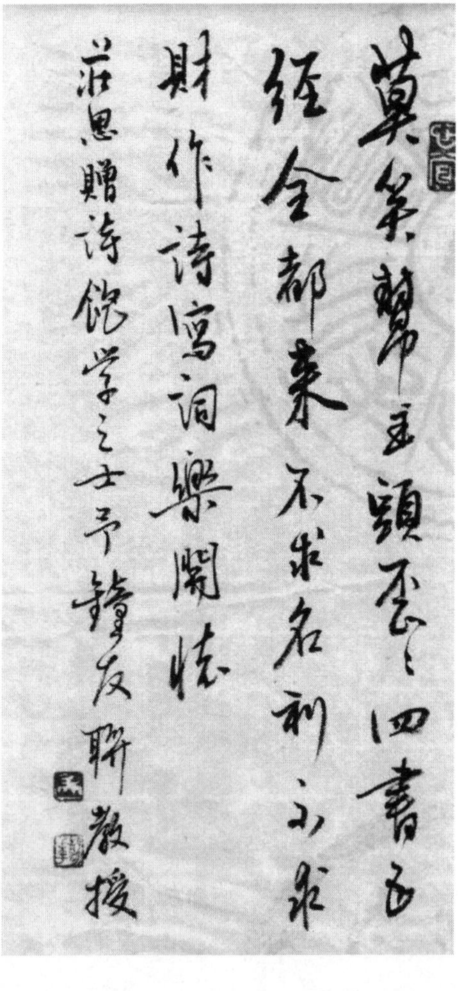
莫笑幫主頭歪歪四書五
經全都來不求名利不求
財作詩寫詞樂開懷
莊思贈詩飽學之士予鐘友聯教授

藍鳳娥 贈詩

智慧靈泉

最愛大師醉詩中　心花怒放賞詩情
人生如夢呼吸間　智慧靈泉湧不絕

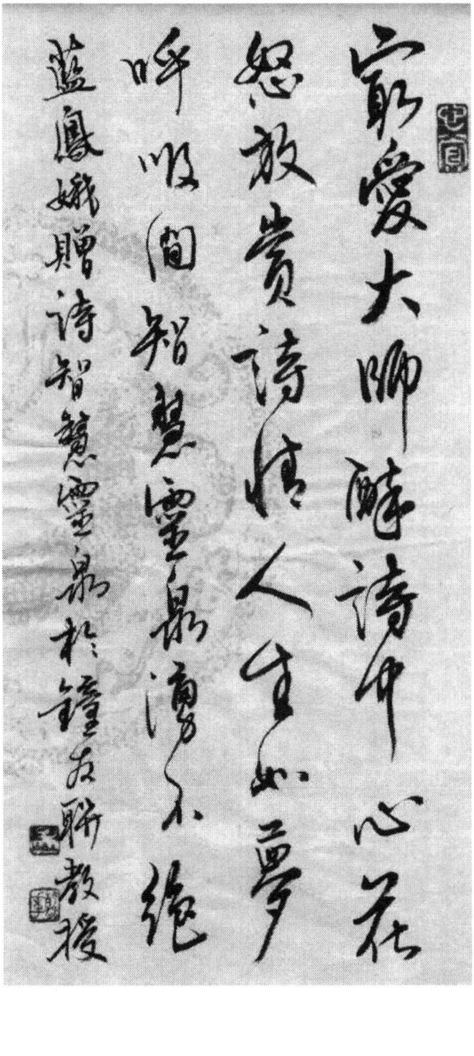

林仁卿 贈詩

鐘聲敲響隱廬閣　友賢且闊似黃河
聯接部落好文章　贏得格友齊讚可

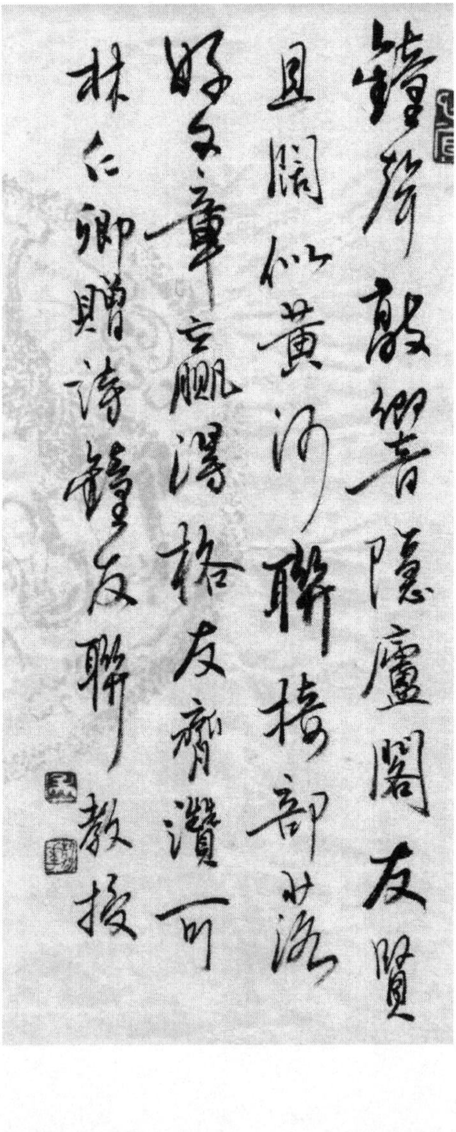

林仁卿 贈詩

鐘鼓齊揚有禮義　友朋皆賢諄循禮
聯成學不厭團聚　樂登隱廬逍遙趣

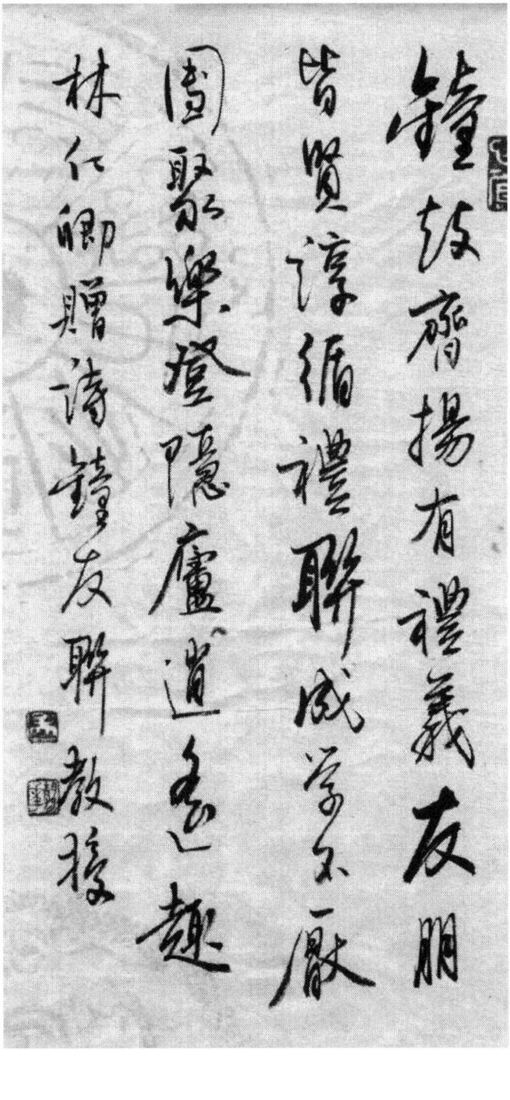

第二十四章　林義正教授贈詩

書法　吳明賢大師

富詩心

幫主富詩心，出口盡成吟；
參透諸公案，迅雷趕迷情。

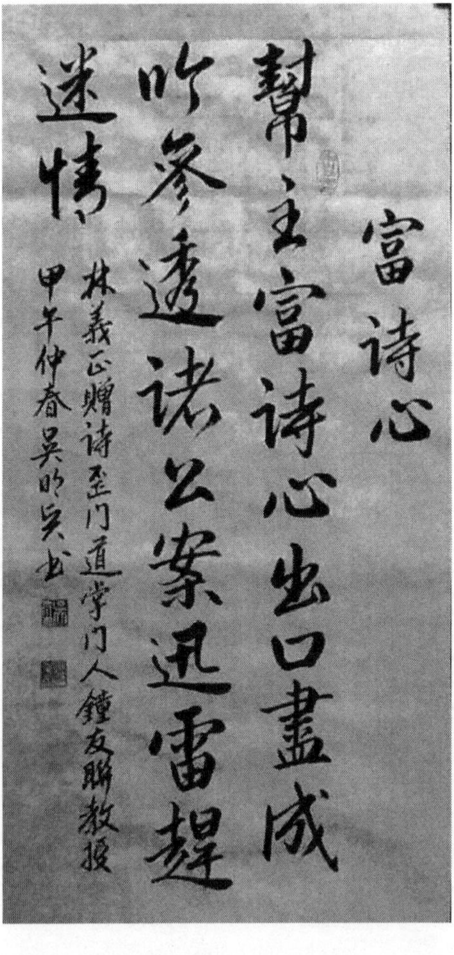
富诗心
幫主富诗心出口盡成
吟參透诸公案迅雷趕
迷情
林義正贈诗 至门道学门人鍾友聯教授
甲午仲春 吳明賢書

少人及

幫主有賢妻，兒女盡成器；
無憂也無慮，多少人企及。

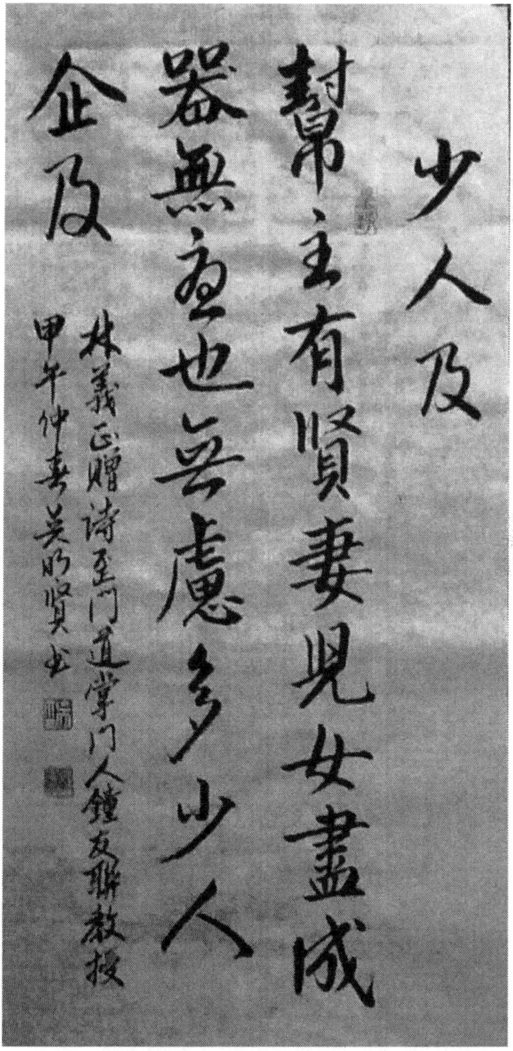
少人及
幫主有賢妻兒女盡成
器無憂也無慮多少人
企及
林義正贈詩至門道掌門人鍾友聯教授
甲午仲春吳明賢書

樂天

鐘聲營繞　友人問兆
聯接應語　樂天有道

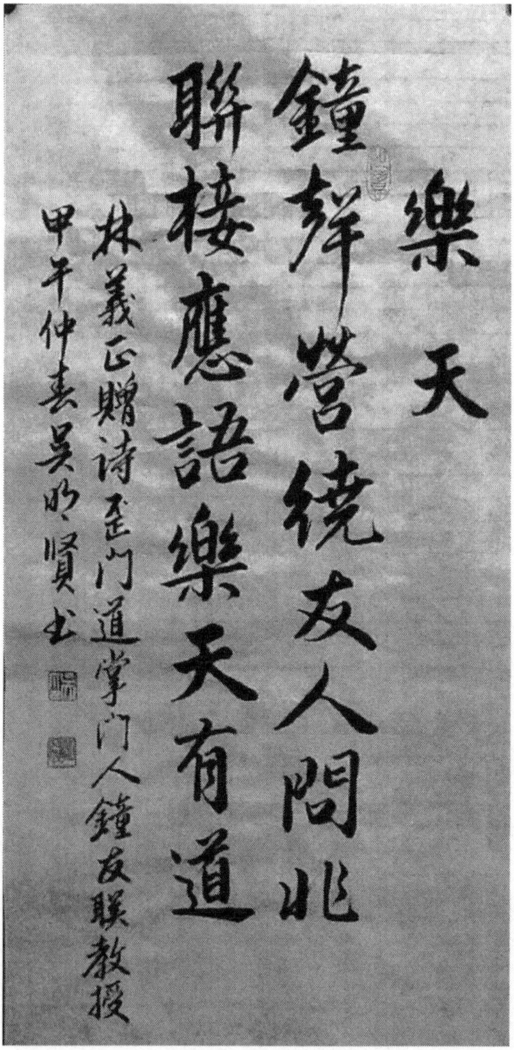
樂天
鐘聲營繞友人問兆
聯接應語樂天有道
林義正贈詩歪门道掌门人鐘友聯教授

第二十五章　隨風逐水贈詩

書法　陳秋宗大師

禪理

禪理歪詩心所寄　歪門幫主詩所依
眾家兄弟來此尋　臉書歡樂靠詩戲

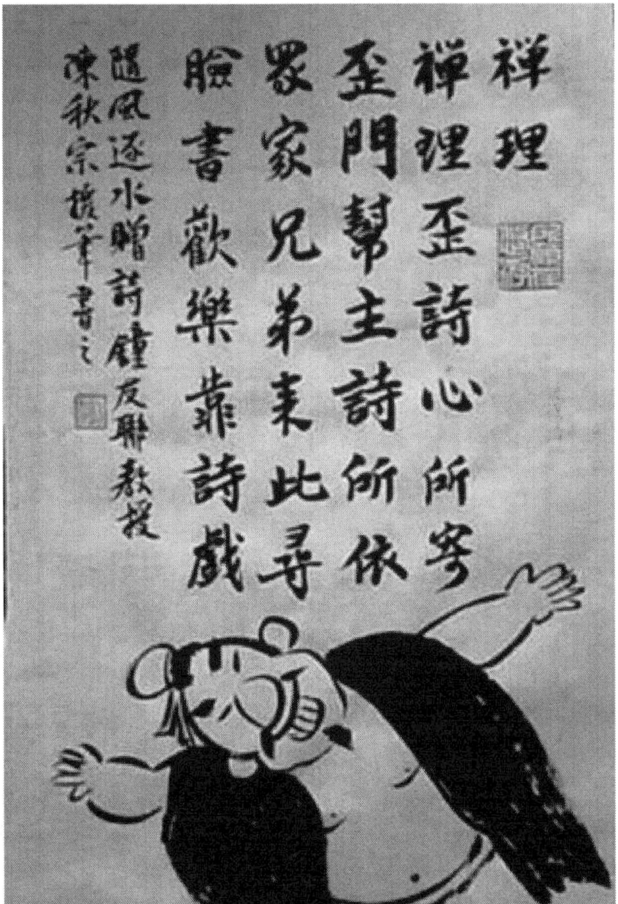

樣樣強

歪幫果然樣樣強　幫主橫掃千濤浪
幫規自由幫友好　主人食客強強棒

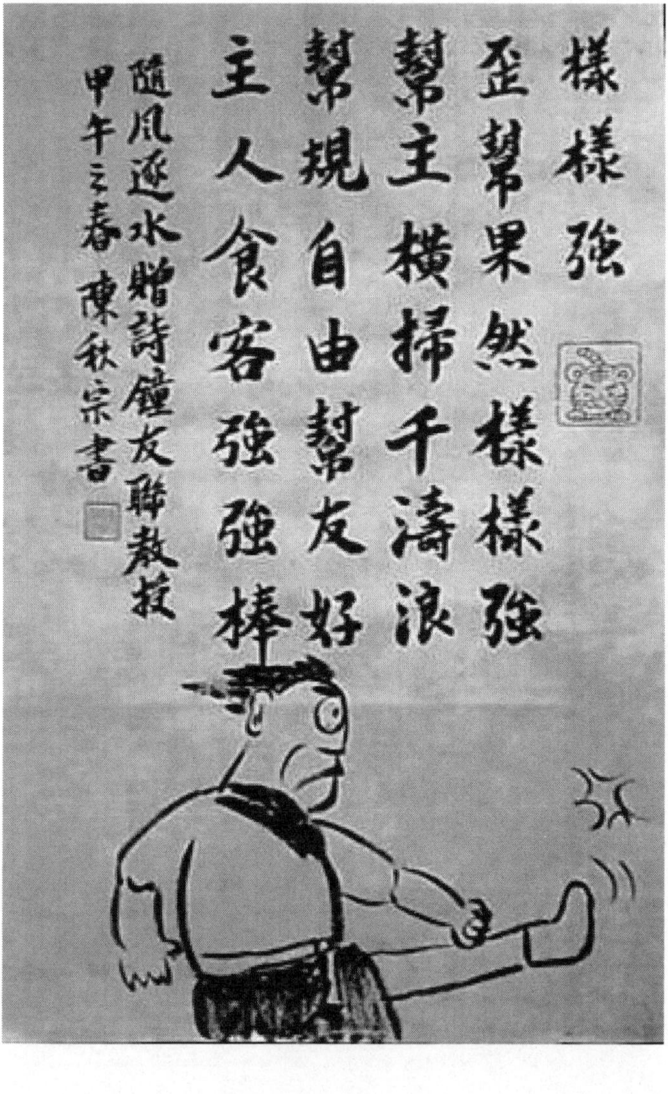

見識多

歪幫幫主見識多　主持正義不瞎説
妖魔鬼怪怕歪幫　網路騙子只好躲

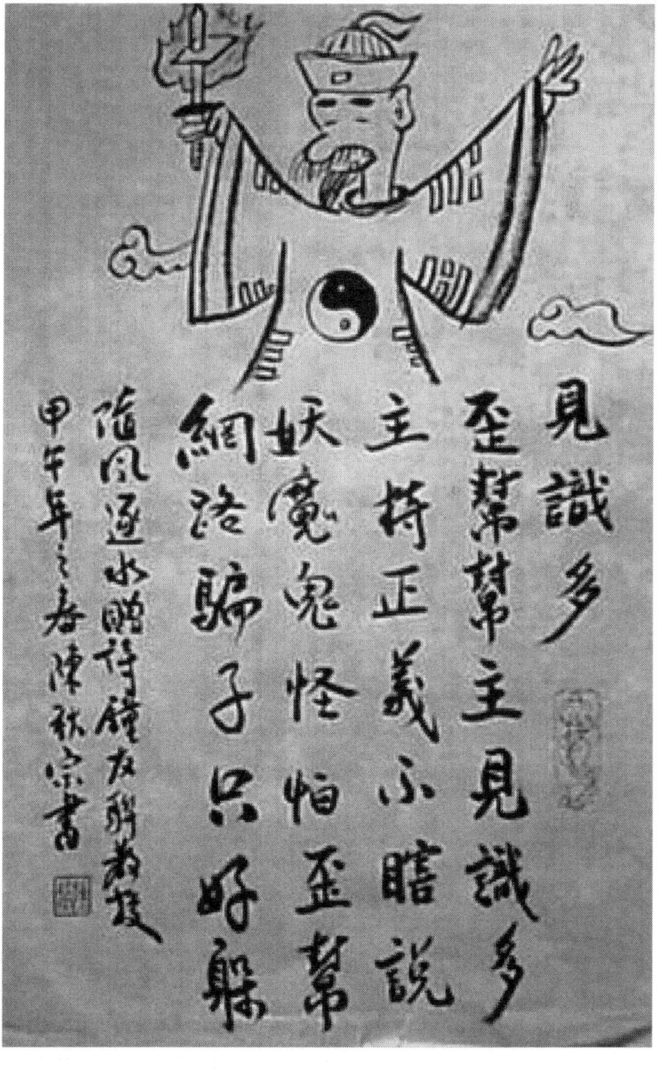

仗義

歪幫幫主　仗義五湖
遊俠四海　闔家幸福

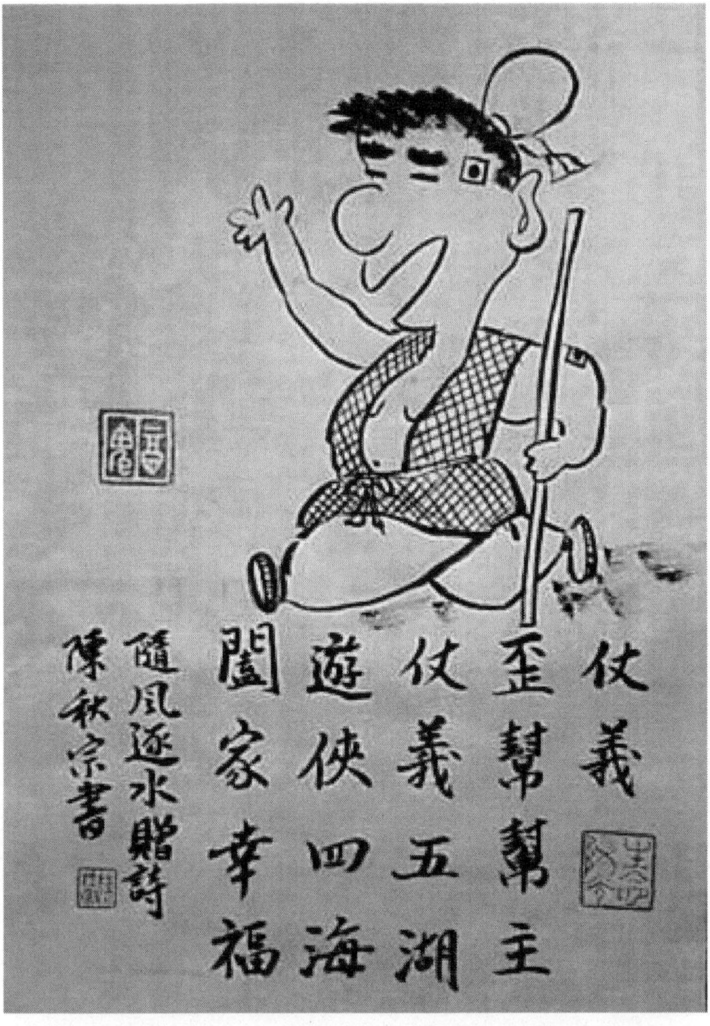

嵌名詩

鐘鼎山林有天性　友來友網付真情
聯繫好友話家常　幫主博得好名聲

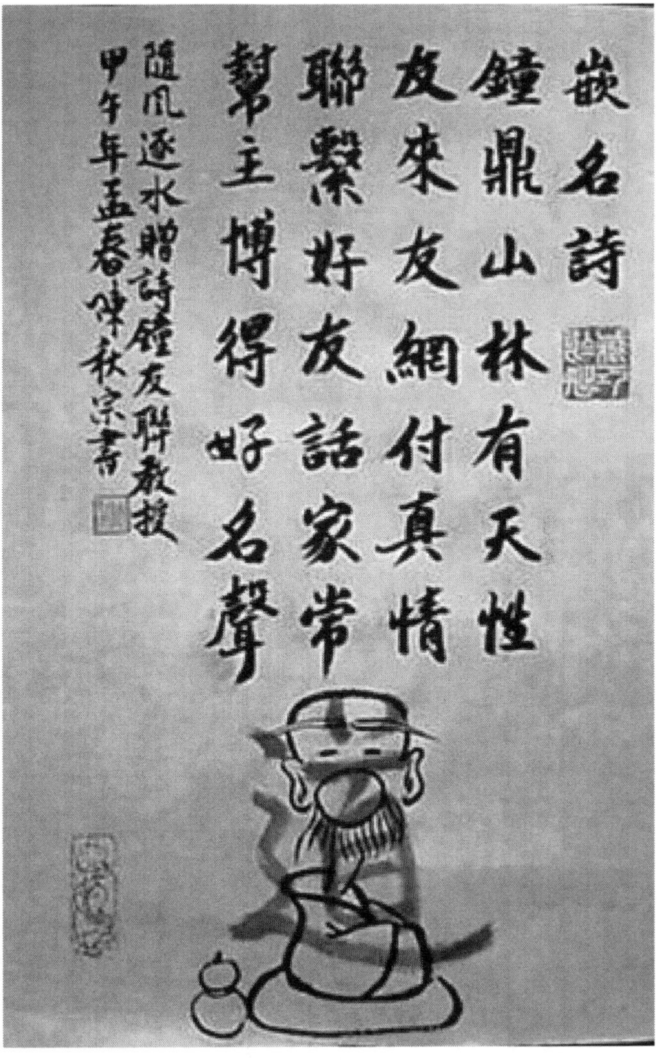

嵌名詩

鐘聲響起人氣高　友朋圍爐瞌到飽
聯盟四海五湖俠　歪首歪腦不會老

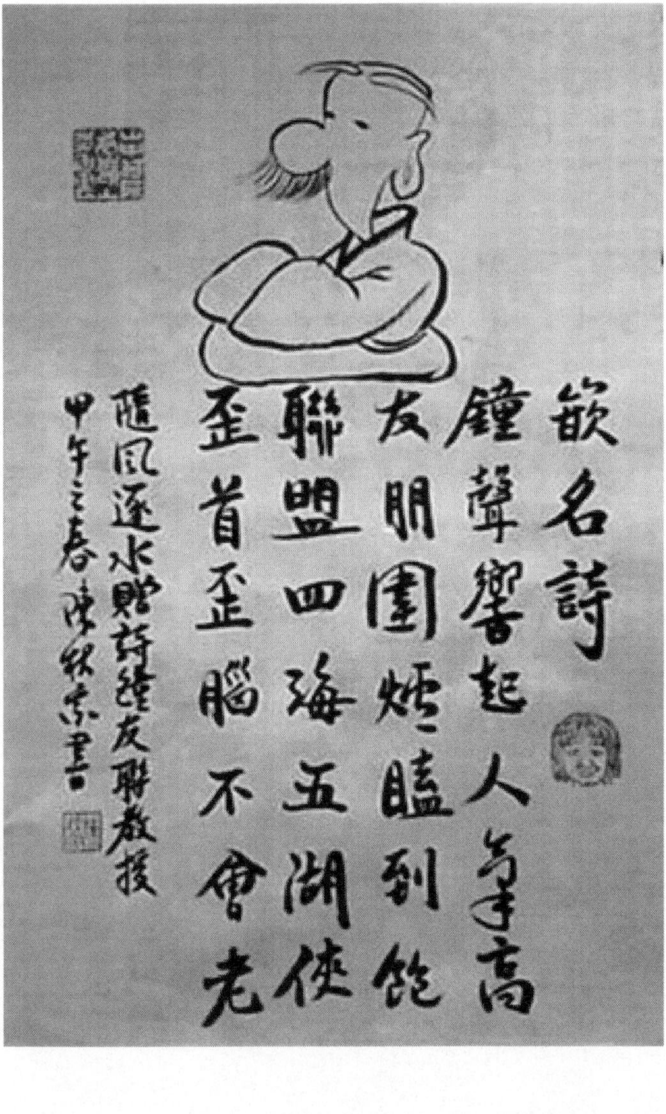

嵌名詩

鐘鼎山林俠
友朋來嘻哈
聯手整臉書
讚聲從不假

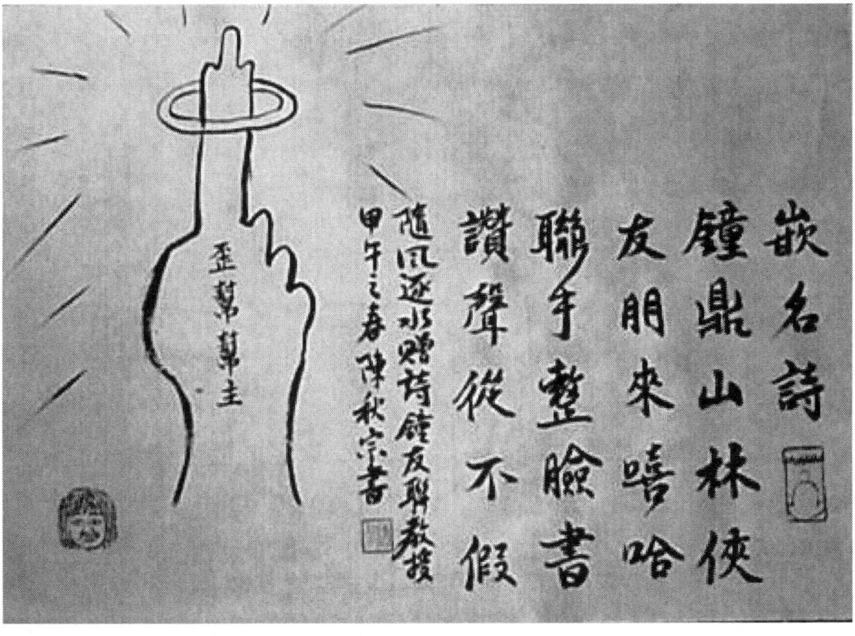

嵌名詩

鐘鼎山林各有志　友朋親好愛歪詩
聯歡聚會從不絕　歪幫山頭靠雄師

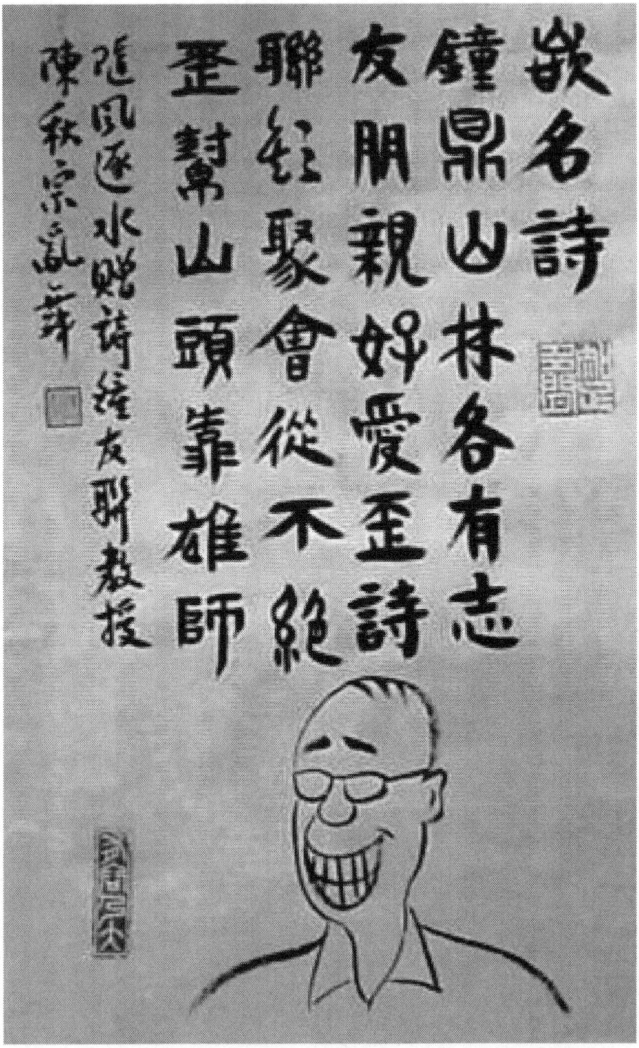

第二十六章　知音贈詩

書法　黃登仕大師

余紘字贈詩

鐘聲響徹半天高　友情不分男女老
聯誼互動樣樣巧　讚佩聲中笑容好

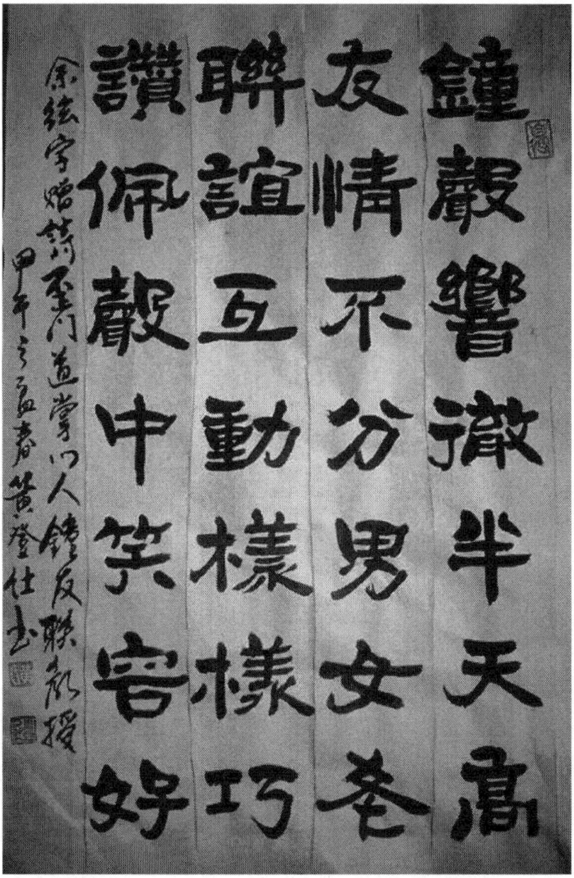

劉鴻徵 贈詩

奇人~

教授的確不是蓋　十八武藝通通來
腦思眼拋吟詩快　左右旁人都發呆

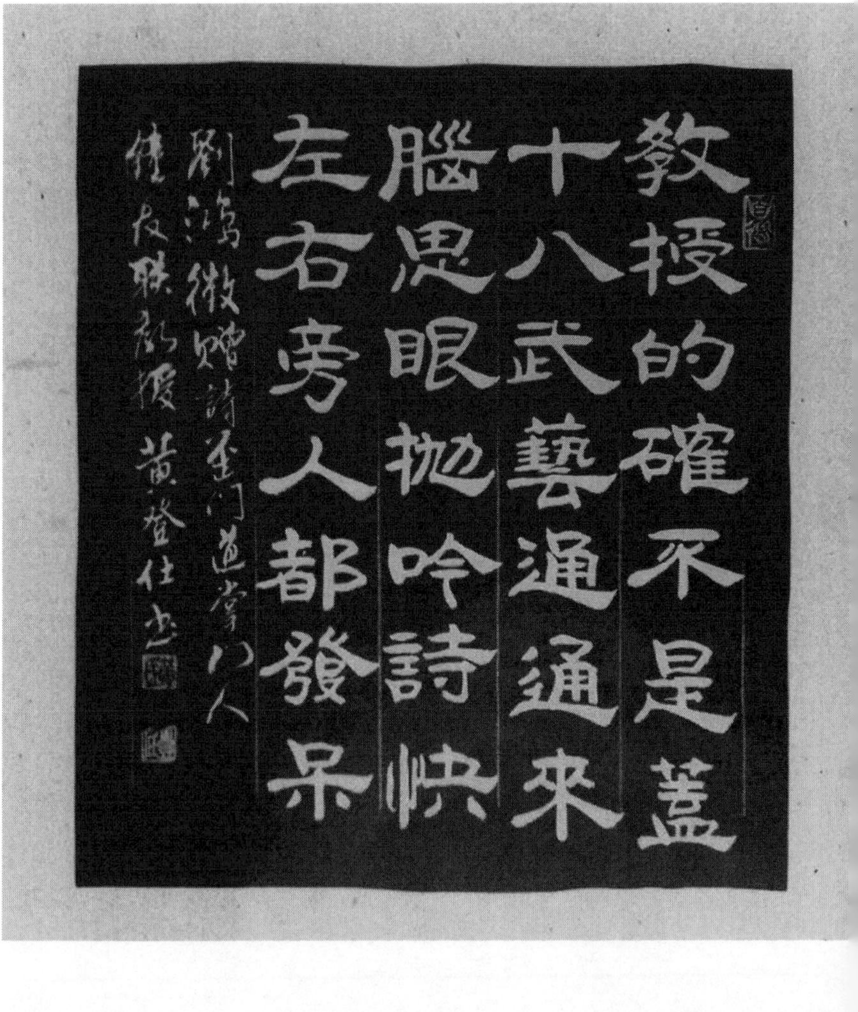

鄭桂枝 贈詩

遇劫歸來看得開，　老夫老妻更恩愛。
從此人生無罣礙，　專心修身祈未來。

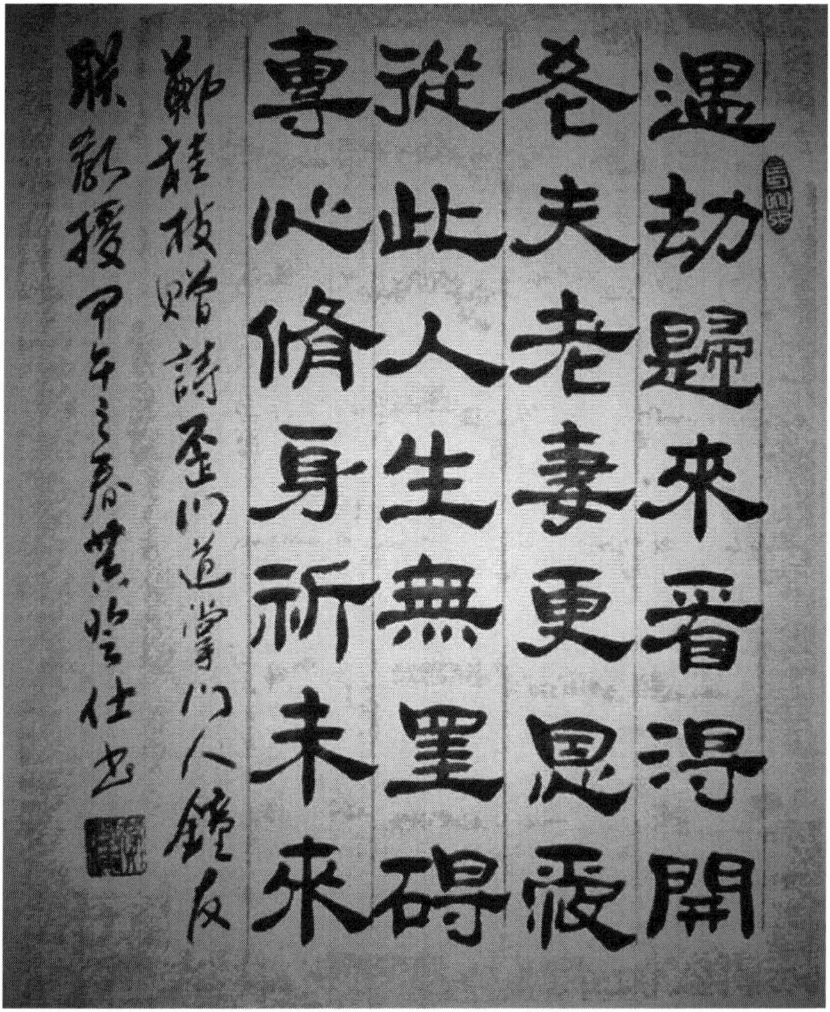

吳欣恭贈詩

老鐘響轟聲　諒友誼精誠
多聯絡義增　修持獲德聖

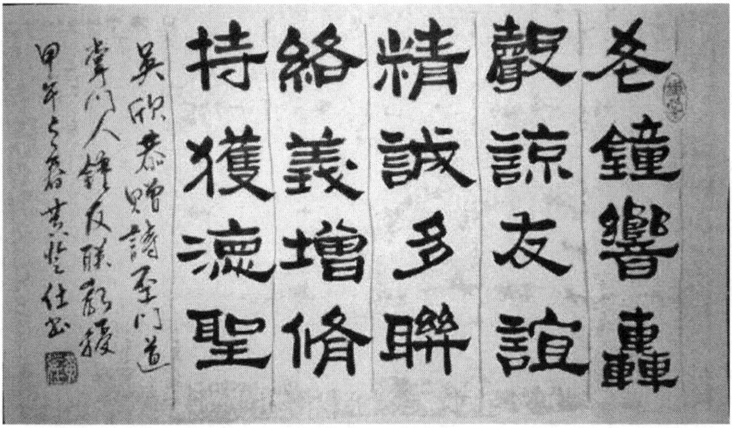

李珊雲 贈詩~

斗酒百篇是詩仙　今時唱和有友聯
今古交會由字現　無憾生平未曾見

兔兔峰 贈詩.

鐘家有誰居隱廬　常唱茶歌贈詩悟
君走他鄉且莫忘　它壺不開有這壺

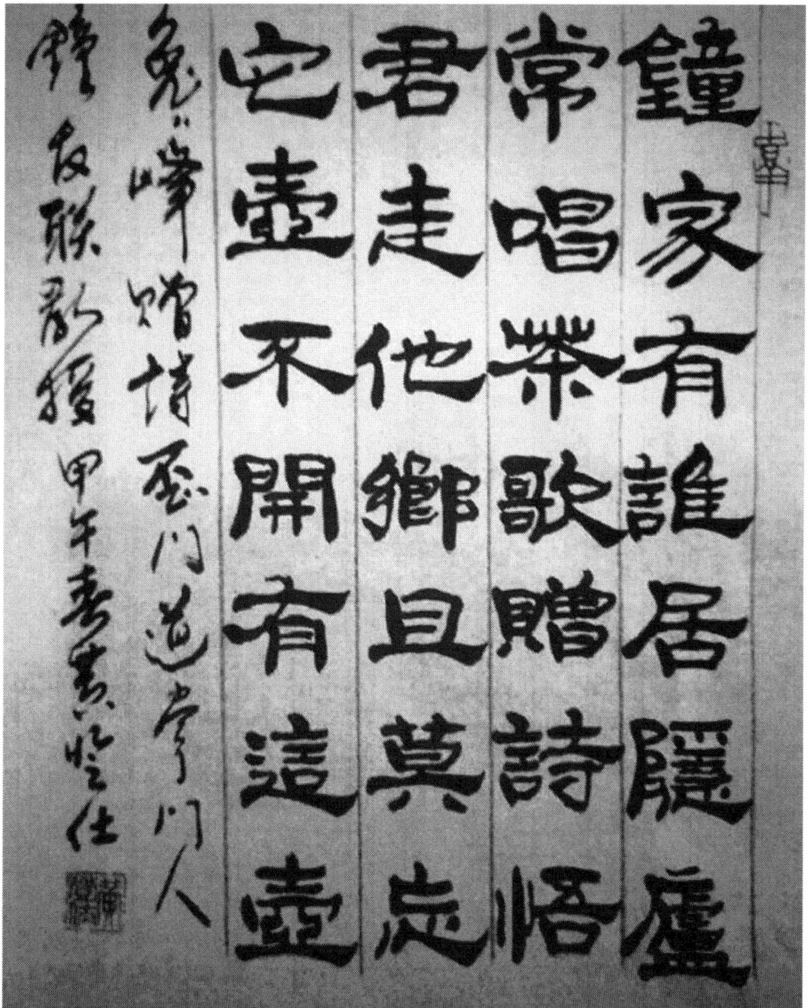

魏國賓 贈詩

鐘哥生活悠閒住　詩文達人如智庫
隨手拈來吐妙珠　後輩稱羡又仰慕

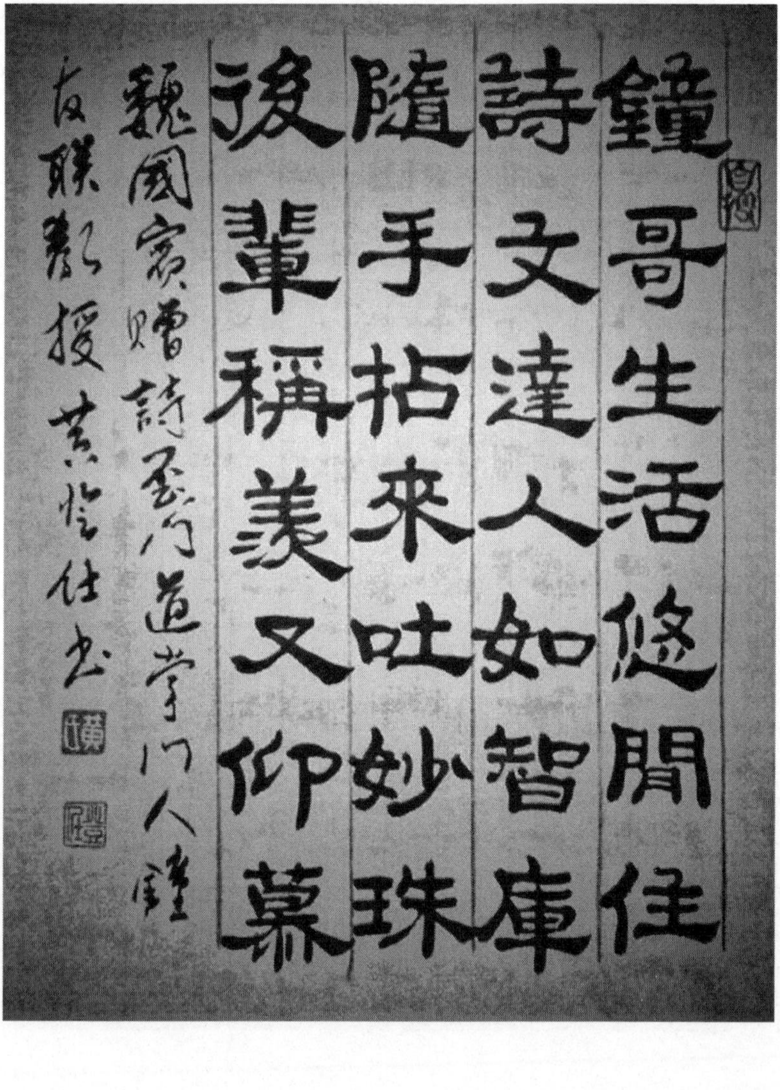

劉紹寶 贈詩

祝您 生日快樂~

友廣識博半仙當　聯珠詩詞傳四方

生來逍遙不作樣　日營茶禪號歪幫

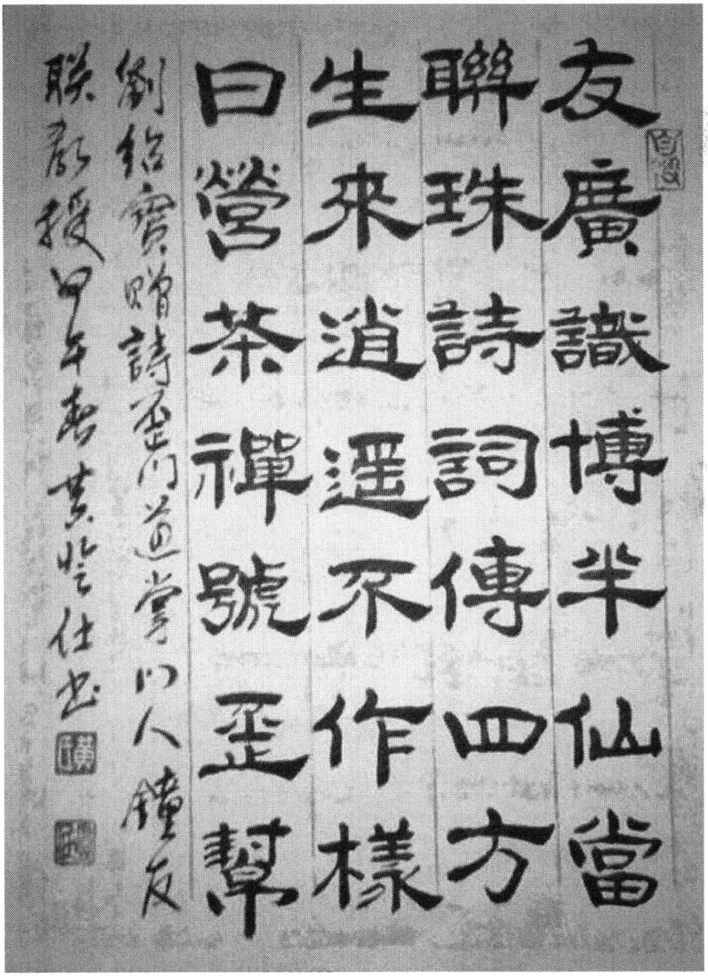

阿珠珠贈詩

閒人閒心非等閒　山水寄詩把石玩
多才多藝聲名遠　令人敬佩一茶禪

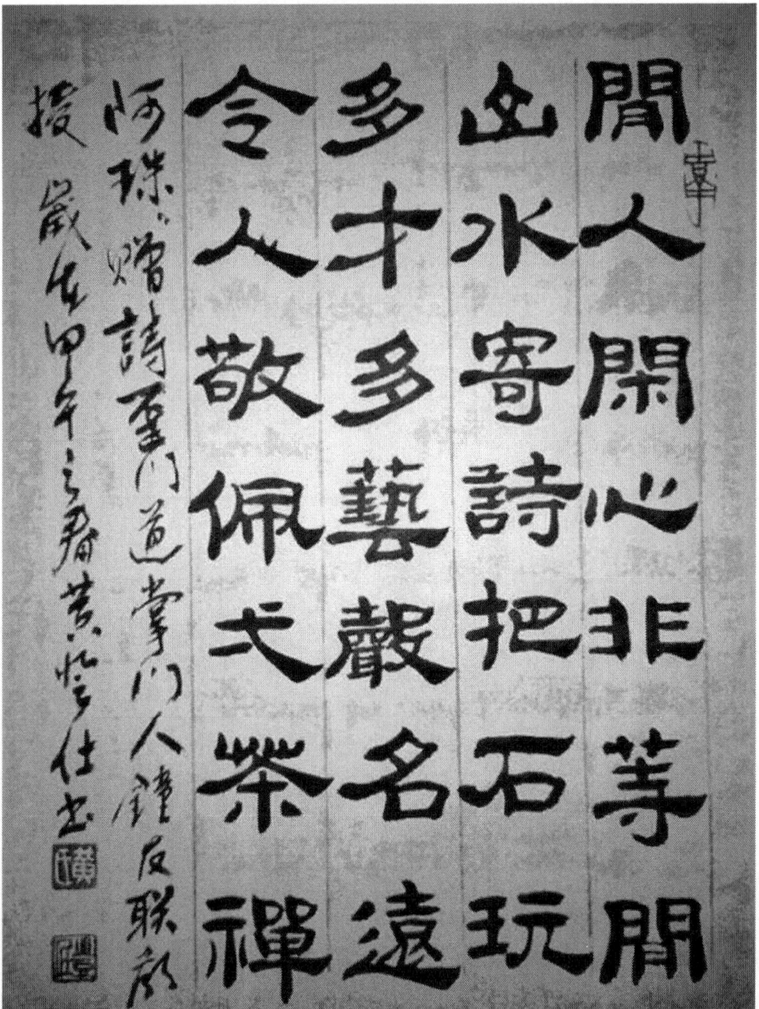

第二十七章　鄭秋美小姐贈詩

書法　陳世民大師

鐘聲嘹亮聲動人　友情友諒友多聞
聯珠璧玉文采深　好詩佳句無窮盡

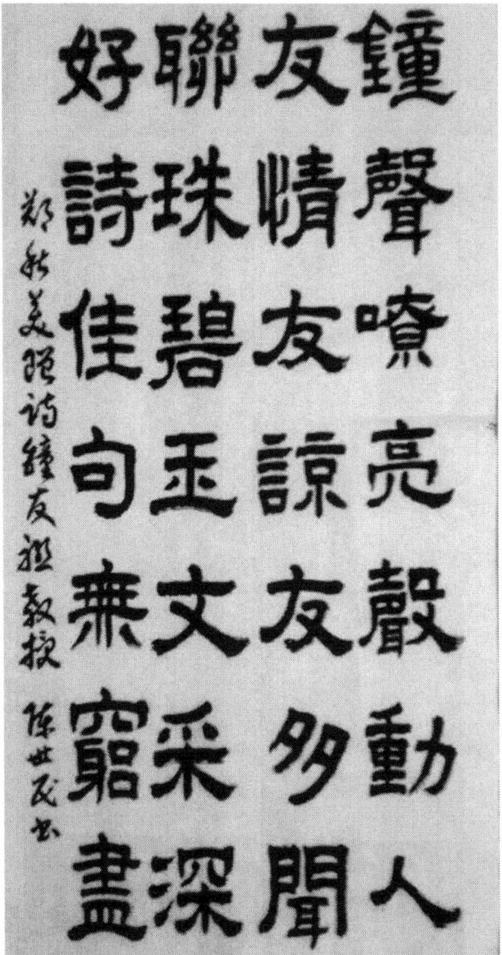

鐘鼎山林一神仙
友情滿滿佈人間
聯繫情誼品茗閒
佳句詩詞憾心田

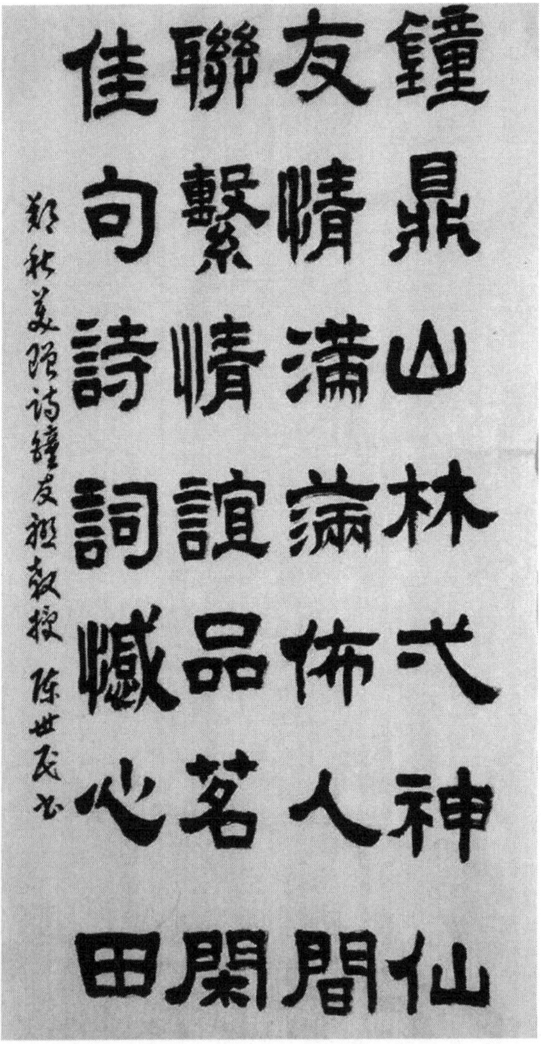

神仙

大師似神仙
氣質非等閒
詩經滿腹練
出口皆經典

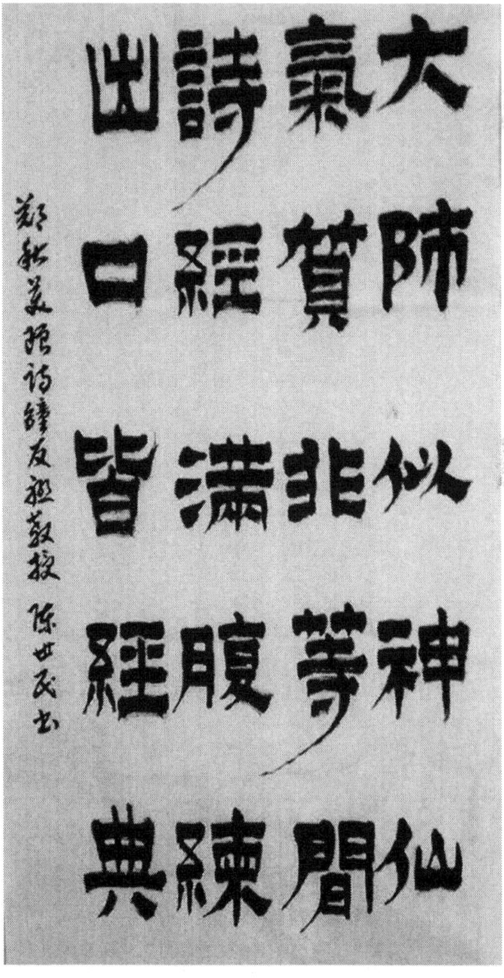

奇人

下筆快又準
天下一奇人
日裡山中遊
成詩在夜深

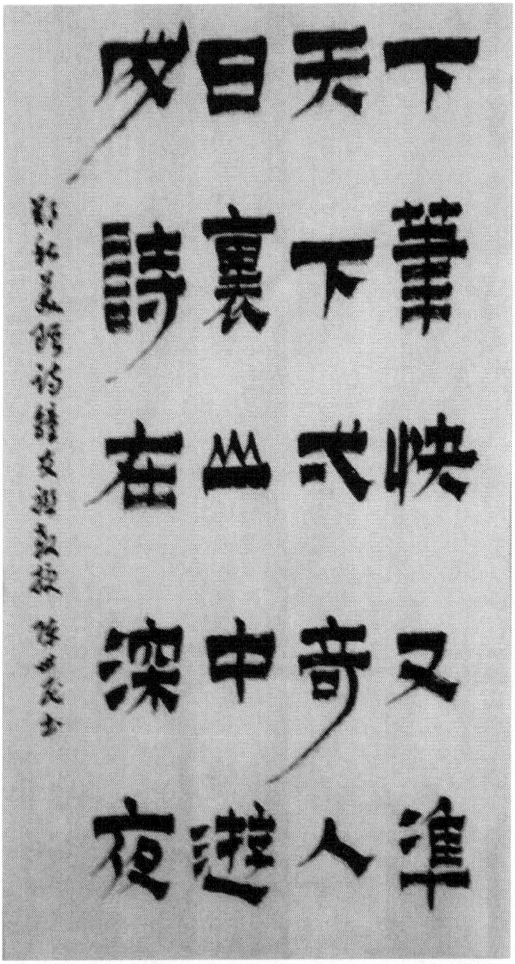

新鮮

拜讀大作一篇篇
訪閱網誌亦新鮮
落筆留詞皆經典
空間格局人稱羨

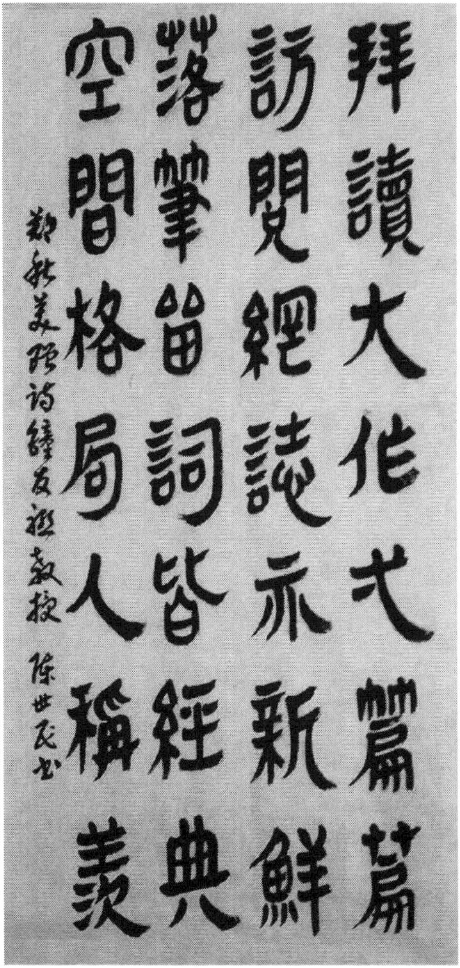

見廣聞

下筆揮毫大文人　回首難覓第二賓
遇得大師讀不盡　見獲廣聞真感恩

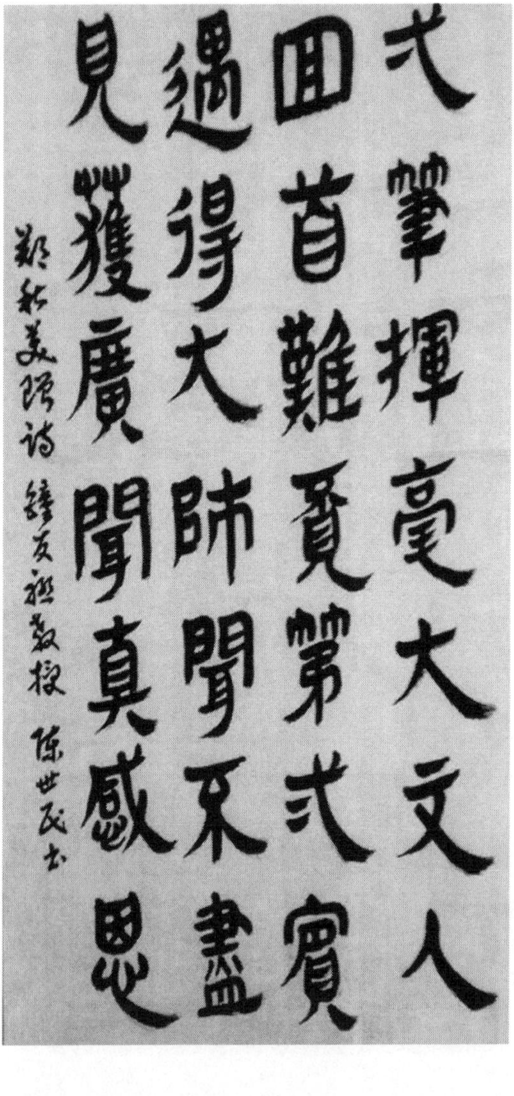
下筆揮毫大文人
回首難覓第二賓
遇得大師讀不盡
見獲廣聞真感恩
鄭秋美頌詩 鍾友聯教授 陳世民书

談笑風生

詩書禮樂集一身　談笑風生如親臨
大作篇篇受益深　借助網路拜師恩

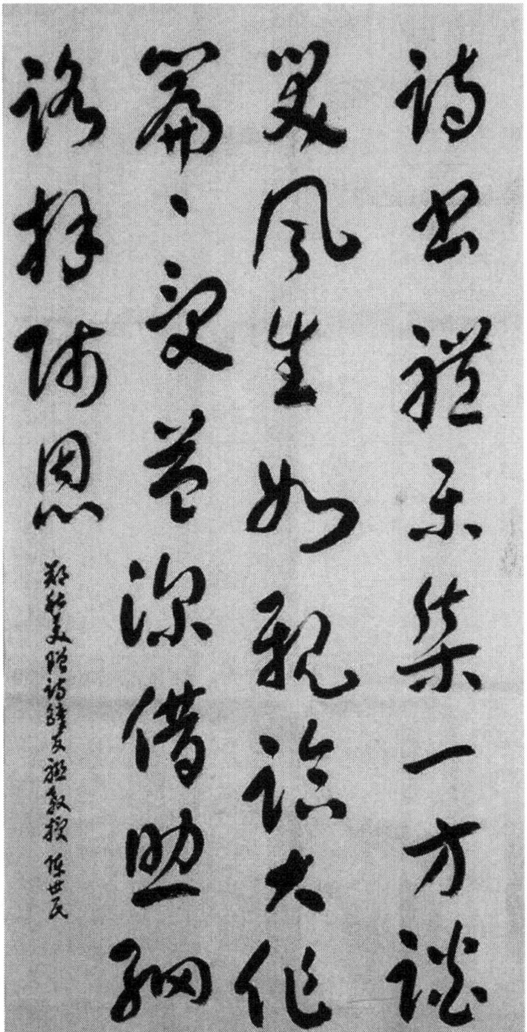

讀文心得喔！

池裡蓮花一株株　屋外竹林亦耿直
階前幾棵櫻桃樹　窗後杜鵑來引路
果實累累結滿樹　蜂蝶鳥兒齊擁簇
美景幕幕難盡訴　獨一無二無覓處
壁上書畫一幅幅　案前古董添藝術
茗香四溢把鼻撲　引人入勝於隱廬
優雅勝過黃金屋　樂活養生好居住

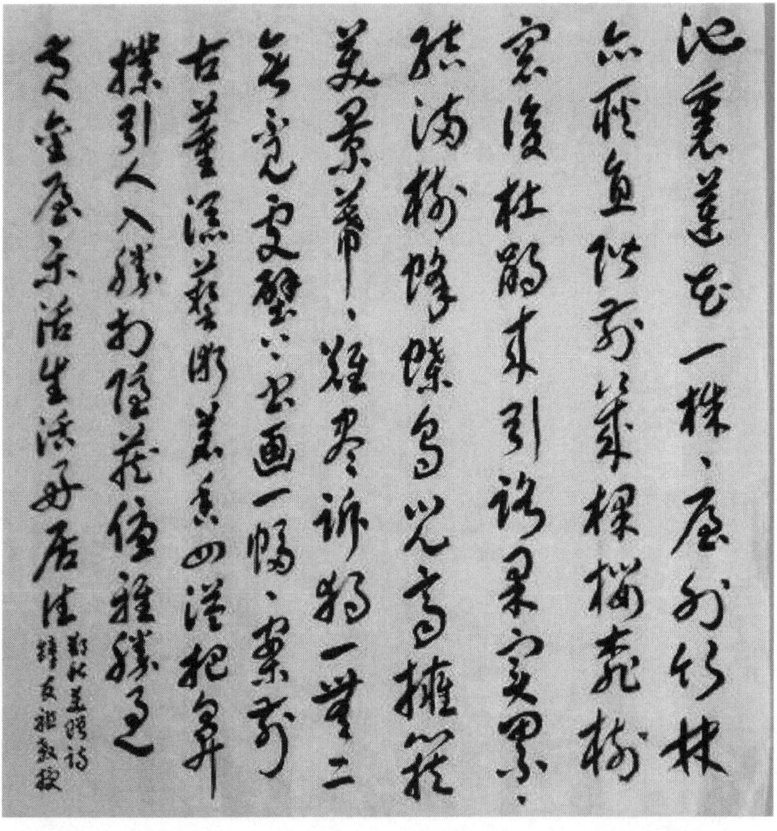

第二十八章　陳添丁教授贈詩

書法　胡興華大師

當代第一人

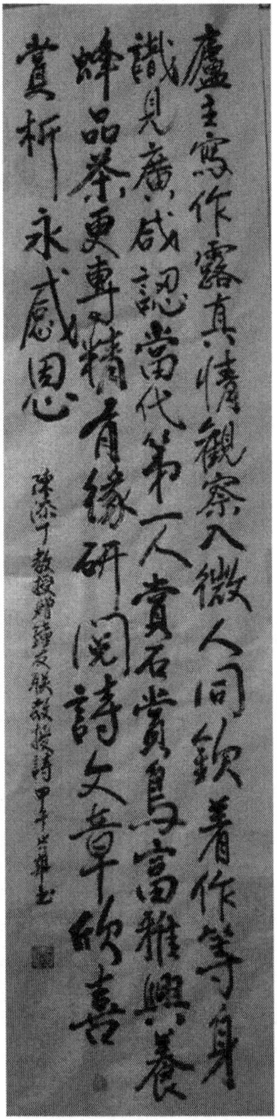
廬主寫作露真情觀察入微人同欽著作等身
識見廣咸認當代第一人賞石賞鳥富雅興養
蜂品茶更專精有緣研閱詩文章欣喜
賞析永感恩

廬主寫作露真情　觀察入微人同欽
著作等身識見廣　咸認當代第一人
賞石賞鳥富雅興　養蜂品茶更專精
有緣研閱詩文章　欣喜賞析永感恩

有創意

隱廬主人有創意　天然岩石塑成豬

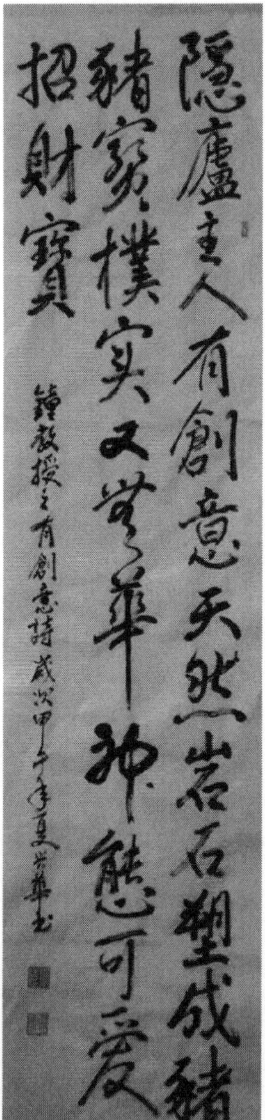

豬寶樸實又無華　神態可愛招財寶

嵌名詩

友誼情義一奇軍　聯絡感情自超群

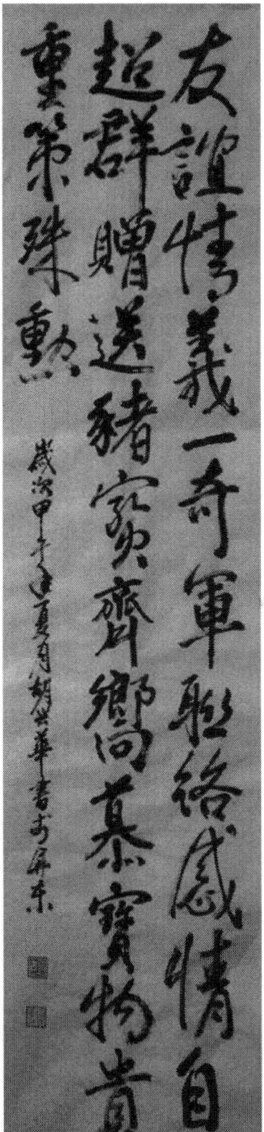

贈送豬寶齊嚮慕　寶物貴重策殊勳

放射光芒

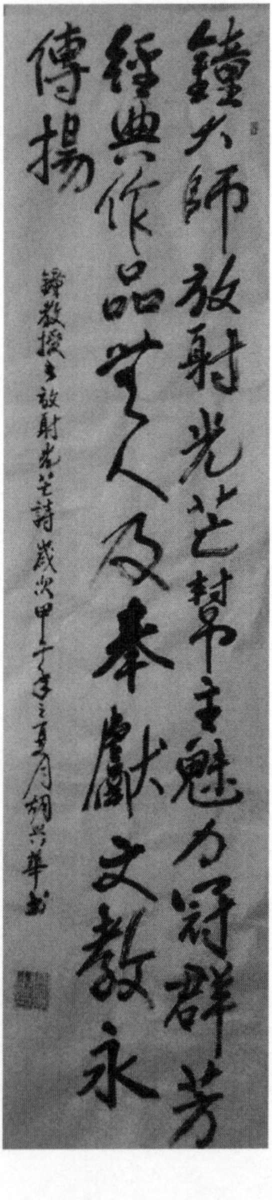
鐘大師放射光芒幫主魅力冠群芳
經典作品無人及奉獻文教永傳揚

鐘大師放射光芒　幫主魅力冠群芳

經典作品無人及　奉獻文教永傳揚

嵌名詩

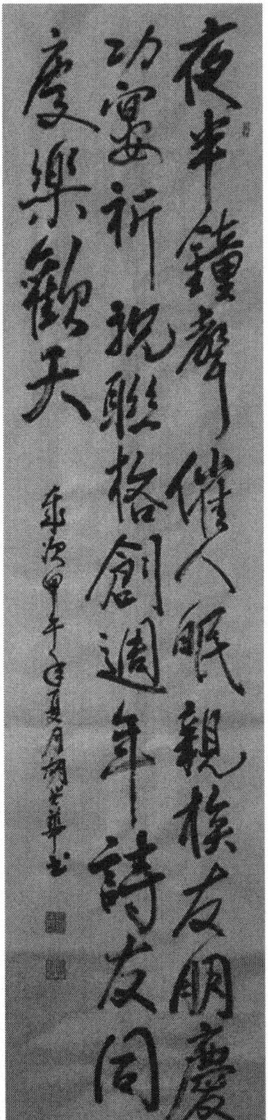

夜半鐘聲催人眠　親族友朋慶功宴

祈祝聯格創週年　詩友同慶樂歡天

第二十九章　卓子贈詩

書法　木舞山人

雅事

鐘師禪詩寫得好　論道説禪真正巧
詩友追逐一籮筐　末法聽道才是寶

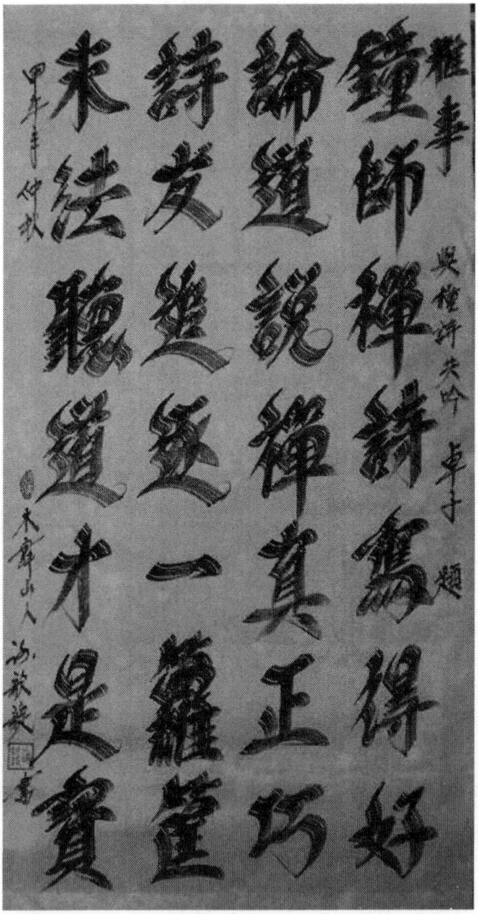

直行去

讀詩容易悟詩難　欲悟鐘詩不簡單
讀得禪詩悟禪意　便知鐘詩道不凡

放下

不讀鐘詩放不下　讀罷鐘詩放下難
鐘詩開示世間道　追隨鐘師去聽禪

放下難

不讀鐘詩不容易　不合鐘詩更是難
鐘師開示世妙法　學詩悟禪坐鍾壇

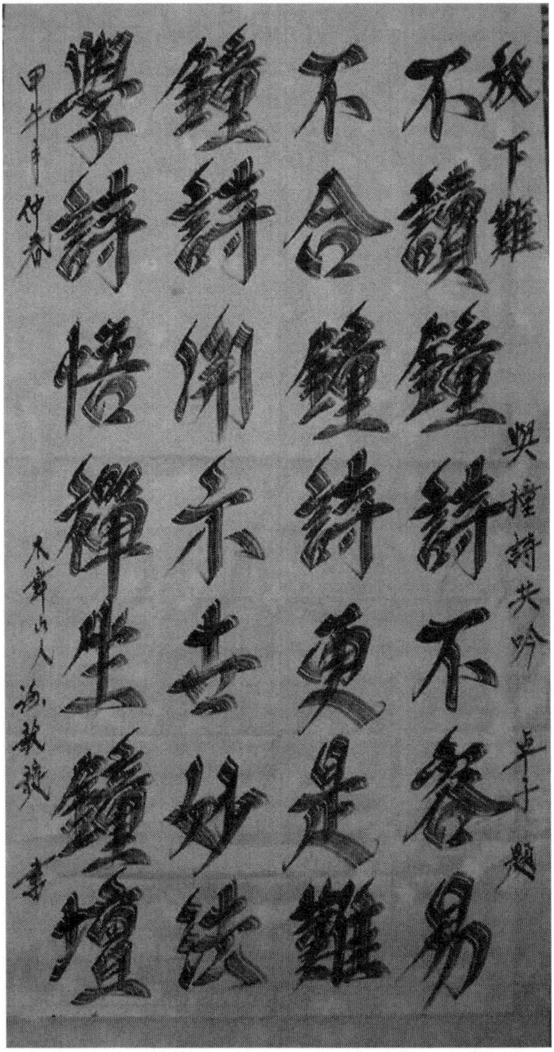

鬥詩

市井常聽人鬥嘴　網路鬥詩未曾聞
鐘詩大鳴大聲勢　引得詩友共詩文

誤了禪

世道不古江湖險　大師不出道蒙難
徒有經書千萬卷　道之不行空論禪

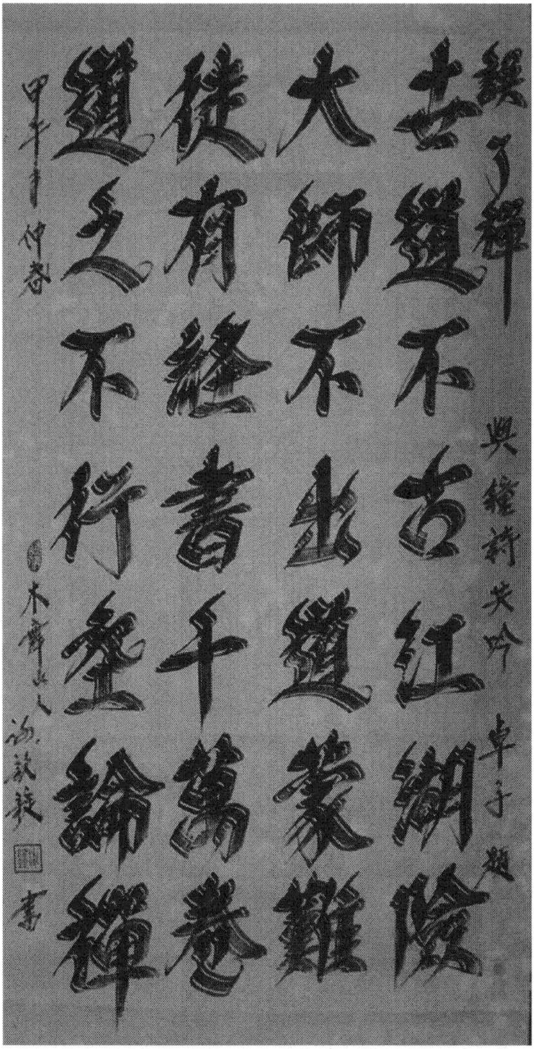

悟大道

友公人緣好　書法都是寶
眾仙皆來儀　太虛悟大道

人緣好

幫主人緣好　書法都是寶
眾仙皆來儀　太虛悟大道

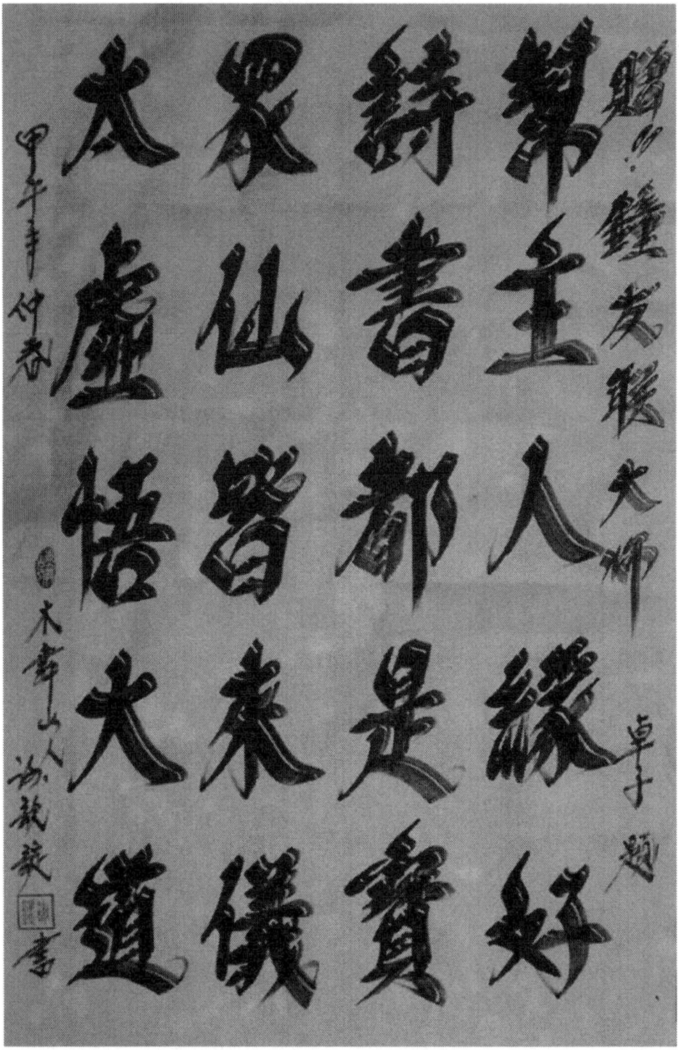

友聯眞好

話説天下勢　友聯真正好
書詩話禪意　樣樣難不倒

第三十章　好友贈詩

書法　吳明賢大師

愛新覺羅 贈詩

歪門幫主把壇登　一心護幫覓傳承
雖是濁世才難尋　因緣一到自然成

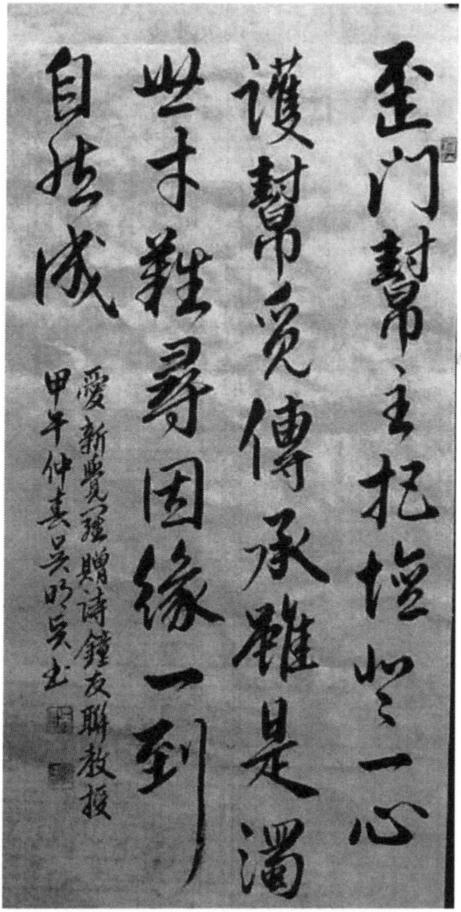

愛新覺羅 贈詩

友逢知音來　聯詩識英才
珍重互相惜　惜得金難買

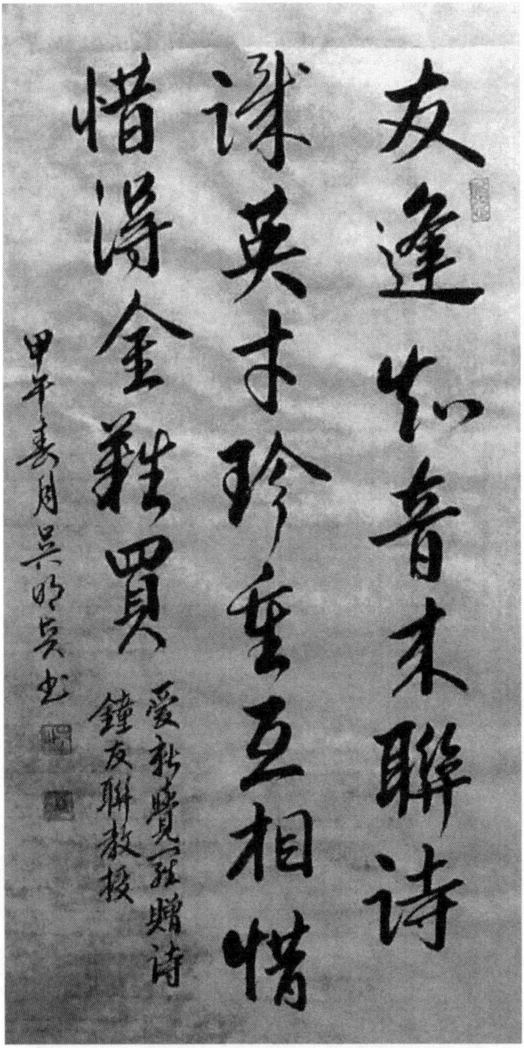

廖慕陶知音　贈詩

鐘懸屋簷靜無聲　友朋滿堂日日增
聯詞對句詩意生　讚不絕口真性情

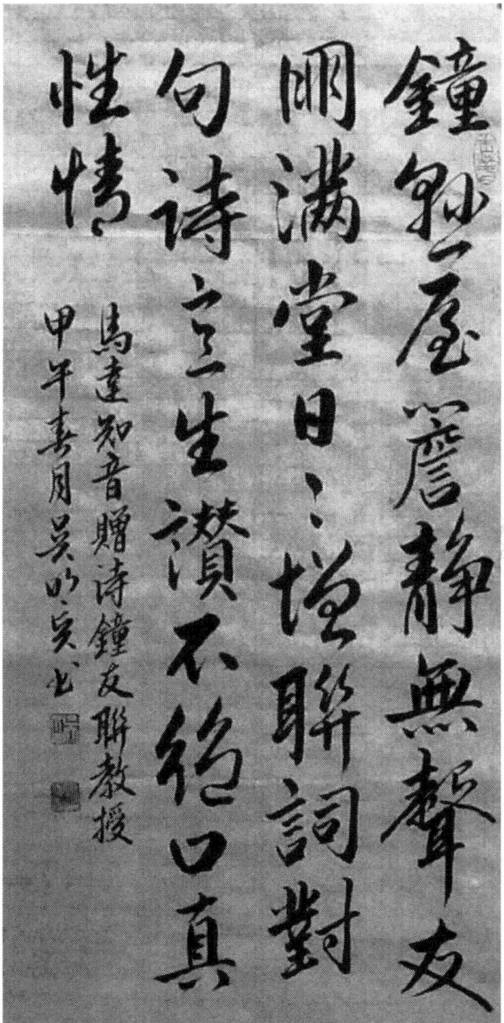

廖慕陶知音 贈詩

傳禪意

歪頭幫主人間戲　舞文弄墨揚理義
刀鑿頑石雕骨氣　手拈相機傳禪意

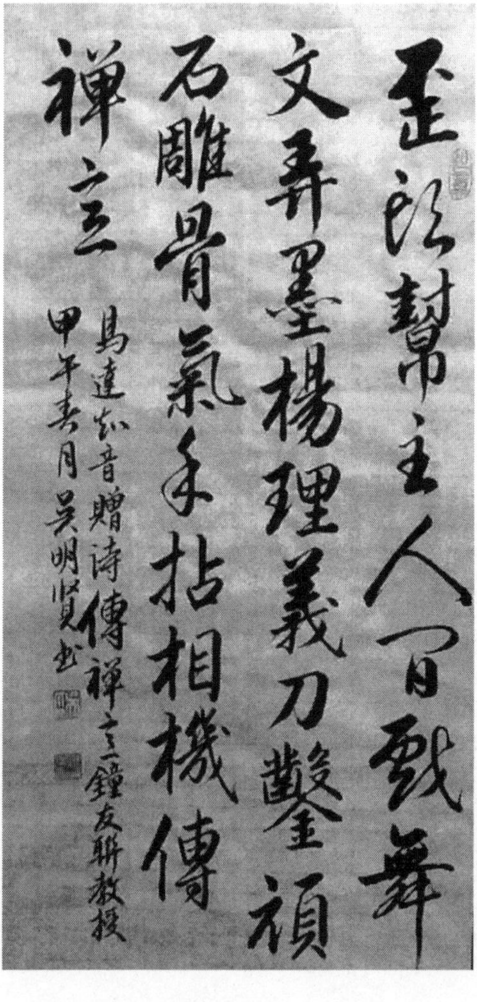
歪頭幫主人間戲舞
文弄墨揚理義刀鑿頑
石雕骨氣手拈相機傳
禪意
馬達知音贈詩傳禪之意 鍾友聯教授
甲午春月 吳明賢書

第三十一章　許慶璋老師贈詩

書法　蔡耀庭大師

展神威

英雄英雌會　各自展神威
廬主是高僧　神功任發揮

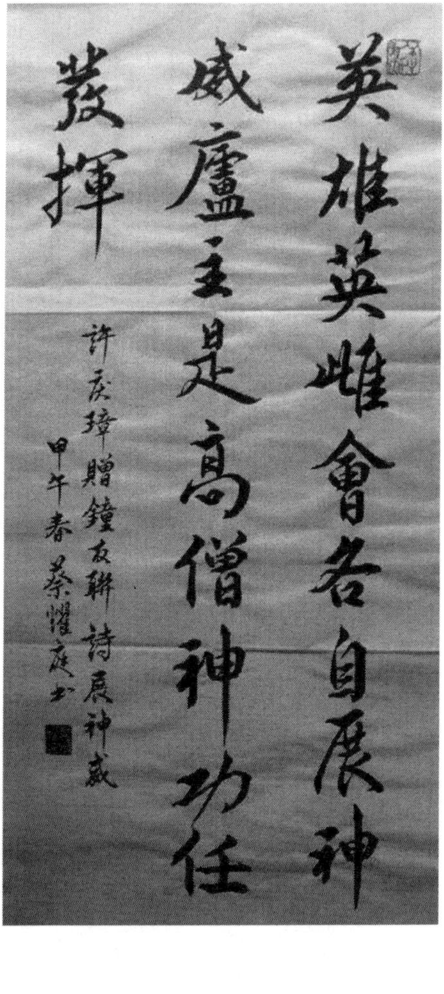

震文林

廬主功高震文林　揮拳輕撥解繫鈴
淺見緣起無深慮　徹夜憂焚難入眠

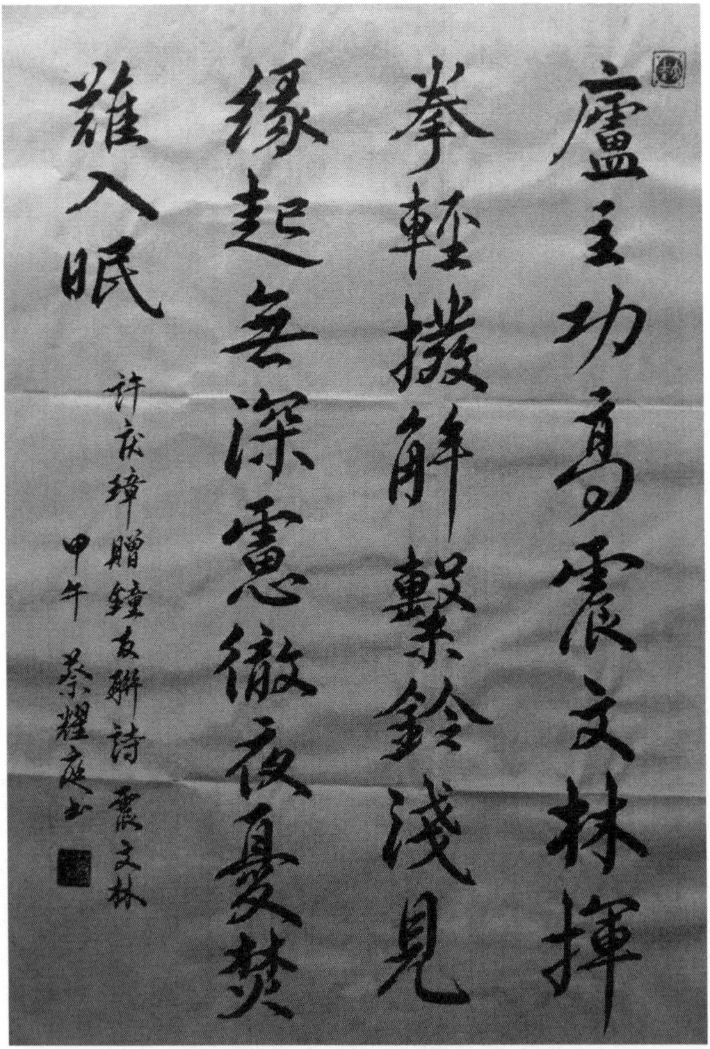

主角

百變鐘廬主　歷練滿倉庫
隨處任主角　人生不虛度

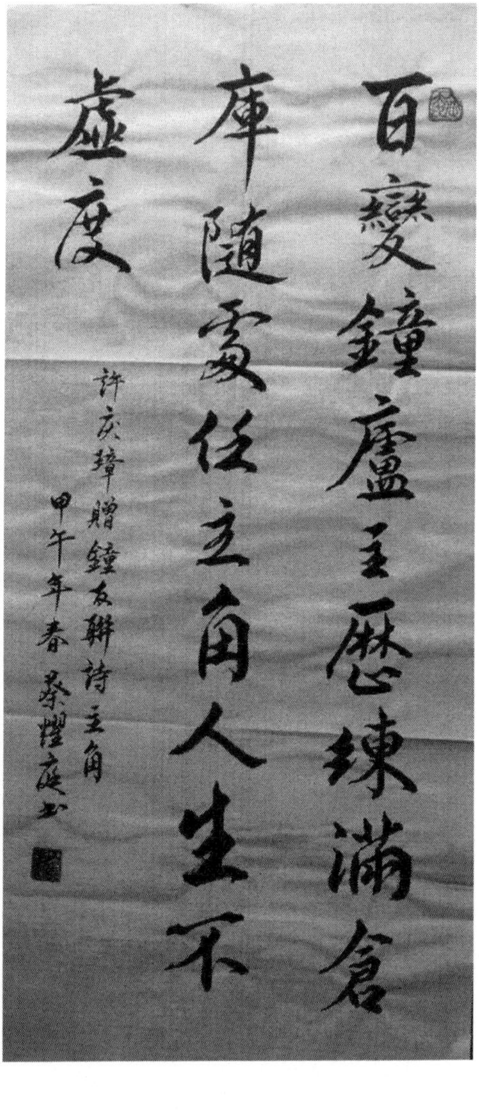

近佛

慧根顯臉龐　難瞞老和尚
年輕親近佛　論禪勝方丈

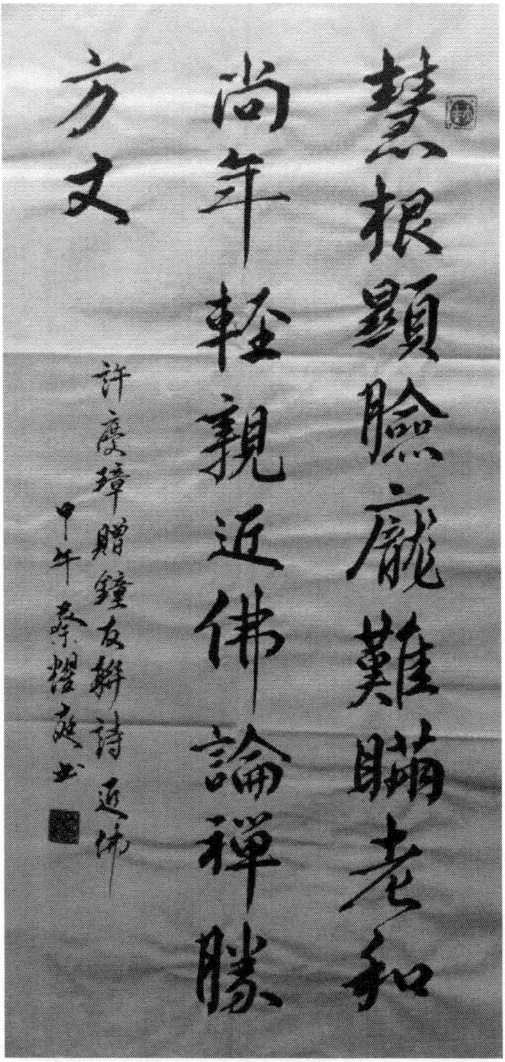

飽學

聯兄交遊廣　飽學心神曠
紅塵大小事　兄台學精光

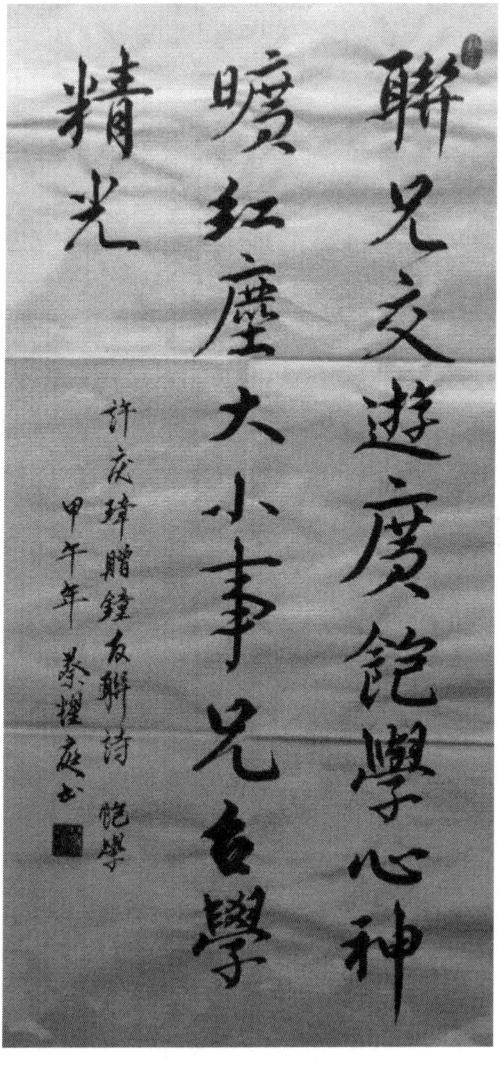

鐘大師

反芻自剖詩　巍峨鐘大師
淡薄明志身　孝義情交織

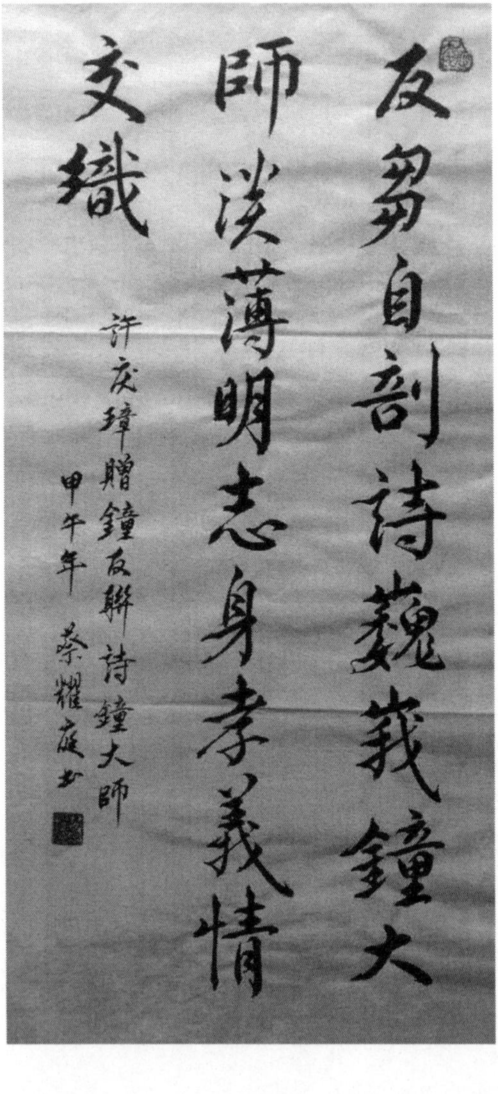

菁英

廬主藝文精　文壇爍爍星
夫人筆生花　畫壇新菁英

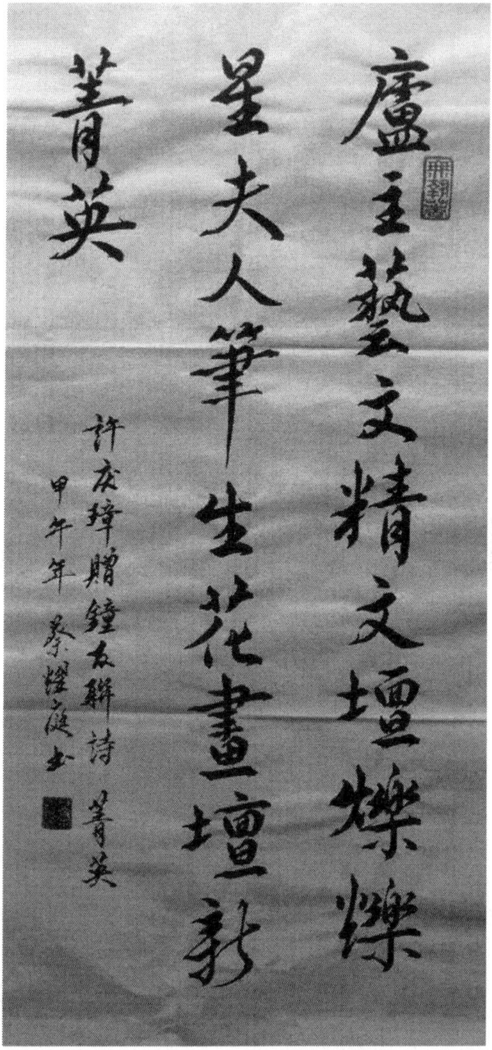

悟農禪

文豪隱深山　潛心悟農禪
囂塵遠離棄　寧謐污不染

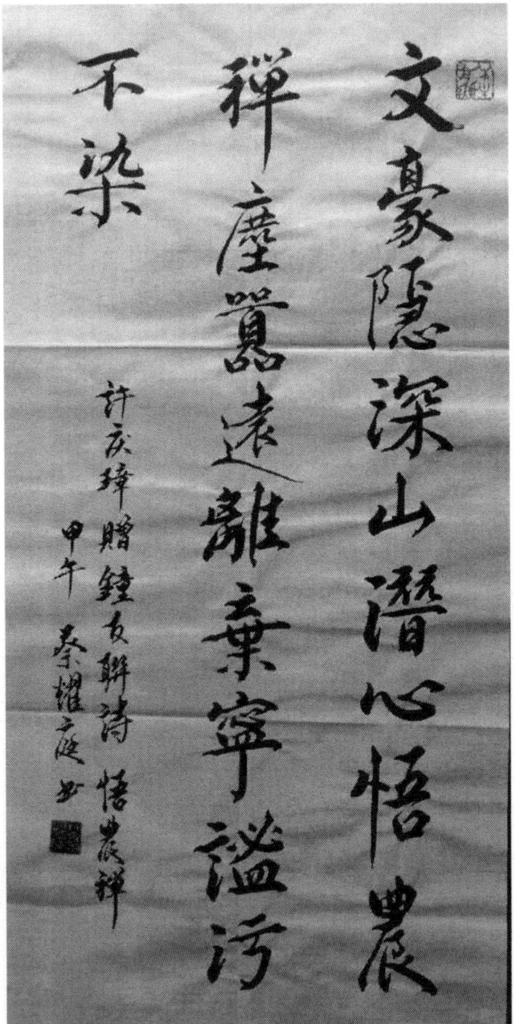

茶仙

祭茶容我喧　茶仙鍾友聯
論茶喝茶靚　種茶半甲田

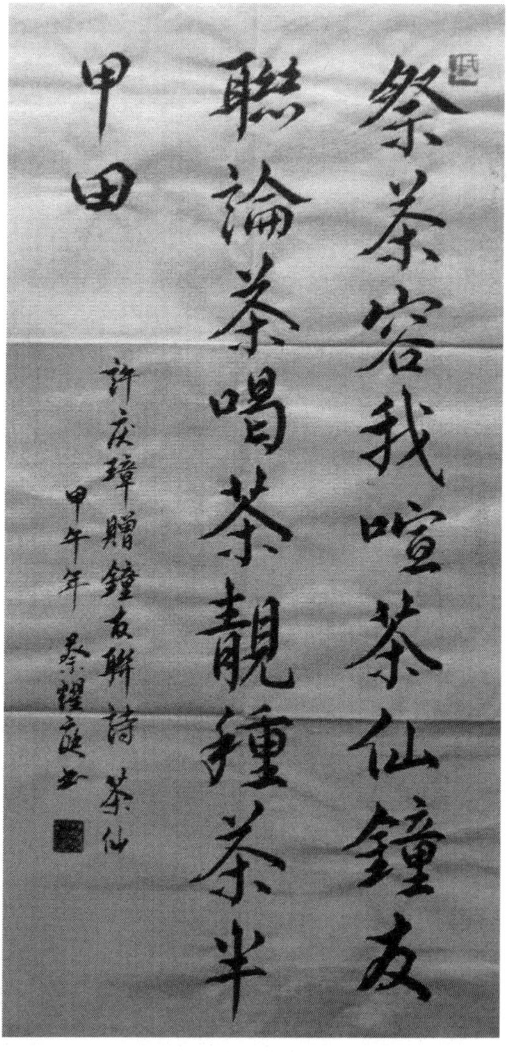

茶禪客

主角茶禪客　小弟窮吆喝
好友茶登基　可喜又可賀

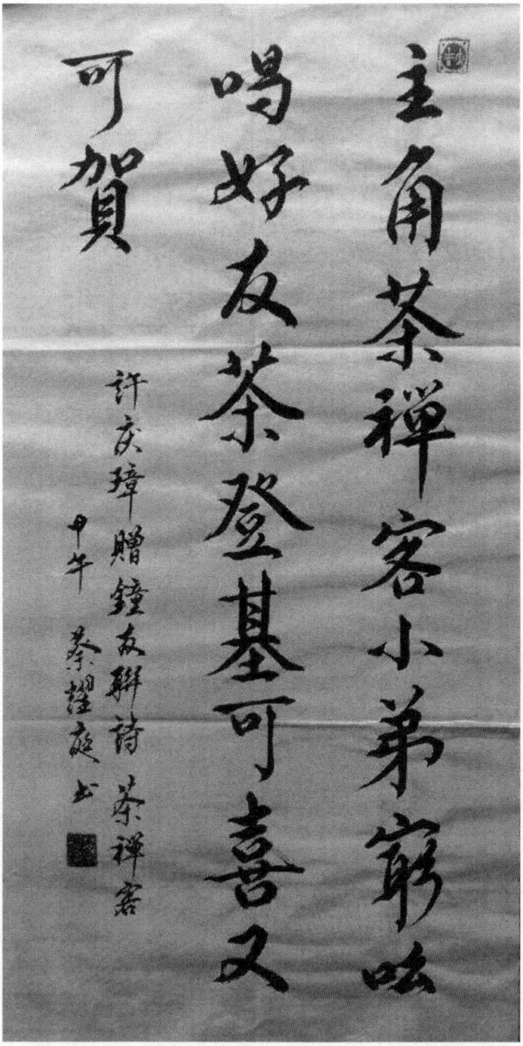

第三十二章　網友贈詩

書法　劉嘉明大師

白小兔 贈詩

【歪頭幫主】

大師深山雕石豬　歪頭幫主大家呼
低調修行人崇尚　育樂自然已成書

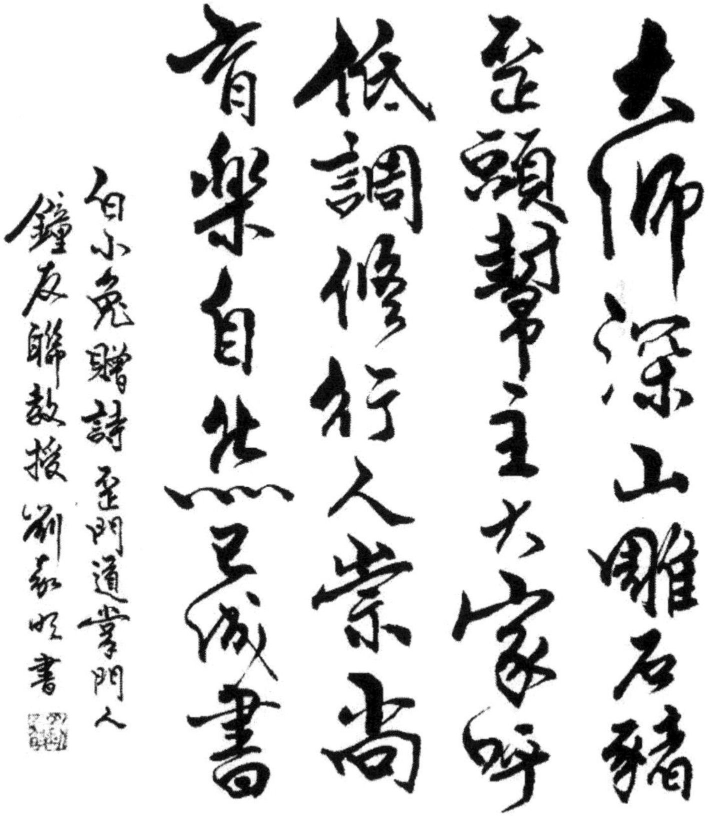

文王八卦 贈詩

歪頭幫主鐘友聯
生平最愛寫對聯
大江南北無人比
文章造詣震九天

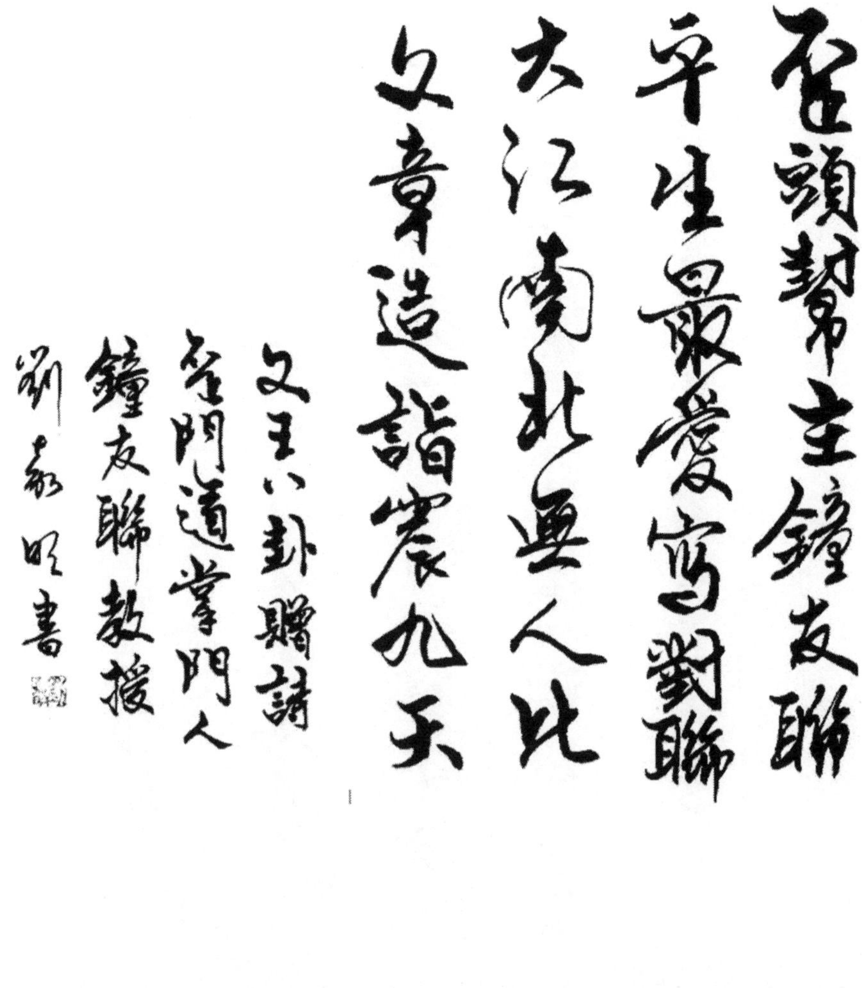

董瓊瑤 贈詩

夫人端莊風采好
郎君幽默似瑰寶
兩造心血若來潮
舞文弄墨樂滔滔

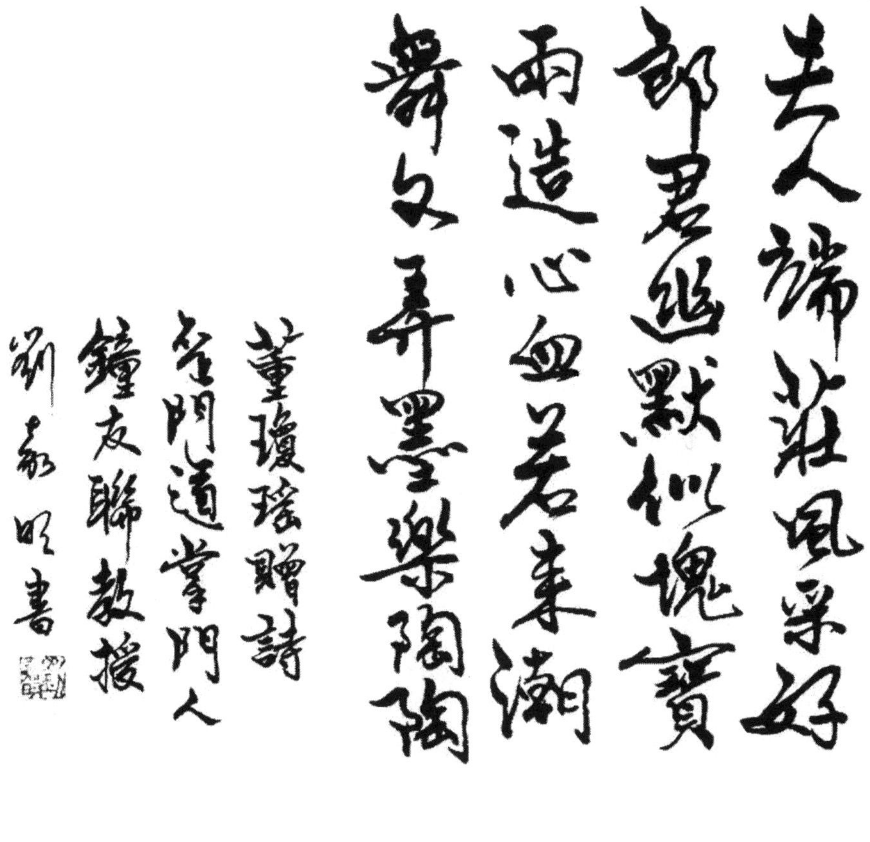
夫人端莊風采好
郎君幽默似瑰寶
兩造心血若來潮
舞文弄墨樂陶陶
董瓊瑤贈詩
鐘友聯教授
劉嘉明書

董瓊瑤 贈詩

身體健康你第一
沒人可以跟你比
白頭偕老兩夫妻
天天快樂笑咪咪

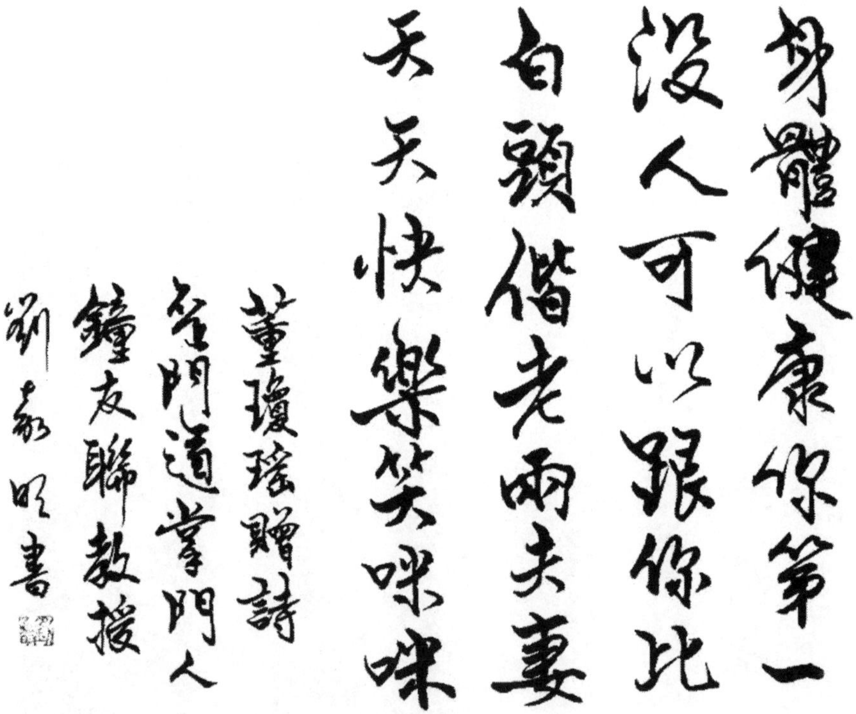

文哥 贈詩

人生在世苦中蓮
悟得果因結佛緣
即知即行正知見
逍遙神仙鐘友聯

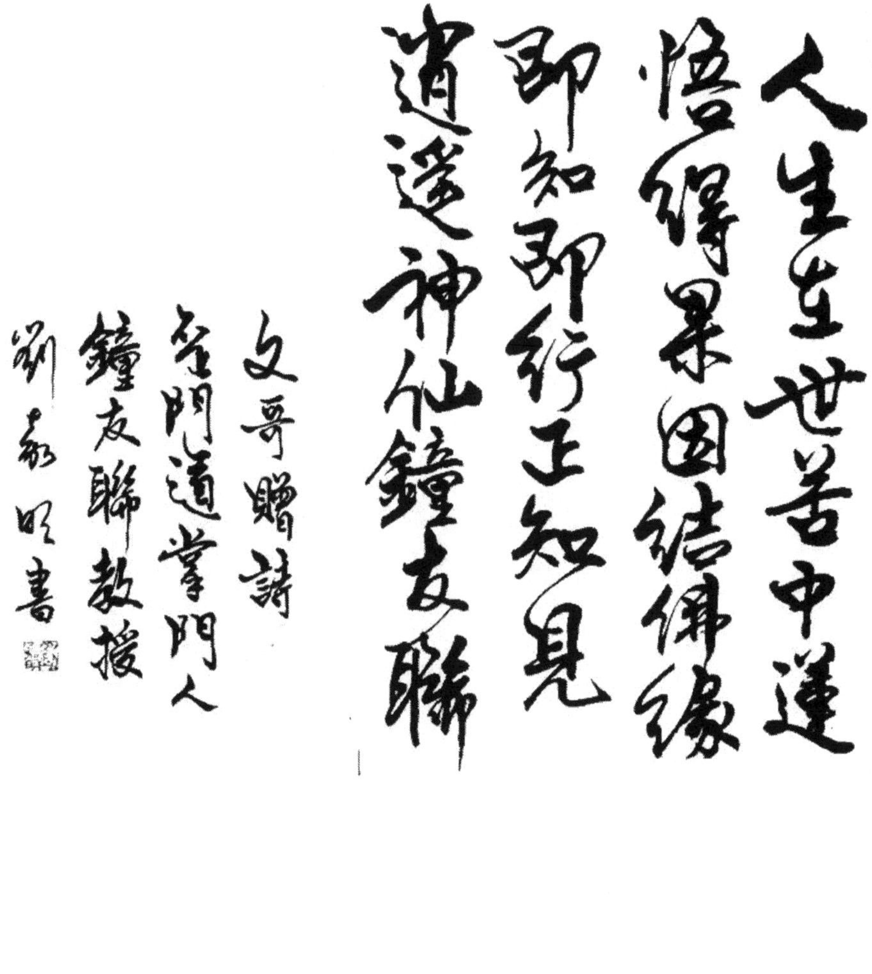
人生在世苦中蓮
悟得果因結佛緣
即知即行正知見
逍遙神仙鐘友聯
文哥贈詩
鐘友聯教授
劉嘉明書

致鐘友聯及忠肝義膽聖賢

知天知地鍾離權
欲化愚頑出洞天
吟詩作賦臉書現
正直光明動作謙
佛在虛空何處見
時機成熟會諸賢
襄助文哥創天元
一統大和慈悲願

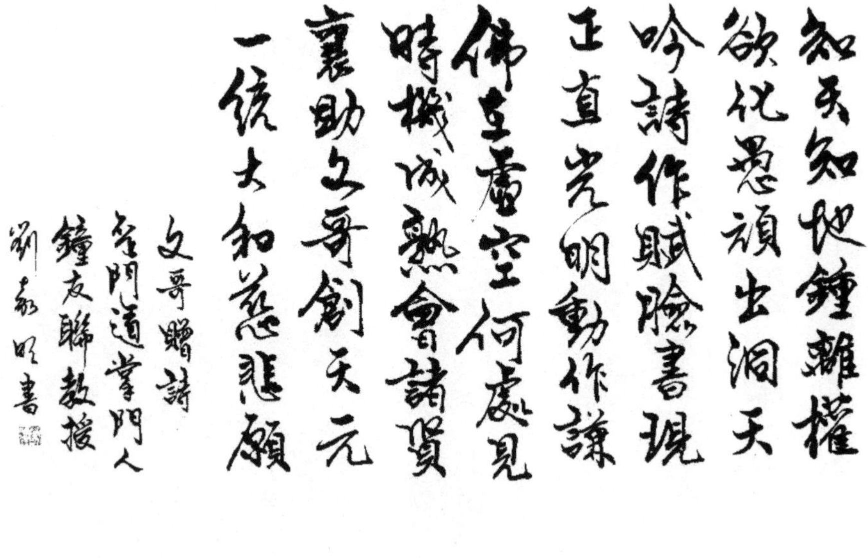

文哥 贈詩

【神通天書】

雲端能人避不見
十方賢聖難分辨
大仙四處結善緣
喚來皆為建天元

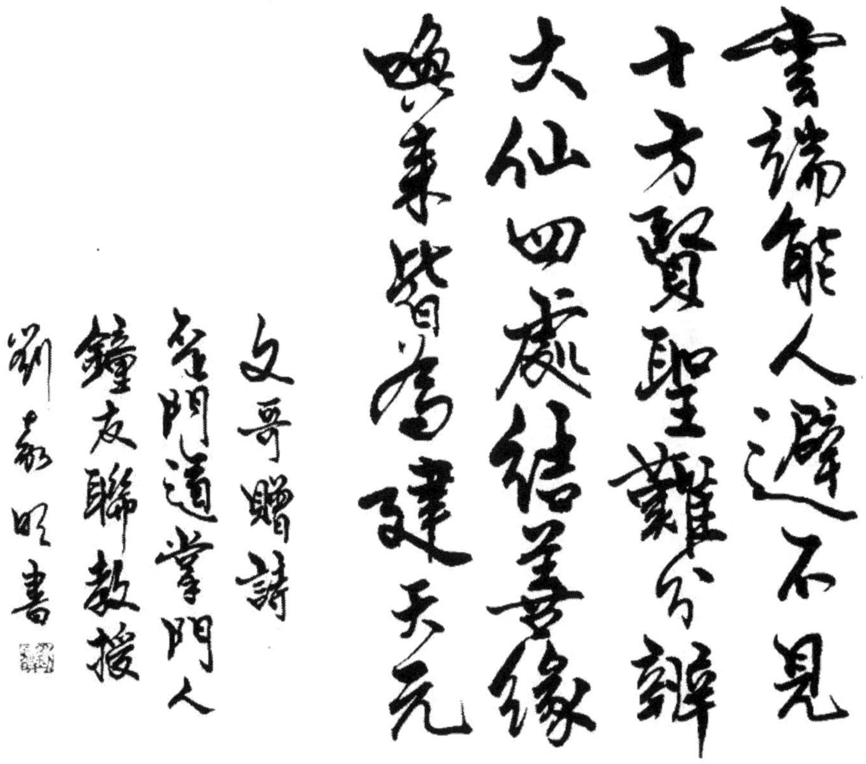
雲端能人避不見
十方賢聖難分辨
大仙四處結善緣
喚來皆為建天元
文哥贈詩
鐘友聯教授
劉嘉明書

第三十三章　卓子大師贈詩

書法　黃瑞銘大師

幫主萬歲

幫主身手一級棒　登上健行泡好茶
詩文如泉好精彩　雕刻玩石亦行家

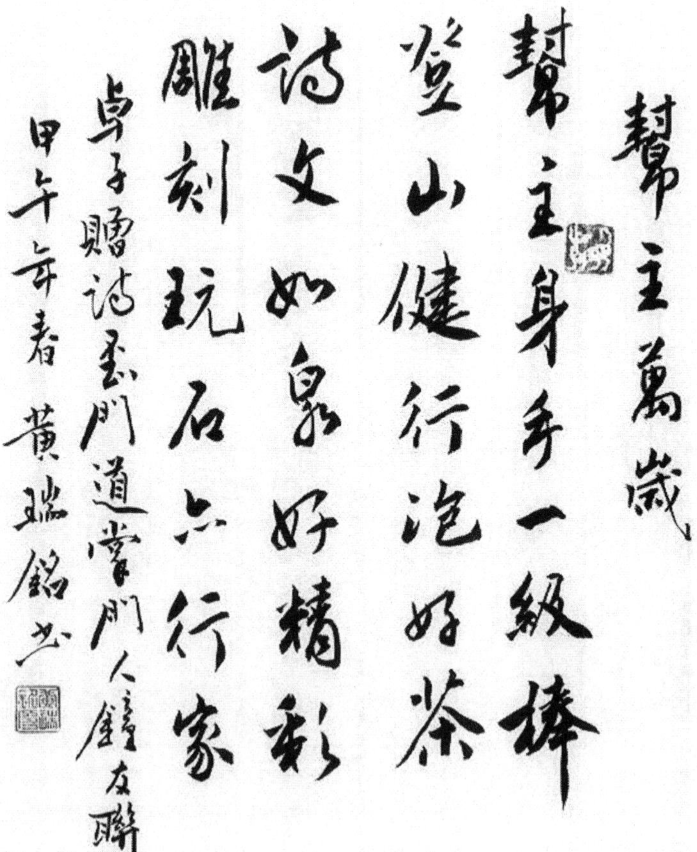
幫主萬歲
幫主身手一級棒
登山健行泡好茶
詩文如泉好精彩
雕刻玩石亦行家
甲午年春 黃瑞銘書

詩不俗

幫主之筆如佛珠
天天佈道唸佛書
神來之筆寫佛詩
字字珠璣境不俗

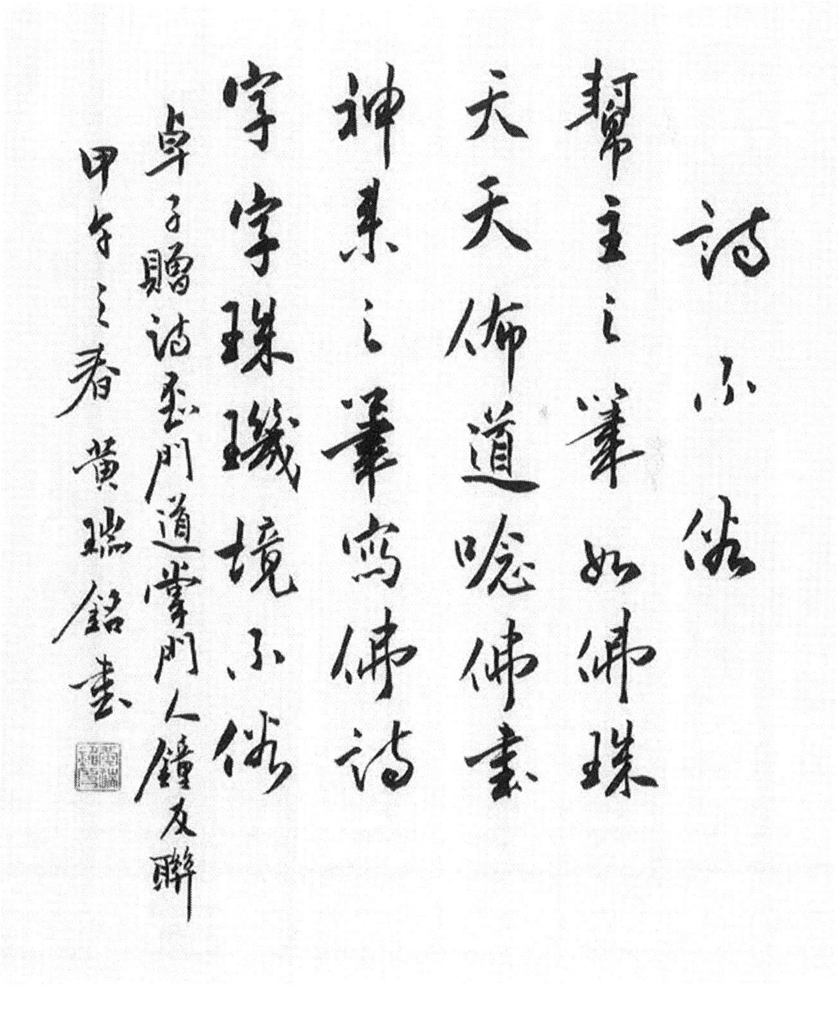

拈花拈詩

拈花微笑顯慈悲
拈詩傳道展天威
眾生有緣親佛道
幫主傳道終無悔

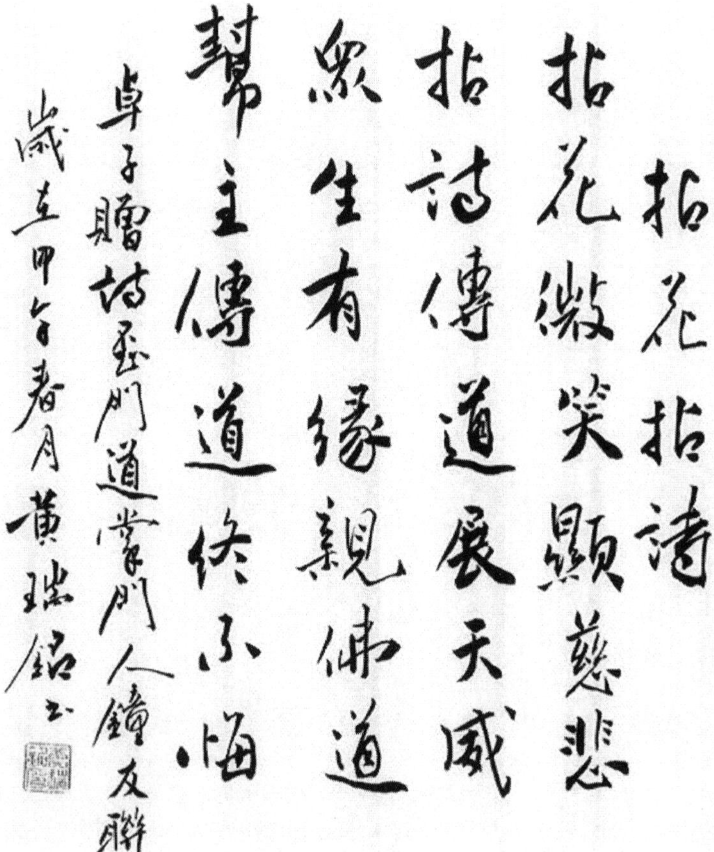
拈花拈詩
拈花微笑顯慈悲
拈詩傳道展天威
眾生有緣親佛道
幫主傳道終不悔
卓子贈拈花門道堂門人鍾友聯
歲在甲午年春月黃瑞銘之

好幸福

有女孝順便知足
爬山會友不孤獨
煮茶寫詩煩腦無
放眼幫主好幸福

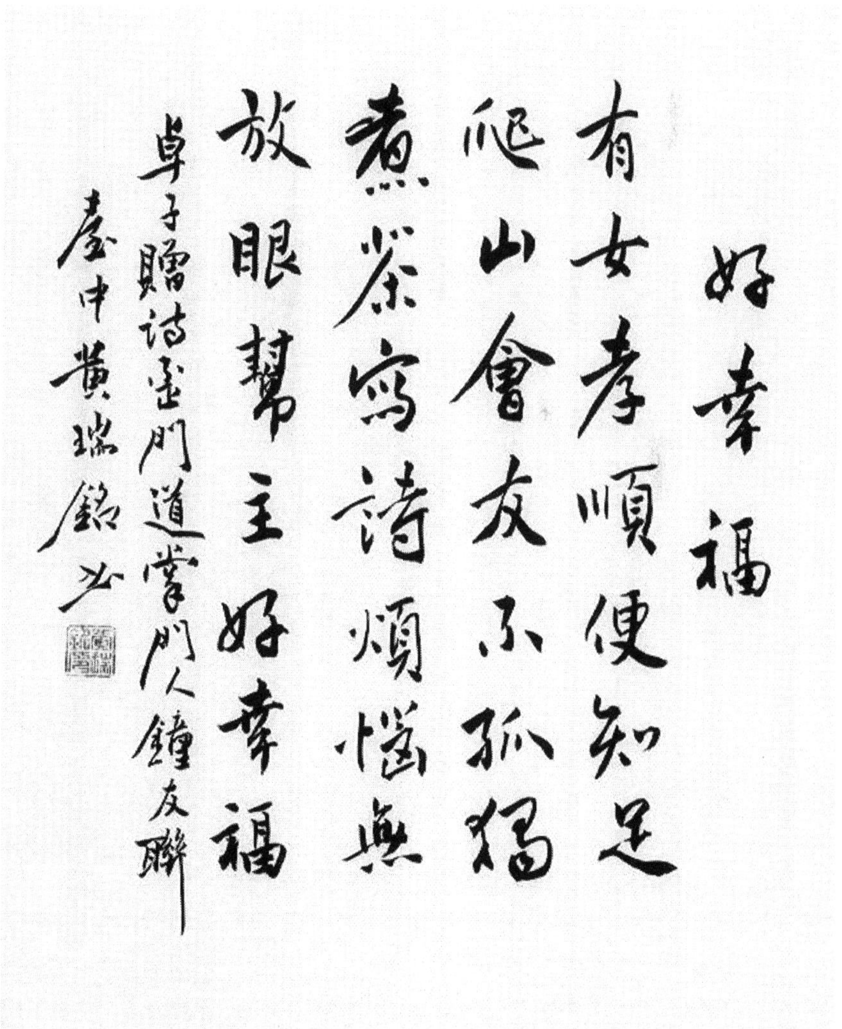
好幸福
有女孝順便知足
爬山會友不孤獨
煮茶寫詩煩惱無
放眼幫主好幸福

禪詩

幫主心不老
常往森林跑
山中悟禪意
禪詩少不了

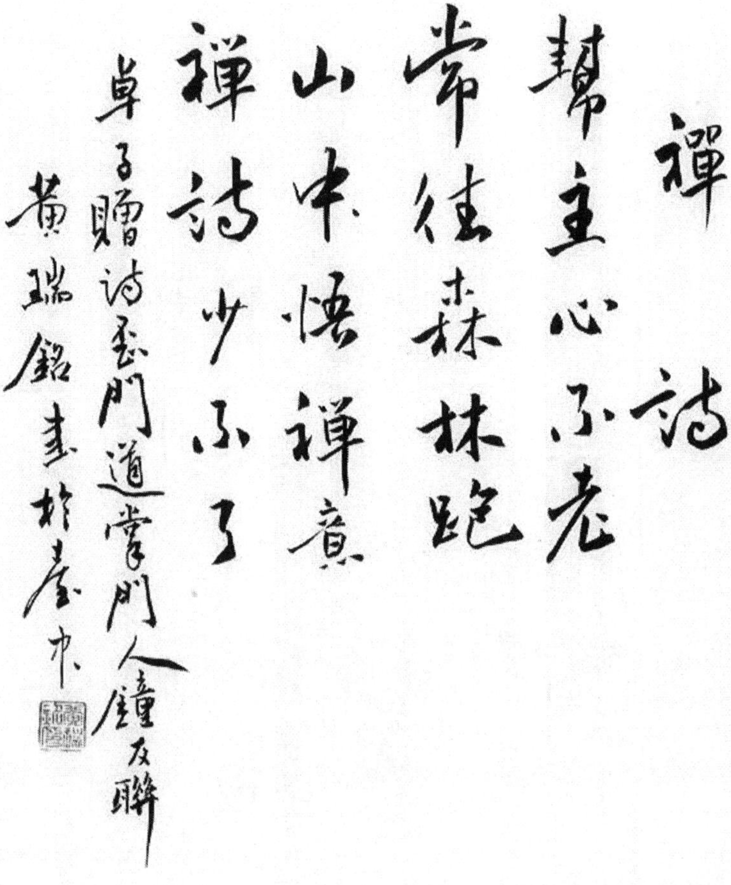
禪詩
幫主心不老
常往森林跑
山中悟禪意
禪詩少不了

快活

幫主身輕巧
縱身跳得高
開懷哈哈笑
羨煞老與少

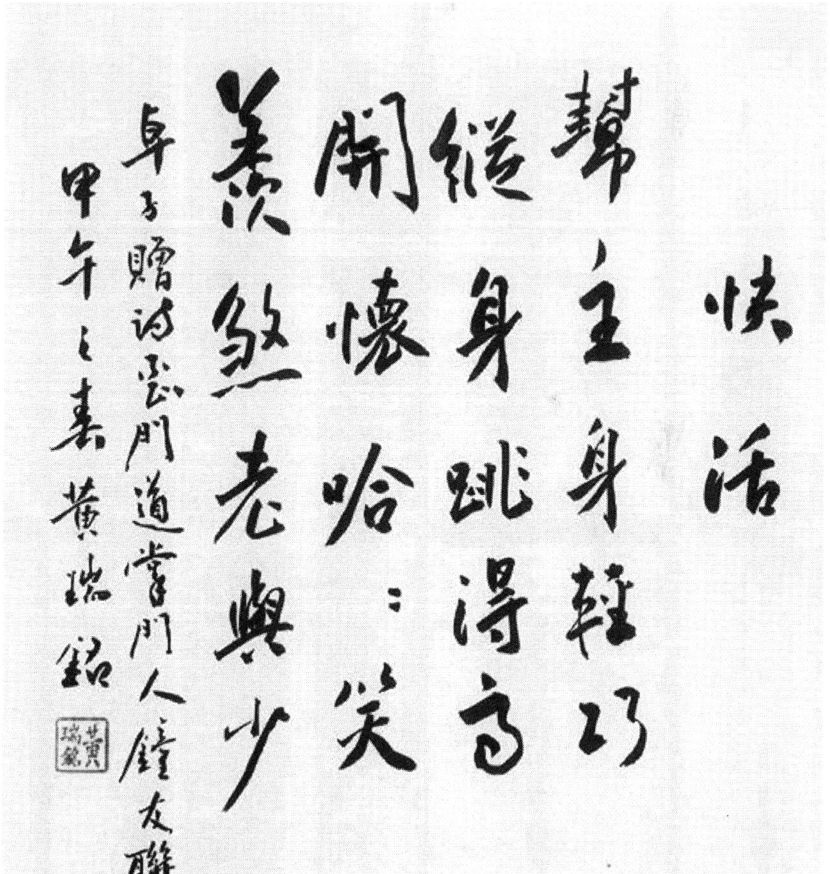

令人醉

幫主聰敏慧
詩書畫全會
禪詩稱一絕
讀之令人醉

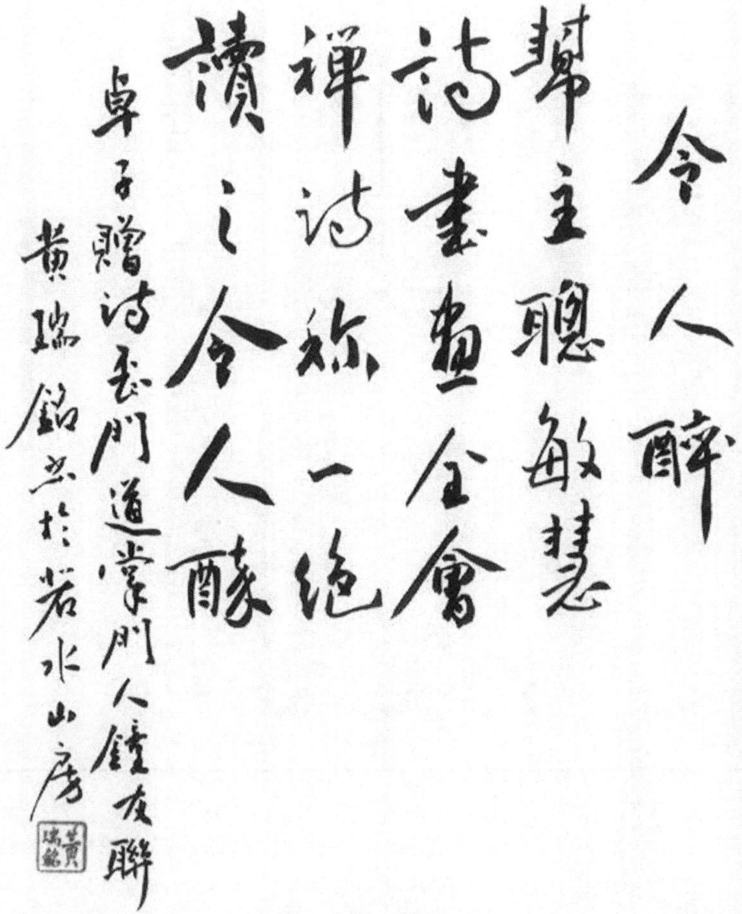

傳道理

老天默無語　借筆傳道理
大任降幫主　開口來釋疑

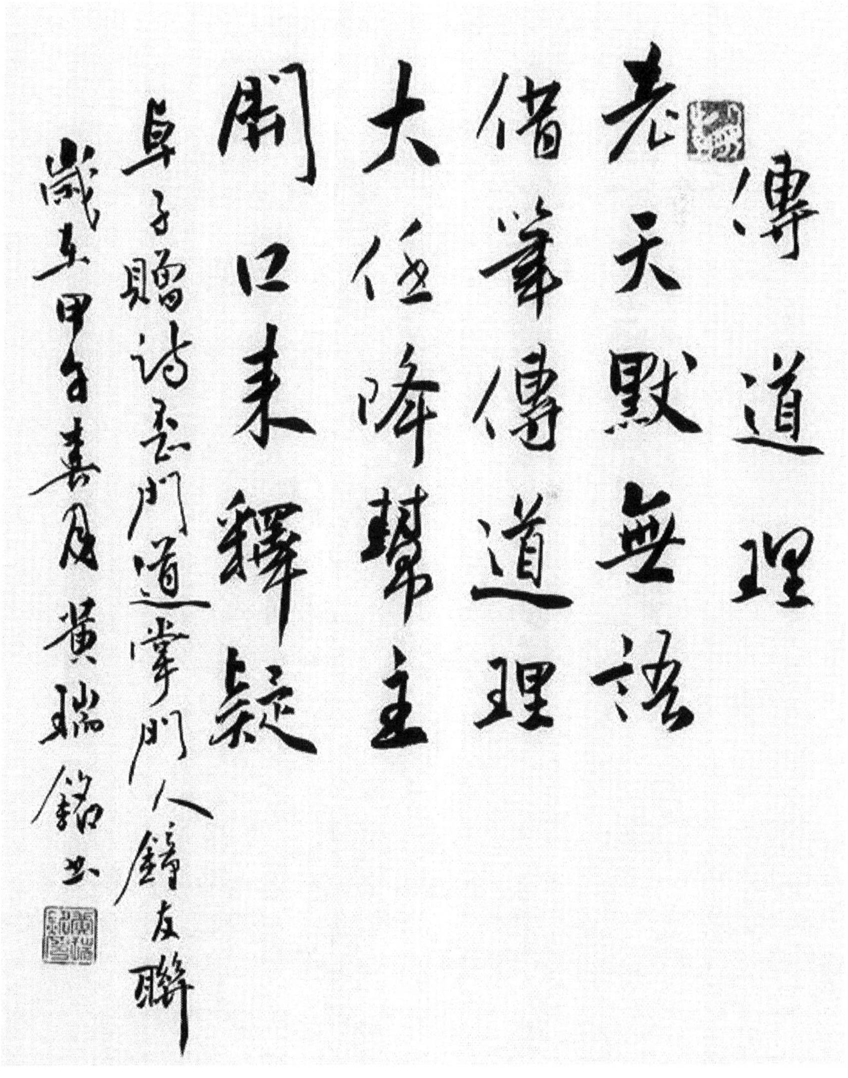

萬事通

沒有三兩三　豈敢上梁山
幫主通文史　哲學更是專
爬山有一套　茶道如天傳
著作幾等身　專業如神算
文武均全才　何以謙寒酸

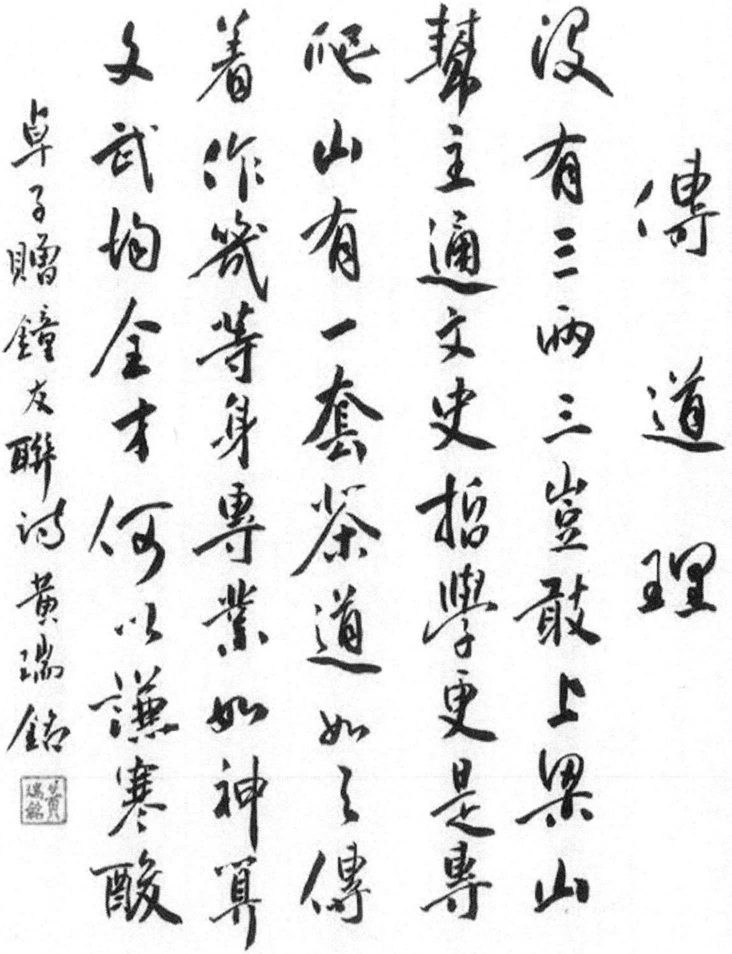

第三十四章　知音贈詩

書法　胡興華大師

陳錫卿 贈詩

隱盧醉墨客　耕讀詩詞賀

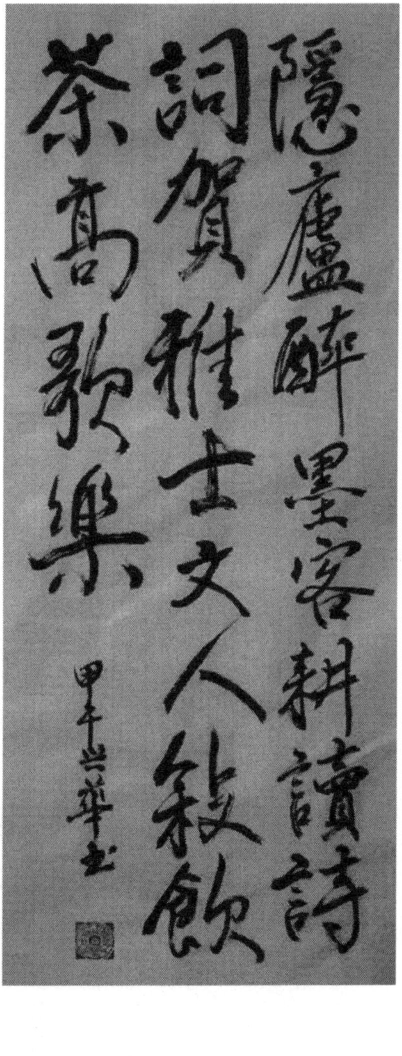
隱廬醉墨客耕讀詩
詞賀雅士文人敘飲
茶高歌樂
甲午興華書

雅士文人敘　飲茶高歌樂

陳錫卿 贈詩

坪林居隱士　雅興吟詩歌
閒暇把茶喝　共築田園樂

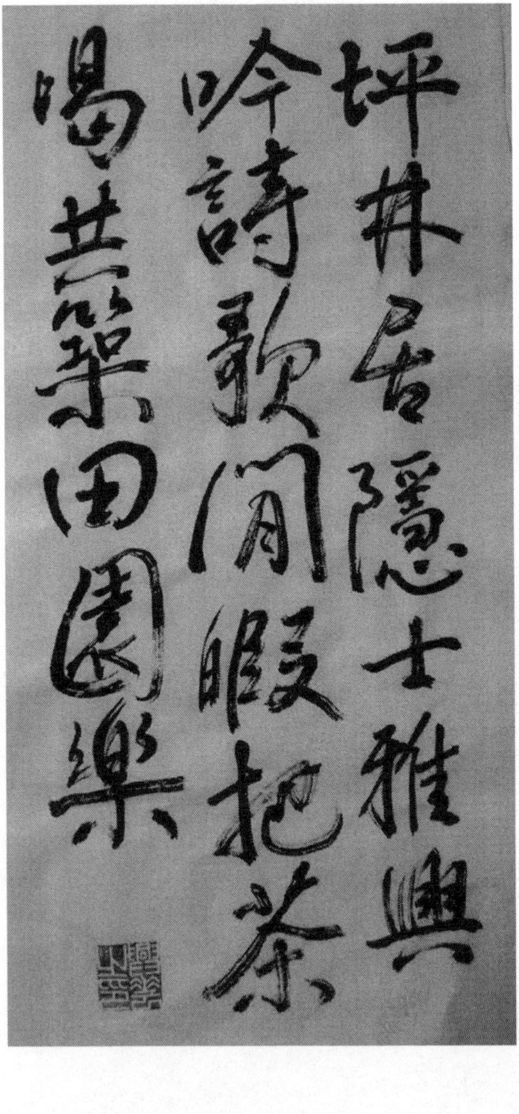

卓子 贈詩

幸福

靜觀鐘大師　且把鐘詩讀
頓忘塵勞事　人人都幸福

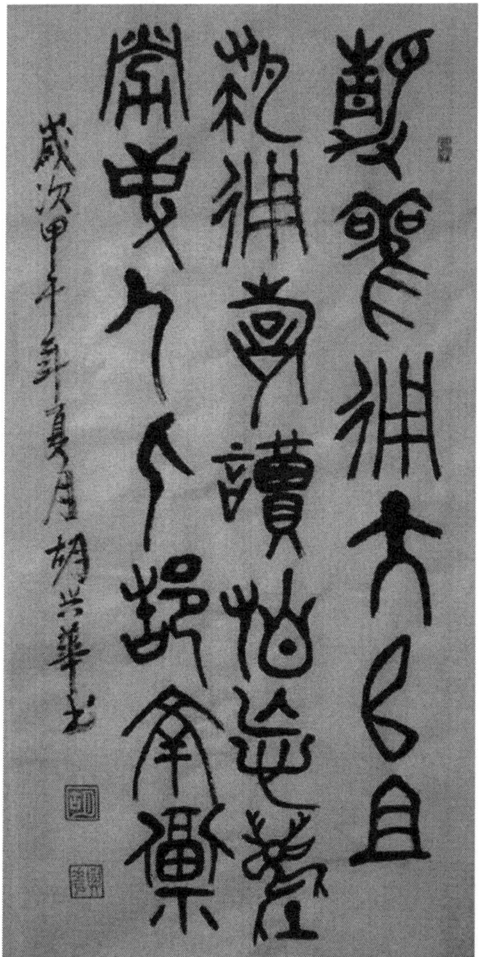

不得閒

勤耕網誌不得閒　讀書寫詩才華現

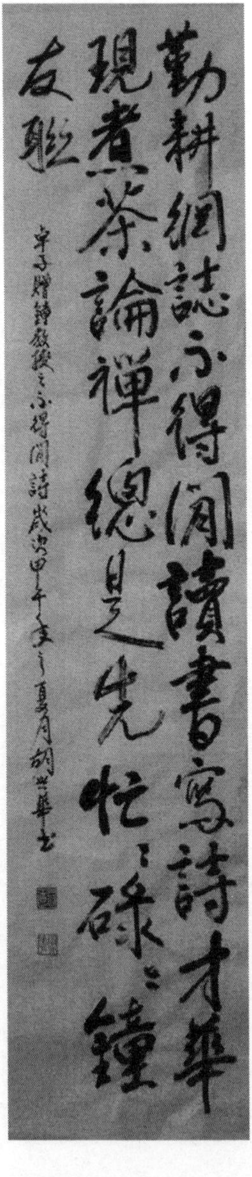

煮茶論禪總是先　忙忙碌碌鐘友聯

鐘讚

鐘師有道　友朋紛朝
聯成同好　讚聲如潮

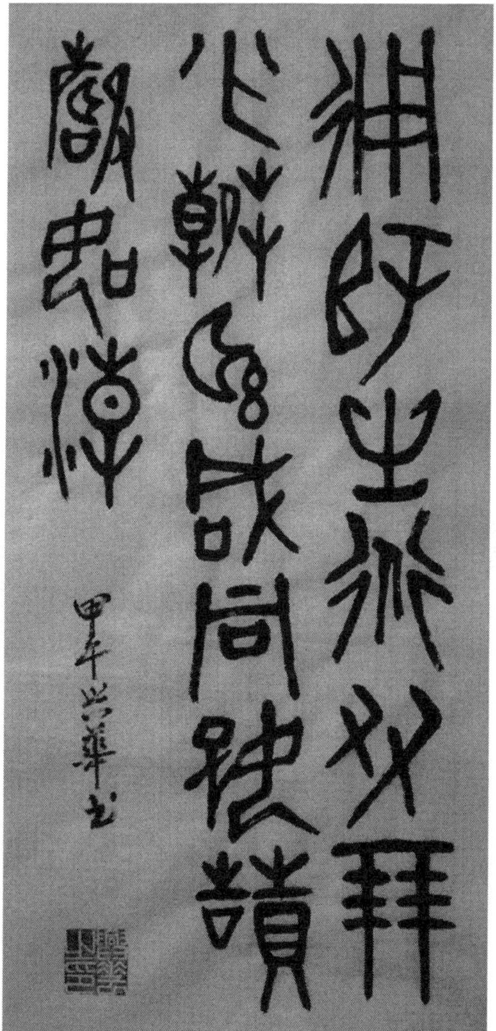

第三十五章　江明樹作家贈詩

書法　謝欽錠大師

大笑

歪頭幫主擅搞笑　髮稀不怕人嘲笑
天天歪著禿頭笑　人間通透笑笑笑

就是好笑

明樹一天笑五回　友聯一天超十回
如果放話說第二　無人敢來稱第一

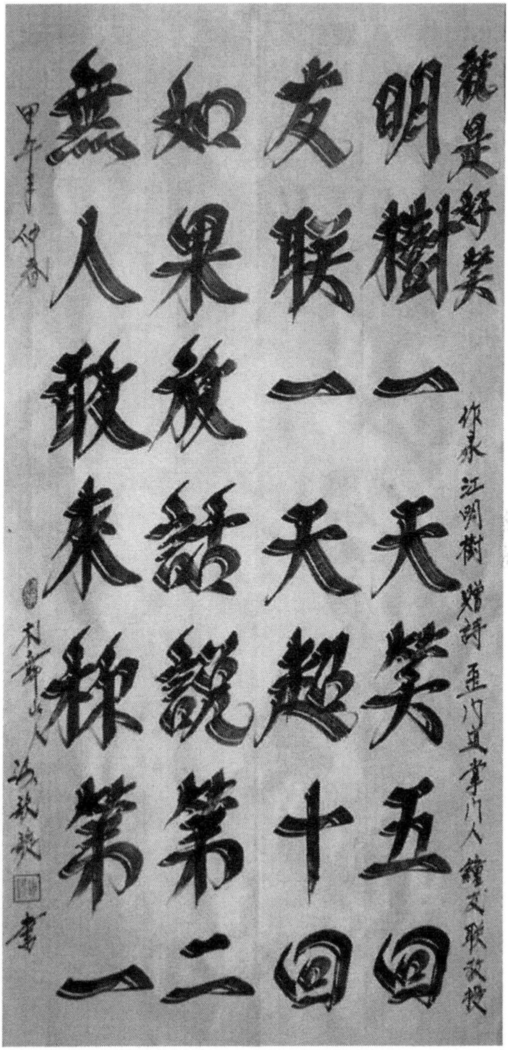

不自限

無常迅速誰能逃　時間終是大贏家
歪頭禿頭不自限　心中蘊藏小宇宙

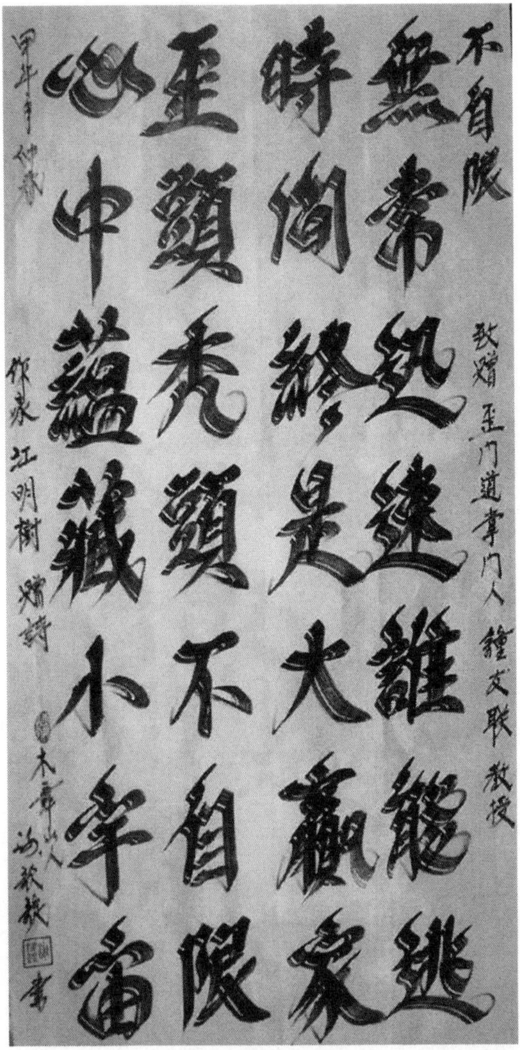

禿頭樂

友聯寫出禿頭詩　明樹亦步亦趨樂
兩人撒下天羅網　福爾摩莎禿頭樂

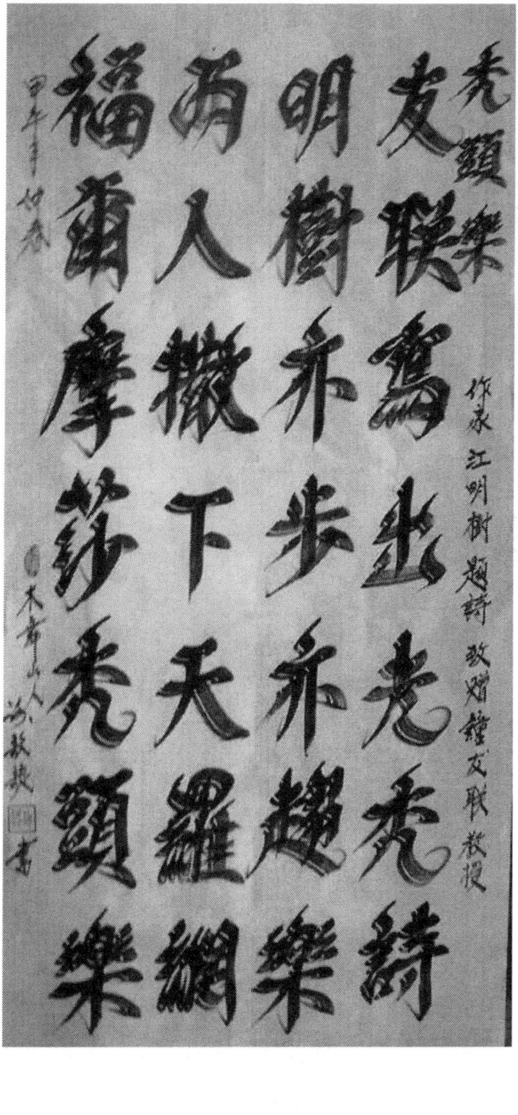
禿頭樂
友聯寫出禿頭詩
明樹亦步亦趨樂
兩人撒下天羅網
福爾摩莎禿頭樂
作家 江明樹 題詩 敬贈鍾友聯教授

笑口開

十方送讚歪幫主　不如江某送花籃
友聯聲譽通四海　蝦兵蟹將笑口開

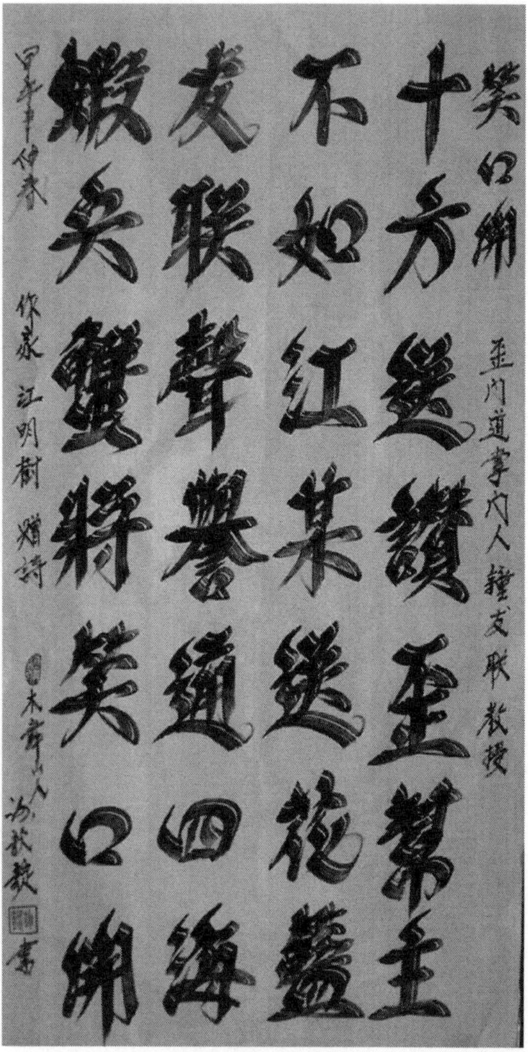

嵌名詩

鍾情寫詩美無比　友情犒賞人歡喜
聯情傳音達千里　讚歎青春宜珍惜

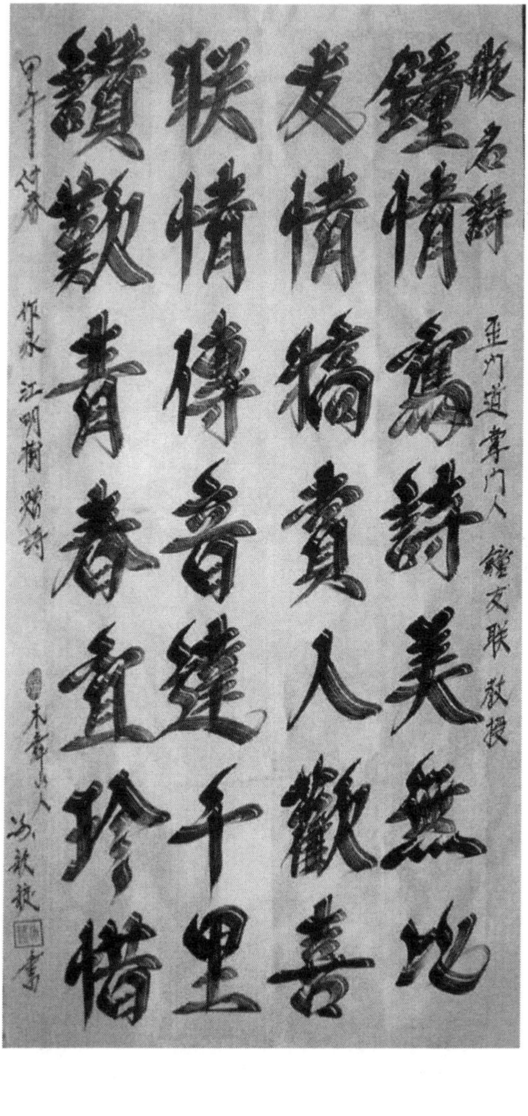

不愁老

鍾愛自然唯友聯　青春虛擬二三十
歪頭幫主倡歪頭　歡喜喜喜不愁老

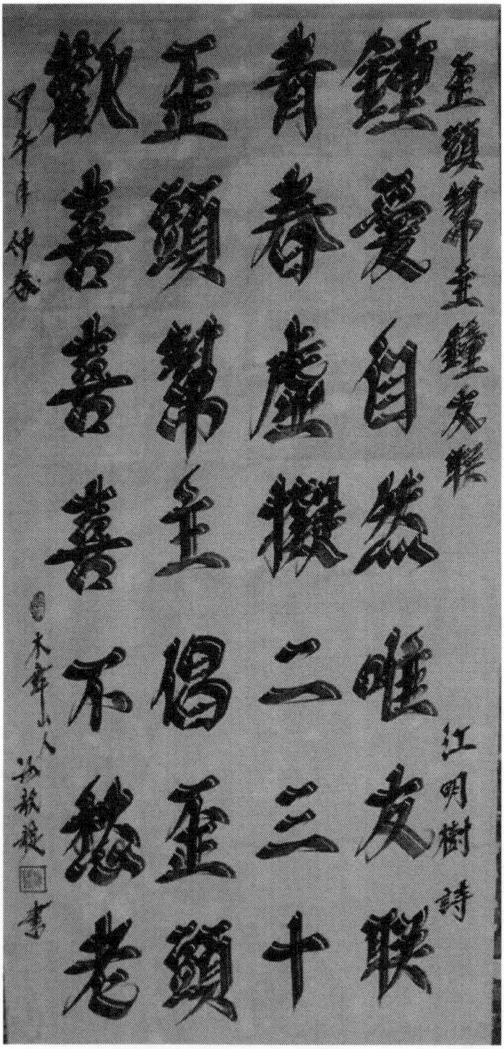

有兩套

有人禿希生煩惱　友聯全然不介意
紙上撰詩兼實踐　歪頭幫主有兩套

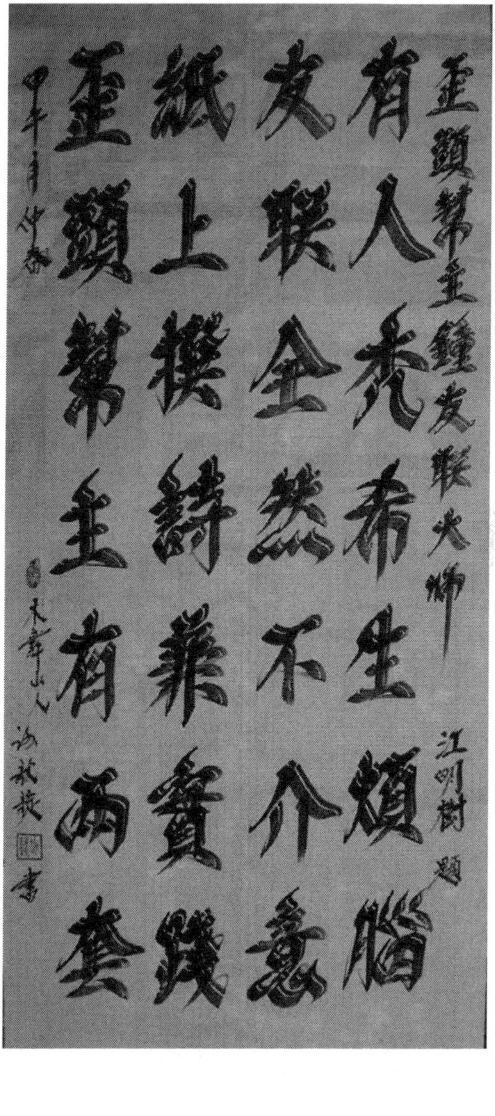

自在

歪頭幫主亂塗鴉　路人甲乙笑哈哈
旁觀則昏伊獨清　自在難得不糊塗

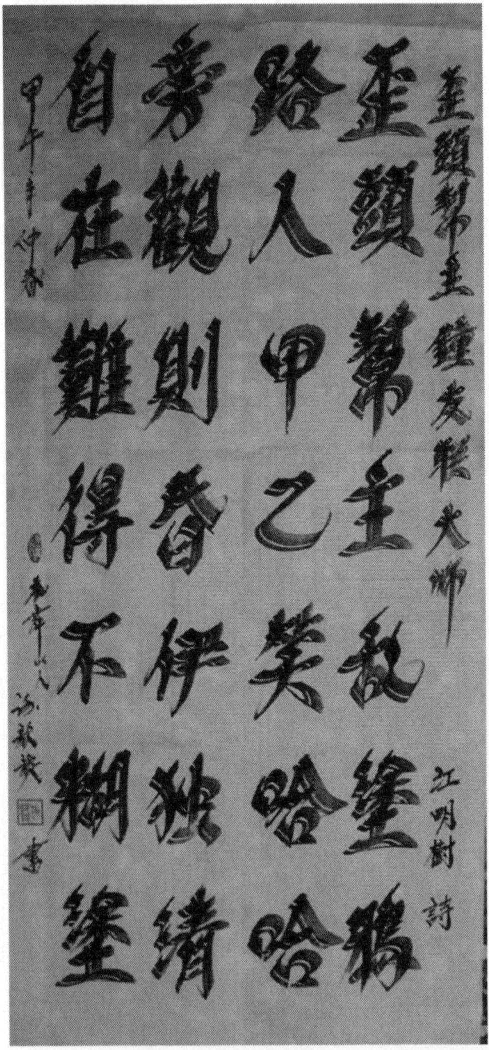

第三十六章　現代詩人陳富雄贈詩

書法　劉嘉明大師

人間菩薩

遨遊網際資訊路
廬主用心引人讀
山高水長釋溫情
人間菩薩在隱廬

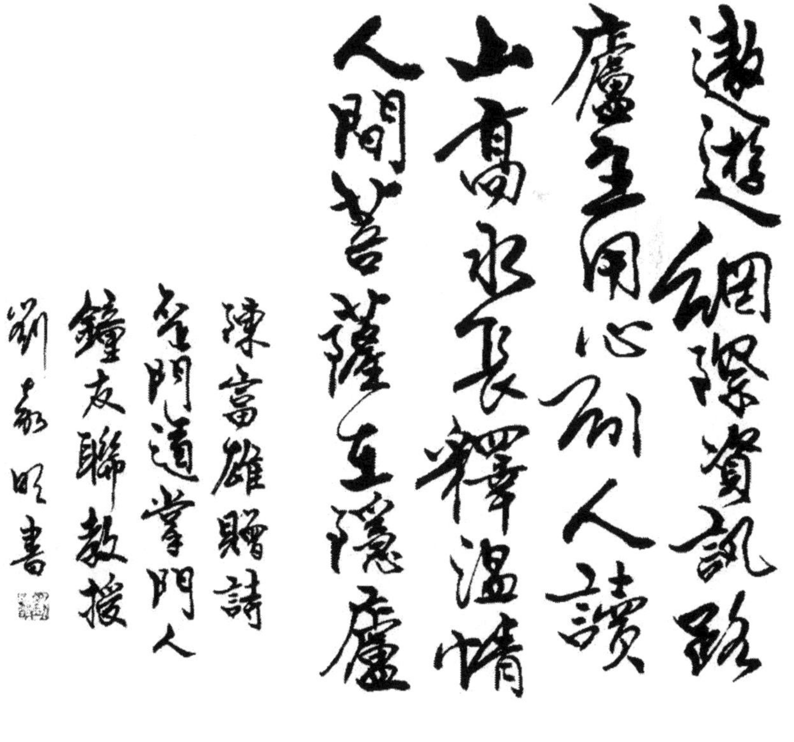

用心築

隱廬格子納文韻
文人雅士逐現身
貫穿時空牽情誼
廬主用心築氣氛

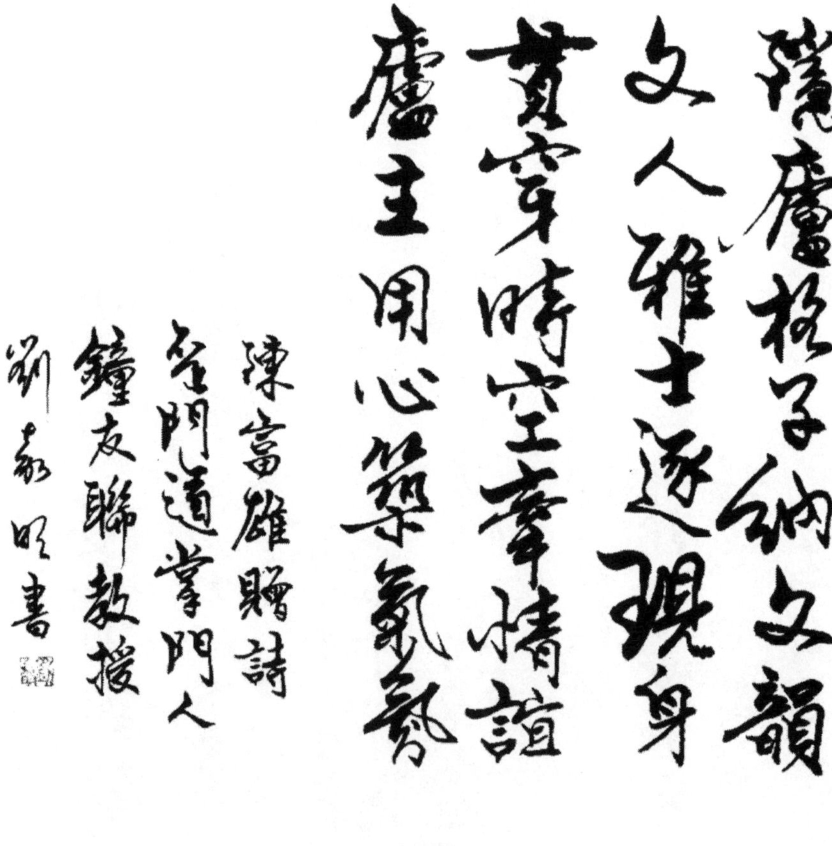
隱廬格子納文韻
文人雅士逐現身
貫穿時空牽情誼
廬主用心築氣氛
陳富雄贈詩
鐘友聯教授
劉泰明書

暗爽

友誼長存網誌裡　聯結眾人鳴心笛
隱士賢達接踵至　廬主暗爽無人比

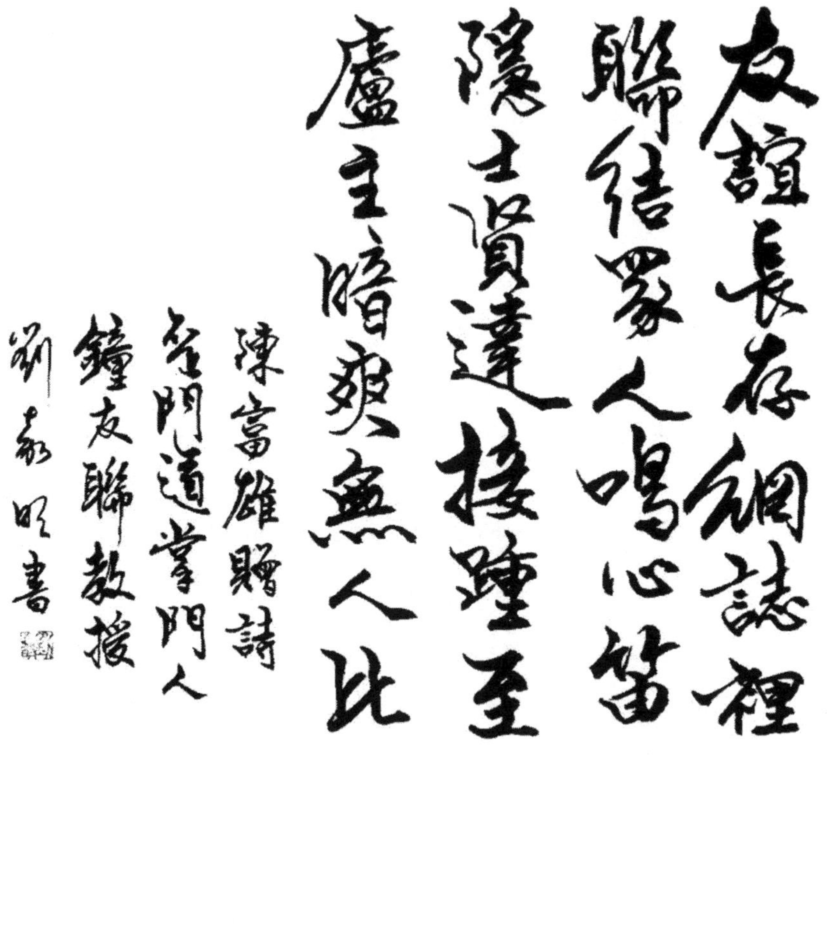

第三十七章　嵌名集　無隱逸士撰

書法　林原大師

鐘響知惕厲　友愛同儕誼
聯心同舟濟　處處見情義

鐘鼎與山林　友朋入山隱
聯合齊效尤　聲名響四鄰

鐘鼓齊奏鳴　友情濃沸頂
聯結一條心　彷彿凱歌應

鐘樓一怪人　友直入山林
聯誼靠網路　何故藏身隱

鐘聲傳悠揚　友誼共心響
聯袂入山來　樂得心癢癢

鐘鑼鼓聲響　友聚慶吉祥
聯手嵌名文　收獲一籮筐

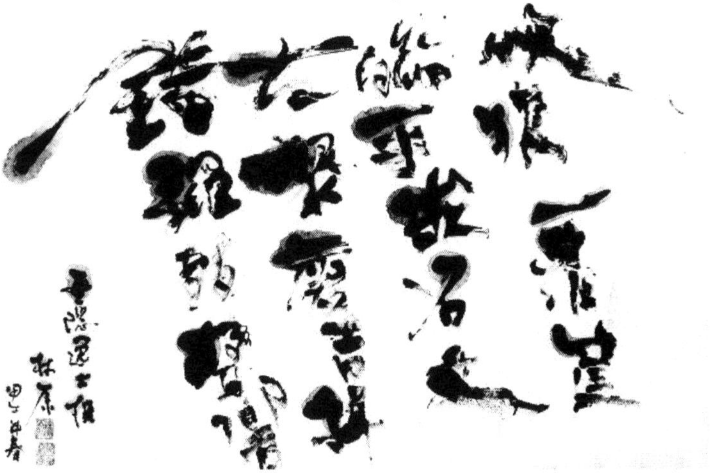

茶禪客

台灣有個鐘友聯　貌似達摩行如禪
坐擁青山望雲煙　創作詩文似湧泉

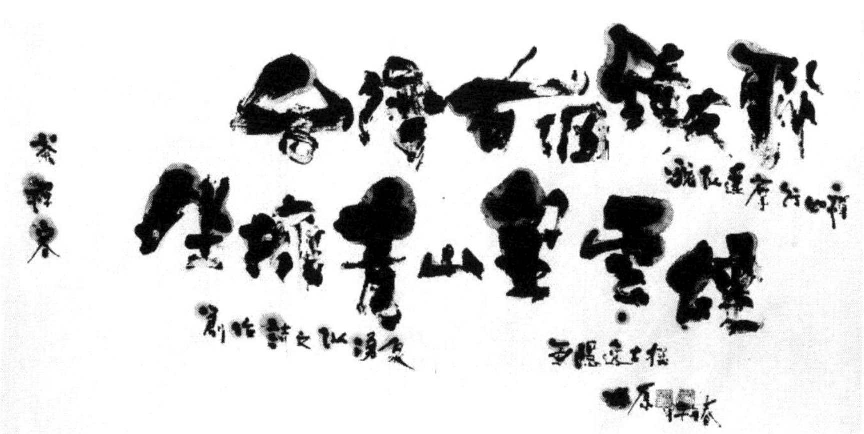

足不出户

坪林有個茶禪客　足不出户守茅舍
見色是空空是色　屈肱而枕怡自得

大師教授幫主呼作家詩人亦農夫
不事生產囊中無坐擁山林心靈富

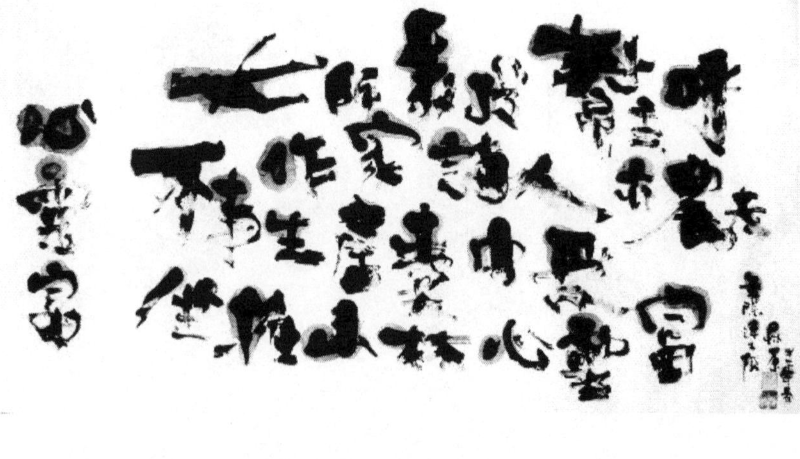